AF884169

Schlichtung

Band 3

Schlichtungsgespräche

Schriften des Instituts für deutsche Sprache

Band 5 Schlichtung

5.1 Werner Nothdurft (Hg.), Streit schlichten

5.2 Werner Nothdurft, Konfliktstoff

5.3 Peter Schröder (Hg.), Schlichtungsgespräche

Herausgegeben von

Werner Nothdurft
Gerhard Stickel

Walter de Gruyter · Berlin · New York
1997

Schlichtung

Band 3

Schlichtungsgespräche

Ein Textband
mit einer exemplarischen Analyse

Herausgegeben von
Peter Schröder

W
DE
G

Walter de Gruyter · Berlin · New York
1997

Herstellung der Druckvorlagen der Gespräche (ab S. 53):
Karin Herrmann und Christina Zahn
Datentechnische Aufbereitung der Transkriptionen: Karin Herrmann

∞ Gedruckt auf säurefreiem Papier,
das die US-ANSI-Norm über Haltbarkeit erfüllt.

Die Deutsche Bibliothek – CIP-Einheitsaufnahme

Schlichtung. – Berlin ; New York : de Gruyter
Bd. 3. Schlichtungsgespräche : ein Textband mit einer exemplarischen Analyse / hrsg. von Peter Schröder. – 1997
(Schriften des Instituts für Deutsche Sprache ; Bd. 5,3)
ISBN 3-11-013622-8

© Copyright 1997 by Walter de Gruyter & Co., D-10785 Berlin

Dieses Werk einschließlich aller seiner Teile ist urheberrechtlich geschützt. Jede Verwertung außerhalb der engen Grenzen des Urheberrechtsgesetzes ist ohne Zustimmung des Verlages unzulässig und strafbar. Das gilt insbesondere für Vervielfältigungen, Übersetzungen, Mikroverfilmungen und die Einspeicherung und Verarbeitung in elektronischen Systemen.

Printed in Germany

Druck: Werner Hildebrand, Berlin
Buchbinderische Verarbeitung: Lüderitz & Bauer-GmbH, Berlin

INHALT

PETER SCHRÖDER

Einleitende Bemerkungen zum besseren Verständnis des Textbandes „Schlichtungsgespräche"

1. Zur Konzeption des Textbandes und zu den veröffentlichten Materialien

Der vorliegende Band enthält neun Verschriftlichungen mündlicher Schlichtungs- und Vergleichsverhandlungen. Er eröffnet damit einen Zugang zu authentischer Schlichtungs- und Vergleichspraxis, wie er Außenstehenden bisher verwehrt schien, sieht man einmal von der Möglichkeit des Besuchs öffentlicher Gerichtsverhandlungen ab. Bei den hier veröffentlichten Texten handelt es sich um ausgewählte Beispiele aus einem Korpus mit Schlichtungsgesprächen aus ganz unterschiedlichen 'settings', das nach Art und Umfang einmalig ist. Dieses Korpus wurde im Rahmen des Projekts „Schlichtung: Gesprächs- und Interaktionsanalyse eines Verfahrens zur Bewältigung sozialer Konflikte" aufgebaut, das von 1983 bis Ende 1989 am IDS Mannheim mit Unterstützung der DFG durchgeführt wurde.[1]

Ich habe versucht, die Texte für den Band so auszuwählen, daß ein möglichst großes Spektrum von interaktiven Konstellationen und Verläufen abgebildet wird, die typisch für Schlichten im jeweiligen sozialen Kontext sind; Anleitungs- oder gar Vorbildfunktion sollen die einzelnen Gespräche dabei jedoch nicht haben, etwa in der Weise, daß sie jeweils demonstrieren, wie besonders gut, verständnisvoll oder effektiv geschlichtet wird. Die in den Gesprächs- und Verhandlungsbeispielen des Bandes abgebildete Schlichtungsrealität mit all ihren Facetten, mit Mängeln, Widersprüchen, mit Fehlleistungen und natürlich auch mit rhetorischer Brillanz kann für den Schlichtungspraktiker ein Anreiz sein, seine eigene Praxis kritisch zu überprüfen.

Außer dem Block mit den neun Transkriptionen von Schlichtungsverhandlungen und -gesprächen enthält der vorliegende Band eine ausführliche Verlaufsanalyse eines der Schlichtungsgespräche mit ausgewählten Beschreibungen schlichtungstypischer rhetorischer Besonderheiten.[2] Diese exemplarische Analyse hat eine dreifache Funktion:

- Sie vermittelt im Projekt erarbeitete Einsichten in das Funktionieren und die Gesetzmäßigkeiten von Schlichtungsinteraktion.

---

[1] Ständige Mitarbeiter dieses Projekts waren Wolfgang Klein, Werner Nothdurft, Ulrich Reitemeier und Peter Schröder. Zeitweise haben Otmar Bettscheider und Thomas Spranz-Fogasy mitgearbeitet. Zu einer ausführlichen Darstellung des Projekts vgl. Nothdurft, Werner: Gesprächsanalyse von Schlichtung. Die Geschichte eines Forschungsprojekts und die Entwicklung seiner Ergebnisse. In: Nothdurft, Werner (Hg.) (1995): Streit schlichten. Gesprächsanalytische Untersuchungen zu institutionellen Formen konsensueller Konfliktregelung. Berlin (= Schriften des Instituts für deutsche Sprache 5.1).

[2] Wer sich vor oder nach Lektüre eines Gesprächs in diesem Band über die jeweilige Konfliktregelungsinstanz und über die jeweiligen interaktiven Rahmenbedingungen der mündlichen Verhandlung informieren möchte, sei auf die entsprechenden Kapitel in den einzelnen Beiträgen des Analysebandes zum Schlichtungsprojekt verwiesen; vgl. Nothdurft (Hg.) (1995).

- Sie soll dem Leser den Einstieg in eine Beschäftigung mit den anderen Gesprächen des Bandes erleichtern und eine Reihe von möglichen analytischen Perspektiven aufzeigen.
- Sie kann dem Leser einen Einblick in die Art und Weise vermitteln, wie wir uns im Projekt „Schlichtung" mit den Gesprächen des Korpus beschäftigt haben[3], ehe dann spezifische Fragestellungen an die jeweiligen Verhandlungen herangetragen wurden.

Textbände wie der vorliegende sind natürlich immer auch ein Angebot an die gesprächsanalytische Praxis in Forschung und Lehre. Das gilt wohl besonders für diesen Band, da bisher authentische Vergleichs-, Güte- bzw. Schlichtungsverhandlungen noch nicht in dieser Form verfügbar waren. Seine wesentliche Funktion hat dieser Textband aber im Zusammenhang mit dem Analyseband zum Schlichtungsprojekt:[4] Für einen Teil der Analysen stellt er den gesamten Gesprächszusammenhang zur Verfügung und macht damit diese Analysen nachvollziehbarer und überprüfbarer. Darüber hinaus sollen die hier abgedruckten Gespräche für die Kapitel der Analysebeiträge, die sich ethnographisch mit der jeweiligen Konfliktregelungsinstanz beschäftigen, als Anschauungsmaterial dienen.

An dieser Stelle eines Textbandes zu einem gesprächsanalytischen Forschungsvorhaben müßte jetzt auch etwas gesagt werden zum Projekt selbst, zu den Fragestellungen, zu den Methoden, zur Methodologie, zur Projektgeschichte und zu den Projektergebnissen. Das nimmt mir in diesem Fall die ausführliche

---

[3] Vgl. dazu auch Röhl, Klaus F. (Hg.) (1987): Das Güteverfahren vor dem Schiedsmann. Soziologische und kommunikationswissenschaftliche Untersuchungen. Köln. (= Fachbücher für das Schiedsamt). In diesem Band analysieren die Mitarbeiter des Schlichtungsprojekts ein Schiedsmannsgespräch jeweils nach unterschiedlichen Gesichtspunkten. Die Beiträge im einzelnen: Klein, Wolfgang/Nothdurft, Werner: „die rauferei ODER dat andere thema". Einführende Bemerkungen zur Gesprächsanalyse einer Güteverhandlung vor dem Schiedsmann. S. 543-564; Nothdurft, Werner: Die Ordnung des Konflikts. Gesprächsanalyse der Konfliktbehandlung in einer Güteverhandlung. S. 565-609; Klein, Wolfgang: Die Kunst des Schlichtens. Techniken der Herbeiführung von Einigung in einer Güteverhandlung vor dem Schiedsmann. S. 611-639; Reitemeier, Ulrich: Subjektive Normorientierung und ihre Geltendmachung in einer Güteverhandlung vor dem Schiedsmann. Darstellungsverfahren des Konflikt- und Rechtsverständnisses der beschuldigten Partei. S. 641-665; Schröder, Peter: Sprachliches Funktionieren und interaktive Funktion von Stereotypen in einer Güteverhandlung vor dem Schiedsmann. S. 667-722.

[4] Nothdurft, Werner (Hg.) (1995). Der Band enthält die folgenden Beiträge: Klein, Wolfgang: Schlichten in der Vergleichsbehörde. Die Herbeiführung von Einigung; Schröder, Peter: Besser ein magerer Vergleich als ein fetter Prozeß. Zur Güteverhandlung im Arbeitsgericht; Reitemeier, Ulrich: Der Streit mit dem Handwerker. Zur Mikrosoziologie der Güteverhandlung vor der Handwerkskammer; Nothdurft, Werner: ... *und wie is es mit kulanz?* Schlichtung in einer Schiedsstelle für den Gebrauchtwagenhandel.

Projektdarstellung Werner Nothdurfts im Analyseband ab[5], auf die ich hier lediglich verweise.

Auch wenn es sich bei allen Gesprächen des Bandes um authentische mündliche Situationen handelt, gibt es doch einen Unterschied zur alltäglichen Schlichtungs- und Vergleichspraxis: Es ist jeweils ein Aufnahmeteam anwesend, und den Beteiligten an der Konfliktregelung ist die Tatsache der Aufnahme und das Projektinteresse an einer wissenschaftlichen Auswertung der Tonaufnahme bekannt. Die Frage, die sich auch die Projektmitarbeiter immer wieder stellen mußten, ist: Wie ist der Einfluß der Aufnahmesituation auf die Gespräche und Verhandlungen einzuschätzen, auf Verhandlungsstile, auf die Art und Weise, wie die Beteiligten sprechen, auf das, was sie sagen und was sie nicht sagen, auf ihre Verhandlungschancen? Es gibt nun glücklicherweise einigen Anlaß, diesen Einfluß nicht zu hoch zu bewerten. Die Streitbeteiligten sind häufig emotional so stark involviert, daß, nachdem nun schon einmal eine öffentliche Konfliktregelungsinstanz eingeschaltet worden ist, die zusätzliche Öffentlichkeit keine Rolle mehr spielt. Auch wenn wie in der Güteverhandlung im Arbeitsgericht oder bei den meisten Verbraucherstreitigkeiten erhebliche materielle Interessen involviert sind, dürfte jeweils das Interesse an der Durchsetzung der eigenen Verhandlungsposition so stark sein, daß die Aufnahmesituation schnell vergessen ist. Für die Schlichter, Schiedsleute oder Richter, aber auch für alle professionellen Beistände und Prozeßvertretungen gilt, daß ihre große Situationserfahrung, ihre Verhandlungsroutine sie gegen einen möglichen Einfluß der Aufnahmesituation immunisiert; nicht auszuschließen ist allerdings, daß die Professionellen in der Situation gelegentlich der Versuchung nachgegeben haben, den aufnehmenden Sprachwissenschaftlern, die ein so großes Interesse an ihrem Tun artikuliert haben, schon einmal die eigene Professionalität vorzuführen, und entsprechende rhetorische Aufschwünge die Folge waren. Wir mußten das in Kauf nehmen, sind uns aber andererseits sicher, daß auch für den Schlichter, Schiedsmann oder Richter und auch für den professionellen Rechtsbeistand in der Regel gilt, daß jeder Fall eine neue und eigene Dynamik hat, die seine volle Aufmerksamkeit fordert und auch ihn relativ rasch die Tatsache der Aufnahme vergessen läßt. Meine Erfahrungen als 'anonymer' Zuschauer von Güteverhandlungen im Arbeitsgericht bestätigen diese Annahmen: Ohne das im einzelnen belegen zu können, ist mir nichts aufgefallen, was in diesen Verhandlungen anders gelaufen wäre als in denen, die ich aufgenommen habe. Das gilt auch für die Verhandlungsstile und die Verbalisierungspraxis der Beteiligten.

Bei dem teilweise doch recht sensiblen Datenmaterial, das im Schlichtungsprojekt zusammengetragen und dokumentiert worden ist, versteht es sich von selbst, daß alle Namen und Daten, über die ein Rückschluß auf den individuellen Fall möglich wäre, verändert worden sind: Sieht man einmal vom Institut

---

[5] Vgl. Nothdurft (Hg.) (1995).

für deutsche Sprache und den aufnehmenden Projektmitarbeitern ab, sind alle Orts-, Personen- oder Institutionennamen maskiert, d.h. durch Pseudonyme ersetzt.

Die Anonymisierung aller persönlichen Daten und aller Orts- und Institutionenbezeichnungen macht es mir unmöglich, mich noch einmal öffentlich und namentlich bei einzelnen Personen und Institutionen für ihr großes Entgegenkommen, für ihr Verständnis für unser Vorhaben und für die Zeit zu bedanken, die sie uns – oft in Zeiten eigener Überlastung – gewidmet haben. Ich kann diesen Dank nur pauschal und anonym abstatten. In diesen Dank schließe ich alle Streitenden, ob nun vor Gericht, in der Handwerkskammer oder vor der Vergleichsbehörde mit ein und nicht zuletzt auch die streitenden Kinder, denen wir es verdanken, daß wir im Projekt auch über authentische Beispiele von ganz alltäglicher Streitgenese und -regelung im Familienkontext verfügten.

Wer nicht selbst einmal versucht hat, eine 'natürliche' dialogische Situation zu verschriftlichen, zumal eine mit mehr als zwei Sprechern und so turbulenten Verläufen wie in den Schlichtungsverhandlungen dieses Bandes, kann sich den großen Aufwand und die großen Schwierigkeiten einer solchen Arbeit kaum vorstellen; das kann eigentlich erst der, der sich, nachdem er eine Simultanpassage oder eine beiläufig und 'schlampig' artikulierte Äußerung das 'xte' Mal zu entschlüsseln versucht hat, entnervt den Kopfhörer von den Ohren reißt, um es nach einer längeren Pause oder gar erst am nächsten Tag noch einmal zu versuchen. Ähnlich tüftlig ist es, genau die Grenzen festzulegen, innerhalb derer simultan gesprochen wird, oder etwa zu entscheiden, ob eine bestimmte Kadenz nun eher schwebend oder fallend, schwebend oder steigend oder gar steigend, schwebend oder fallend ist. Für Nicht-Eingeweihte könnte man Erstaunliches berichten über das, was man nach vielfach wiederholten Hör- und Identifizierungsversuchen noch hört oder eben nicht mehr hört. Auch wenn es an anderer Stelle immer wieder erwähnt worden ist: Für die Herstellung eines Transkripts von einer Stunde Gespräch sind im Schnitt 100 und mehr Stunden Transkriptionszeit (Ersttranskription und zwei Korrekturdurchgänge) erforderlich. Im Schlichtungsprojekt haben transkribiert: Renate Beck, Otmar Bettscheider, Karin Herrmann, Heike Jokisch, Isabelle Robin, Thomas Spranz-Fogasy, Axel Stamm, Michael Weber und Christina Zahn. Ihnen gebührt großer Dank für diese für das Projekt so wichtige und schwierige Arbeit.

2. Das Korpus des Schlichtungsprojekts

3000 Familiale Interaktion

.01	Nur einmal gesprungen
.02	Höhle bauen
.03	Mensch-ärgere-dich-nicht
.04	Inszeniertes Streiten
.05	Spiel mit Autos

3001 Vergleichsbehörde

.01	Schnellredner
.02a,b	Türke
.03	Alte Sau
.04	Blutiger Arm
.05	Simpl
.06	Arschloch
.07	Guter Ruf
.08	Die Mopeds
.09	Die Zähne
.10	Böse Blicke
.20	Hitler
.21	Rissbach
.22	Kartoffelklau
.23	Geistig arm

3002 Schiedsmann

.01	Die Hure
.02	Das Beinchen
.03	Die Rauferei ODER Dat andere Thema[6]
.20	Laubenpieper
.30a,b	Nichts gemacht
.31	Asozialer
.32	Götz-Zitat
.40	Alles weggeschmissen
.42	Kindsmord
.43	Ich schlag dich tot
.44	Schaltpläne

[6] Ausführlich analysiert und vollständig abgedruckt in Röhl (Hg.) (1987).

.45 Verbrecher
.46 Üble Nachrede

.50 Der Pole

3003 Gerichte

Familiengericht

.01 Besuchsrecht

Amts- und Landgericht

.10 Die falsche Beklagte
.11 Kautionsrückzahlung
.12 Nutzungsentschädigung
.13 Blinker links
.14 Nachlaß
.15 Heizrechnung
.16 Garantie
.17 Bruchsand
.18 Höhere Betriebsgefahr
.19 Stornoreserve
.20 Die Isolierglasscheibe
.21 Kneipenwechsel
.22 Auffahrunfall
.23 Verpflegungsmobil
.24 Achslager
.25 Unfall
.26 Neue Fenster
.27 Alternativrechnung

Sozialgericht

.30 Die sechs Punkte
.31 Abgebrochene Maßnahme
.32 Kein fauler Arsch
.33 Regionaler Mangel
.34 Vertragswidriges Verhalten
.35 Fehlerhafte Eintragungen
.36 Verwundung bei Partisaneneinsatz
.37 Merkzeichen RF
.38 Überforderung im Verkehr
.39 Strenge körperliche Schonung
.40 Übergangsvorschrift nicht im Blick
.41 Krankengeld nach Spanien

Arbeitsgericht

.90	Schneller Vergleich
.91	Der Urlaub ist futsch
.92	Erschlichenes Fahrgeld
.93	Kein Korrespondenzpartner
.94	Fehlende Krankmeldung
.95	Gestörtes Ausbildungsverhältnis
.96	14 zugesagt
.97	Voll Schrott
.98	Fortsetzung des Arbeitsverhältnisses
.99a,b	Gegen Gotteslohn
.100	Schlosser am laufenden Meter
.102	Je höher der Brutto desto höher der Netto
.103	Der schnellste Weg zum Geld
.104	Berechnung des Urlaubsentgelts
.105	Frage der Prognose
.106	Eine oder zwei Firmen
.107	'Stamm'-Arbeiter
.108	Momentane Flaute
.109	Vom Vorarbeiter zum einfachen Arbeiter
.110	Neuer Gütetermin
.111	Hebammenschülerin
.112	Hausinterne Umsetzung
.113	Wer ist der Arbeitgeber?
.114	Faktisch heruntergruppiert
.115	Bereitschaftsdienst 1
.116	Bereitschaftsdienst 2
.117	Die höhere Klage
.118	Vermögenswirksame Leistungen
.119	Ein Kaffee vorm Arzt
.120	Nicht gekommen und nicht angerufen
.121	Ungewöhnlicher Beweisvorschlag
.122	Der ungemähte Rasen
.123	Keine Erpressung
.124	Die Bezahlung des Sechsten
.125	Unauffindbarer Kläger
.126	Über 400 Titel
.127	Schreibarbeiten zuhause
.128	Gut, aber vertragsbrüchig
.129	Türkischer Wagenwäscher
.130	Streit fürs Arbeitsamt
.131	Der Kläger bedankt sich und geht

3005 Schiedsstellen für Verbraucherstreitigkeiten

Gebrauchtwagen

.01 Die Achse
.02 Der Capri
.03 Das Getriebe
.04 Der Opel
.06 Hundert Mark
.07 Der Rover

Textilreinigung

.11 Der graue Anzug
.12 Der reine Dreck
.13 Zu heiß gepreßt

Handwerkskammer

.21 Das unbrauchbare Haarteil
.22 Zu dünner Anstrich
.23 Zu hoher Stundenlohn
.24 Zu teure Rollos
.25 Nasse Wand und andere Mängel am Haus

3006 Jugendfreizeitheim

.01 Sturz in die Schlammkuhle
.02 Rauferei auf dem Abenteuerplatz

3007 Therapeutische Settings

.01a Dicker Daumen
.01b Kampf der Tiger
.02 Dampfwalze

.11 Die Enttäuschung

3. Zum Modellcharakter von Transkriptionen

Als Herausgeber eines Bandes mit Texten des gesprochenen Französisch betont Wolfgang Raible, daß solche Transkripte u.a. von so 'hohem Nutzen' sind, weil „sie keine Originale mehr sind, sondern *Modelle* solcher Originale". Erst durch die Reduktion der großen Fülle von Informationen über den Vorgang der Transkription auf besonders wichtige werde „vieles sichtbar, was beispielsweise den Protagonisten des Gesprächs weitgehend unbewußt blieb"[7]. Ich nehme diese Einschätzung zum Anlaß, etwas eingehender über den Modellcharakter solcher Transkripte nachzudenken, über die Vorteile, die Nachteile und die Gefahren der besonderen modellbedingten Reduktionen.

Der Hinweis, daß Transkripte Modelle von Gesprächen sind, ist eigentlich trivial; wichtig ist er allerdings dennoch, da man bei der Lektüre der Texte einige dieser Reduktionen nur allzu leicht aus den Augen verliert und entsprechend verfälschte Vorstellungen von der Gesprächsrealität entwickelt. Offensichtlich sind die Reduktionen für den Bereich der akustischen Wirklichkeit von Gesprächen. Besonderheiten des Tonfalls werden nur dann auf der Kommentarzeile der Partitur gekennzeichnet, wenn Auffälliges passiert. Die Wiedergabe von nicht-morphemisierten Artikulationen und anderen akustischen Ereignissen wie etwa Geräuschen in der Situation ist wenig normiert und kann nur eine ungefähre Vorstellung von der akustischen Realität vermitteln. Dynamische Besonderheiten, signifikante Veränderungen des Sprechtempos, Akzentuierungen, Verschleifungen und Dialektales werden nur punktuell und mit Hilfe doch recht grober Kategorienraster notiert; die Transkriptionen versuchen hier keine Abbildung, sondern streben eine stilisierende und stark abstrahierende Repräsentation an. Für diese Bereiche liegt also der reduktionistische Charakter der Transkriptionen auf der Hand wie im Fall eines Streckennetzes der Bahn oder einer Wanderkarte.

Es gibt aber eine Reihe weiterer Reduktionen, die wohl häufig nicht als solche wahrgenommen oder im Verlauf der Lektüre oder der Analyse allzu leicht vergessen werden. Da ist einmal die Flüchtigkeit des gesprochenen Worts, die durch die Verschriftlichung aufgehoben wird. Dann ist der Leser des verschriftlichten Gesprächs davon 'entlastet', simultan produzierte Äußerungsteile entschlüsseln zu müssen; er kann die einzelnen Äußerungen separat wahrnehmen. Es entsteht die Suggestion, daß die einzelnen Redebeiträge und ihr Zusammenspiel für die Teilnehmer in der Situation genauso durchsichtig und verständlich gewesen sind, wie sie dem Leser des Transkripts erscheinen. Ebensowenig ist er in seinen Wahrnehmungsmöglichkeiten vom Tempo des dialogischen Wechselspiels abhängig; er kann sich sein Rezeptionstempo selbst vorgeben. Insgesamt also läuft man bei der Wahrnehmung der Gespräche in transkribierter Fassung

---

[7] Ludwig, Ralph (1988): Korpus: Texte des gesprochenen Französisch. Materialien I. Tübingen. (= ScriptOralia 8). S. 8.

immer wieder Gefahr, in ein Rezeptionsverhalten zu verfallen, wie es schriftsprachlichen Produkten gegenüber üblich ist. Die Folgen bzw. die Gefahren einer solchen Rezeptionshaltung sind vielfältig:

Da ist **einmal** der Normaspekt. Die Fülle der mißglückten Äußerungen in der gesprochenen Sprache, die Konstruktionsbrüche, die Abbrüche, die Redundanzen und Wiederholungen verleiten uns, in unbewußter Orientierung an gängigen schriftsprachlichen Normen die rhetorischen Leistungen der Interagierenden unterzubewerten. Teilnehmern eines Rhetorikkurses habe ich einmal eine Äußerungsfolge (eine ad hoc entwickelte Antwort eines Schauspielers auf die Frage nach seinem professionellen Selbstverständnis) zunächst als Transkript vorgelegt. Sie sollten die sprachliche und rhetorische Leistung bewerten. Es kamen Urteile wie 'chaotisch', 'wenig geordnet', 'rhetorisch nicht gelungen'. Nach Anhören des entsprechenden Bandausschnittes wurden diese Urteile spontan revidiert in 'brillant', 'sehr klar', 'rhetorisch gelungen'. Eine in beschriebener Weise verfälschte Wahrnehmung beeinflußt natürlich auch die gesprächsanalytische Rekonstruktion.

Dann gibt es Aspekte, die die Rekonstruktion des Dialogverstehens der Beteiligten selbst und die gesprächsanalytische Sinnrekonstruktion betreffen: Das Transkript eröffnet uns die Möglichkeit, in aller Ruhe den Aufbau einer Partiturzeile zu studieren, läßt uns die Zeit, das Geschehen Schritt für Schritt zu rekonstruieren und im Gespräch beliebig hin- und herzuschalten. Versuchen wir aber nur, sogar mit dem Transkript in der Hand, der Tonaufnahme eines schnellen dialogischen Wechselspiels zu folgen, so haben wir da manchmal schon Schwierigkeiten; es ist immer wieder erstaunlich, wie schnell eine Seite im Transkript 'vorbeisein' kann. Dadurch wird schon deutlich, daß längst nicht alles, was wir in unserer extrakommunikativen Situation des Lesers oder Gesprächsanalytikers erfassen, auch von den Dialogbeteiligten wahrgenommen oder verstanden worden ist, vor allem nicht in Phasen, in denen mehrere Sprecher durcheinander sprechen.

Jede Analyse muß sich sorgfältig mit diesen Fragen auseinandersetzen, ehe z.B. vorschnell ein Zug oder ein Teilzug als responsiv zu einem anderen interpretiert werden kann. Der Leser eines Transkripts muß seine Wahrnehmung und sein Verständnis des Gesprächs immer wieder entsprechend kontrollieren, will er sich eine in etwa angemessene Vorstellung davon verschaffen, wie das Gespräch wirklich abgelaufen ist. Umgekehrt sind natürlich alle modellbedingten Reduktionen, die mit einer Verschriftlichung mündlicher Situationen verbunden sind, mit dem Wechsel des Mediums also, Voraussetzung dafür, daß eine Analyse eines Gesprächs, an dem der Analysierende nicht beteiligt war, überhaupt möglich ist: Nur so hat der Analysierende überhaupt eine Chance zu einer differenzierten Rekonstruktion des interaktiven Geschehens, eine Chance, in das Dialogverstehen der Beteiligten einzudringen.

Und so wird sich der analytische Umgang mit den Gesprächen immer auf dem schmalen Grat zwischen Überinterpretation und differenzierter Sinnrekonstruktion selbst latenter Interaktionsstrukturen bewegen müssen.

4. Erläuterungen zur Verschriftlichung[8]

Die Verschriftlichungen oder Transkriptionen sollen über das Abbilden des reinen Wortlauts hinaus möglichst viele charakteristische und für eine Analyse relevante Phänomene der Tonaufnahme für die schriftliche Version retten; das gilt für besondere phonetische Ereignisse wie für Suprasegmentales, also besondere Betonungen, dynamische Variation oder etwa Variation der Sprechtempi wie auch für nicht-verbale Aktivitäten oder Vorkommnisse. Dem Transkribenten standen dabei einmal das Alphabet und eine Reihe von definierten Transkriptionszeichen zur Verfügung sowie die Möglichkeit des Kommentars auf einer gesonderten Kommentarzeile. Die Grenzen des Nachmodellierens der tatsächlichen verbalen und non-verbalen Vorgänge, aber auch von atmosphärischen Phänomenen und Einflüssen des situativen Rahmens auf die Interaktionssituation sind einmal dadurch gezogen, daß ein Transkribent, wenn einigermaßen effektiv transkribiert werden soll, nur eine begrenzte Menge an Transkriptionsentscheidungen treffen kann, und dadurch, daß die Differenziertheit des Verfahrens nur so weit steigerbar ist, als noch gewährleistet ist, daß verschiedene Transkribenten in unterschiedlichen Transkriptionsvorgängen Vergleichbares weitgehend auch vergleichbar wiedergeben. Für die Analysen sind Transkriptionen damit zwar notwendige Voraussetzung und bereits ein Teil der gesprächsanalytischen Arbeit, aber keine Gesprächsanalyse ist ohne die Tonaufnahme selbst zu leisten.

Die Partiturschreibweise ermöglicht, anders als eine linearisierte Version, das dialogische Wechselspiel auch graphisch abzubilden. Es werden allerdings nicht alle Sprecher durchgehend in der Partitur mitgeführt, d.h., es gibt keine leeren Sprecherzeilen, die jeweils anzeigen, daß ein Sprecher zwar weiterhin in der Situation anwesend ist, jedoch nichts sagt oder aber nichts tut, was als non-verbale Aktivität notiert werden könnte. Wir haben aus platzökonomischen Gründen auf diesen Aspekt analoger Abbildung verzichtet; schließlich sind an Schlichtungsverhandlungen immer mindestens drei Personen beteiligt, häufig aber sogar vier oder mehr, so daß sich ein äußerst ungünstiges Verhältnis zwischen benötigter Seitenzahl und abgedruckter Textmenge ergeben hätte. Es dürfte aber den Benutzer dieses Textbandes nicht überfordern, wenn er sich jeweils vergegenwärtigen muß, daß auch, wenn nur

---

[8] Die „Erläuterungen" entsprechen denen des Textbandes zum IDS-Projekt „Beratungsgespräche"; vgl. Schröder, Peter (Hg.) (1985): Beratungsgespräche – ein kommentierter Textband. Tübingen. (= Forschungsberichte des Instituts für deutsche Sprache 59). S. 23f.

ein oder zwei Sprecher in der Partitur mitgeführt werden, die anderen dennoch weiterhin an der Situation beteiligt sind.

Die Partiturzeilen sind mit den folgenden Abkürzungen gekennzeichnet:

A oder A1, A2 etc. = Antragsteller oder Kläger, Prozeßvertretung oder (Rechts)beistand des Klägers oder Antragstellers
B oder B1, B2 etc. = Antragsgegner oder Beklagter, Prozeßvertretung oder (Rechts)beistand des Beklagten oder Antragsgegners
C = Schlichter, Schiedsmann oder Richter
D = Protokollführer
Z = Zeuge
X = aufnehmender Mitarbeiter
K = Kommentarzeile
Hier erscheinen
- verbale Wiedergaben von Aktionalem, und zwar sowohl nicht-kommunikative Ereignisse, die zur Situation gehören, als auch solche, die von außen eindringen,
- verbale Wiedergaben von kollektiven non-verbalen Handlungen oder von non-verbalen Handlungen eines Sprechers, die er vollzieht, während er spricht,
- Interpretationen des Transkribenten von Äußerungen der Sprecher / Wiedergabe von atmosphärischen Eindrücken wie FREUNDLICHER TON / ENERGISCH / ENTSCHULDIGEND etc.,
- Informationen des Transkribenten zur Aufnahme und zur Situation.

Es handelt sich um sog. literarische Transkriptionen; d.h. es gelten für standardkonforme und standardnahe Lautungen die üblichen orthographischen Konventionen. Phonetische Besonderheiten werden mit orthographischen Mitteln nachgezeichnet. Das gilt für Kontraktionen oder Elisionen, für nicht-lexikalisierte Elemente wie *hm*, *äh* etc., aber auch für dialektale Elemente, die einen Sprecher oder einen Stil charakterisieren (etwa *hoscht* für 'hast du' oder *driwwe* für 'drüben').

5. Legende zu den verwendeten Transkriptionszeichen

ja aber nein nie	simultan gesprochene Äußerungen stehen übereinander und sind unterstrichen
+	unmittelbarer Anschluß (Anklebung) bei Sprecherwechsel
*	kurze Pause
**	etwas längere Pause (bis max. 1 Sekunde)
3,5	längere Pause mit Zeitangabe in Sekunden (ggf. Minuten und Sekunden, dann eigens markiert: min.)
=	Verschleifung (Elision) eines oder mehrerer Laute zwischen Wörtern (z.B. *sa=mer* für *sagen wir*)
/	Wortabbruch
(...)	unverständliche Sequenz
(war)	vermuteter Wortlaut
(gunst?kunst)	Alternativlautungen
↑	steigende Intonation (z.B. *kommst du mit↑*)
↓	fallende Intonation (z.B. *jetzt stimmt es↓*)
-	schwebende Intonation (z.B. *ich sehe hier-*)
"	auffällige Betonung (z.B. *aber ge"rn*)
:	auffällige Dehnung (z.B.*ich war so: fertig*)
←immer ich→	langsamer (relativ zum Kontext)
→immerhin←	schneller (relativ zum Kontext)
>vielleicht<	leiser (relativ zum Kontext)
<manchmal>	lauter (relativ zum Kontext)
LACHT	Wiedergabe nicht-morphemisierter Äußerung auf der Sprecherzeile (im Gegensatz zu z.B.: *ha ha ha*)
IRONISCH	Kommentar zur Äußerung (auf der Kommentarzeile)
QUIETSCHEN	Hinweis auf nicht-kommunikative Ereignisse in der Situation (auf der Kommentarzeile)
# #	markiert auf der bzw. den Sprecherzeilen den Bereich der Gültigkeit eines Kommentars
[...]	Auslassung
d.m.	Buchstabieren/Abkürzungen

PETER SCHRÖDER / WOLFGANG KLEIN / WERNER NOTHDURFT / ULRICH REITEMEIER

Schlichtungsgespräche verstehen. Exemplarische Fallanalyse einer Güteverhandlung vor dem Schiedsmann

1. Zur Funktion dieser Fallanalyse

Mit der Analyse eines Schlichtungsgesprächs möchten wir dazu beitragen, dem Leser solcher Gespräche das kommunikative Geschehen, das sich in den Gesprächen abspielt, näherzubringen und ihn in die Lage zu versetzen, die weiteren in diesem Band abgedruckten Schlichtungsgespräche mit einem besseren Verständnis zu lesen.

Ziel der Analysen war nicht eine für jedes Gesprächssegment möglichst erschöpfende Analyse, sondern eine Darstellung, die auch geeignet ist, schlichtungscharakteristische Phänomene im Gespräch aufzuzeigen, das interaktive Wechselspiel zwischen den Beteiligten aufzudecken und das Funktionieren und die Wirksamkeit kommunikativer Aktivitäten sichtbar zu machen. Für die Darstellungsebenen des Analysetextes heißt das, daß sich Passagen mit mikroanalytischen Detaillierungen immer wieder abwechseln mit Passagen, in denen Aktivitäten eher synoptisch erfaßt oder global paraphrasiert werden.

Die Darstellung ist gegliedert nach den im Gespräch erkennbar zustandegekommenen schlichtungsspezifischen Aktivitätszügen. Diese werden in ihrem Zustandekommen, ihrer Binnenstruktur und in ihrer Funktion beschrieben. Aber auch Anläufe zu anderen Aktivitäten, gescheiterte Initiativen, Zwischen- oder Randbemerkungen der Teilnehmer werden aufgezeigt und im Zusammenhang mit den Aktivitätszügen, aus denen sie hervorgegangen sind, erläutert.

Die Darstellungen der einzelnen Aktivitätszüge sind so angelegt, daß nach dem Abdruck des jeweiligen Gesprächsabschnitts zunächst eine allgemeine Kennzeichnung des Zuges im Schlichtungskontext erfolgt. Diese Kennzeichnung orientiert sich jeweils am allgemeinen analytischen Wissen über Schlichtung, das von unserer Forschungsgruppe auf der Basis eines umfangreichen Gesprächskorpus erworben wurde.[1] Dann folgt die Analyse der fallspezifischen Realisierung des Aktivitätszuges. Wenn sich Aktivitäten überlappen oder überlagern, werden die entsprechenden Gesprächsabschnitte mehrfach abgedruckt.

[1] Zum Korpus vgl. Schröder, Peter: Einleitende Bemerkungen zum besseren Verständnis des Textbandes „Schlichtungsgespräche", in diesem Band, und zum Projekt insgesamt siehe Nothdurft, Werner (1995) (Hg.): Streit schlichten. Gesprächsanalytische Untersuchungen zu institutionellen Formen konsensueller Konfliktregelung. Berlin. (= Schriften des Instituts für deutsche Sprache 5.1), insbesondere die Einleitung des Herausgebers: Gesprächsanalyse von Schlichtung. Die Geschichte eines Forschungsprojekts und die Entwicklung seiner Ergebnisse.

2. Der institutionelle Gesprächsrahmen: Die Güteverhandlung vor dem Schiedsmann[2]

Bei dem Schlichtungsgespräch handelt es sich um eine Güteverhandlung vor dem Schiedsmann. Der Schiedsmann ist eine vor- bzw. außergerichtliche Instanz zur Behandlung von bestimmten bürgerlichen Rechtsstreitigkeiten und Strafsachen wie z.B. Beleidigung, Hausfriedensbruch, leichte Körperverletzung. Seine offizielle Aufgabe ist es, solche streitigen Rechtsangelegenheiten „gütlich zu schlichten". Das Schlichtungsverfahren kommt auf Antrag zustande. Den Antrag stellt in der Regel die geschädigte Partei. Der Schiedsmann bestimmt Ort und Zeit für die Güteverhandlung und lädt die Parteien dazu ein. Mit der Ladung erhält der Antragsgegner eine Abschrift des Antrags, so daß er Gelegenheit hat, sich auf die Verhandlung inhaltlich vorzubereiten. Es besteht die Pflicht zum persönlichen Erscheinen. Bei Nichterscheinen kann ein Ordnungsgeld verhängt werden. Die Verhandlung der Parteien vor dem Schiedsmann ist mündlich und nicht öffentlich. Es können ggf. Zeugen gehört werden. Einigen sich die Parteien vor dem Schiedsmann, d.h. kommt ein Vergleich zustande, so legt der Schiedsmann darüber ein Protokoll an, das durch die Unterschriften der Parteien rechtsverbindlich wird. Das Güteverfahren ist gebührenpflichtig. Die Gebühren werden vom Antragsteller vorgelegt und je nach Art des Vergleichs vom Antragsgegner oder anteilig von beiden Parteien getragen.

Der Schiedsmann dieser Güteverhandlung ist zuständig für einen der zwölf Schiedsmannsbezirke einer nordrhein-westfälischen Großstadt. Er führt seine Schlichtungsverhandlungen stets in einem Verwaltungsraum einer Schule durch, der auch für andere kommunale Amtsgeschäfte des Bezirks zur Verfügung steht. Der Raum ist spärlich mit Büromöbeln ausgestattet; der Schiedsmann führt die Verhandlung von seinem Schreibtisch aus; die Parteien und die Zeugin sitzen ihm – etwas getrennt voneinander – gegenüber; der aufnehmende Mitarbeiter sitzt seitlich versetzt hinter dem Schiedsmann. Das Aufnahmegerät (kleiner Kassettenrecorder in Walkman-Größe) liegt am seitlichen Rand des Schreibtisches.

---

[2] Zu einer ausführlichen Beschreibung der Institution und ihrer Geschichte vgl. Klein, Wolfgang: Schlichten in der Vergleichsbehörde. Die Herbeiführung von Einigung. In: Nothdurft (Hg.) (1995).

3. Die Fallanalyse[3]

Die Aufnahme beginnt mit der Vorstellung des aufnehmenden Projektmitarbeiters, der den Schiedsmann bei der Erläuterung des Zwecks der Aufnahme unterstützt. Nachdem der Schiedsmann dem Aufnehmenden einen Platz zugewiesen hat, beginnt die eigentliche Verhandlung.

Herstellung der Verhandlungssituation: Eröffnung und Situationsorientierung

```
1,10:                                                    so"- * ich
   C begrüße sie- * frau blank un herr herrmann- * ich darf sie darauf
   C aufmerksam machen- ** daß ich kein richter bin- * sondern ein
   C schli"chter- * und daß sie das vergnügen haben hier bei uns- *
   C bei mir- * daß es eine nichtöffentliche sitzung ist- * so daß
   C also a"lles was hier geschieht unter uns bleibt- * und *keinem
   K                                                       ABGEHACKT
   C andern mehr- ** äh was zu ohren kommt↓ **
   K
```

Die 'Situationsorientierung' dient dazu, Teilnehmern die Relevanzen der besonderen Interaktionssituation zu verdeutlichen. Die vorgreifende Kennzeichnung von 'verbindlichen' Situationsmerkmalen kann von Güteverhandlung zu Güteverhandlung unterschiedlich expandiert ausfallen.

Das eine Zäsur markierende *so"*- und die anschließende namentliche Begrüßung der Streitparteien signalisieren für die Beteiligten, daß die informellen Präliminarien vorüber sind und daß nunmehr die Güteverhandlung offiziell eröffnet ist. Gleichzeitig leiten Gliederungssignal und Begrüßungsformel die Phase der Situationsorientierung ein. Zwei Aspekte sind hier erwähnenswert:

- Mit der Erwähnung der eigenen Schlichterrolle etabliert der Schiedsmann nicht nur seine besondere Funktion und Stellung gegenüber den Streitparteien in der Güteverhandlung, sondern er benennt auch das zu praktizierende Streitbehandlungsprinzip.
- Mit dem euphemistischen *daß sie das vergnügen haben hier bei uns- * bei mir- * daß es eine nichtöffentliche sitzung ist- ** und der anschließenden Erläuterung der Vorteile dieser Regelung ermutigt der Schiedsmann die Beteiligten zu einem offenen Kommunikationsverhalten, das von dem Druck, sich vor Zuschauern in Szene setzen zu müssen, entlastet ist.

[3] Wer die Verhandlung „Götz-Zitat" ohne unsere Kommentare und Analysen lesen möchte, findet das geschlossen abgedruckte Transkript ab S. 121 im Textteil dieses Bandes. Die Seiten- und Zeilenangaben (Bsp.: 2,12), mit denen die Gesprächsausschnitte in der Fallanalyse gekennzeichnet sind, beziehen sich auf diesen Text.

Rekonstruktion des Konflikts: Etablierung der Anschuldigung und Aufforderung zur Stellungnahme

1,17:

```
C                                        so"↓ nun #darf ich sie
K                                                 QUIETSCHEN

C bitten# herr herrmann sie sind ja nun- * sie haben das ja
K

B                                              ←mhm-→
C gelesen was- * frau blank ihnen vorwirft- *          wenn sie sich

C bitte mal mit frau b/ unterhalten wolln wie das zustandegekommen

B                              gu:t↑ * kann ich machen↓ *
C ist- * und wie und was- *                            bitte schön↓ *
```

a) Etablierung der Anschuldigung

In aller Regel ist die Anschuldigung allen am Schlichtungsgeschehen Beteiligten auch im Wortlaut bekannt; dennoch muß jeweils für die Verhandlung die Anschuldigung noch einmal eigens etabliert werden. Das kann in einer entsprechend markierten eigenständigen Verhandlungsphase geschehen; dann trägt entweder der Antragsteller, vom Schlichter dazu aufgefordert, seine Anschuldigung noch einmal vor, oder der Schlichter übernimmt diesen Part selbst, indem er die entsprechenden Passagen aus dem Antrag verliest oder aber aus dem Gedächtnis wiedergibt.[4]

Im vorliegenden Fall gibt es keine deutlich markierte und eigenständige Verhandlungsphase „Etablierung der Anschuldigung"; dieser in Schlichtungsgesprächen notwendige Verhandlungsschritt ist hier vielmehr in den Komplex „Aufforderung zur Stellungnahme" parenthetisch eingebettet: *sie haben das ja gelesen was- * frau blank ihnen vorwirft- **.

Darüber hinaus wird die Substanz der Anschuldigung, die inkriminierte Äußerung, nicht explizit benannt, sondern mit der Umschreibung *das* [...] *was- * frau blank ihnen vorwirft-* verweist der Schiedsmann lediglich auf den Anschuldigungssachverhalt und setzt ihn damit für die an der Situation Beteiligten als bekannt voraus. Es ist anzunehmen, daß er auf diese Weise dem Tabucharakter der inkriminierten Äußerung Rechnung zu tragen versucht; nicht auszuschließen ist, daß der Schiedsmann sich von dieser knappen und indirekten Erwähnung des Anschuldigungssachverhalts auch eine konfliktentschärfende Wirkung verspricht.

---

[4] Vgl. zur Etablierung der Anschuldigung im einzelnen Nothdurft, Werner (1996): Konfliktstoff. Gesprächsanalyse der Konfliktbearbeitung in Schlichtungsgesprächen. Berlin. (= Schriften des Instituts für deutsche Sprache 5.2), Kap. 2.

b) Aufforderung zur Stellungnahme

Gesprächsorganisatorisch ist eine solche Aufforderung eine sehr aufwendige Art der Redeübergabe; sie regelt in einer solchen Verhandlung mit zwei Parteien, dem neutralen Dritten und einem Zeugen für diese nächste Verhandlungsphase (die „Stellungnahme des Antragsgegners") einige Besonderheiten, was das Verbalisierungsrecht betrifft. Außerdem können – wie im vorliegenden Fall – in einer solchen komplexen Aufforderung bereits Modalitäten der erwarteten Aktivität vorausgreifend festgeschrieben werden.

Wie schon im Fall des Übergangs vom inoffiziellen zum offiziellen Teil der Verhandlung markiert der Schiedsmann mit dem *so*"↓ auch den Übergang von der Verhandlungsphase der „Situationsorientierung" zur Verhandlungsphase „Aufforderung zur Stellungnahme". Das anschließende *nun darf ich sie bitten herr herrmann* ist eine Art Aufruf: Der Antragsgegner Herr Herrmann soll seine Aufgabe, Stellung zu nehmen, wahrnehmen. Der Schiedsmann will dann diese Aufforderung – unter Beibehaltung des offiziellen Tons – noch damit begründen, daß er ergänzend deutlich macht, daß die erwartete Beteiligungsleistung zwangsläufig aus Herrn Herrmanns Rolle als Antragsgegner hervorgeht (*sie sind ja nun-*), wählt dann aber statt einer solchen terminologisch auf die offiziellen Verfahrensrollen rekurrierenden Plausibilisierung, mit der der Beschuldigtenstatus Herrn Herrmanns explizit festgeschrieben werden würde, eine eher umgangssprachlich umschreibende 'behutsamere' Begründung seiner Aufforderung: *sie haben das ja gelesen was- * frau blank ihnen vorwirft-*. Mit dieser Formulierung, die lediglich die allen Beteiligten, also auch Herrn Herrmann, bekannte Vorwurfsformulierung Frau Blanks aktualisiert, etabliert der Schiedsmann gleichzeitig in beschriebener Weise den Anschuldigungssachverhalt. Danach formuliert er die Aufforderung zur Stellungnahme noch einmal, und zwar diesmal konkreter und jetzt auch auf der weniger förmlichen Ebene: *wenn sie sich bitte mal mit frau b/ unterhalten wolln wie das zustandegekommen ist-*.

Mit dieser Formulierung leitet der Schiedsmann den Beginn der Auseinandersetzungen zwischen den Streitparteien bemerkenswert sanft ein: Allen Beteiligten ist klar, daß im Rahmen eines Schlichtungsgesprächs nicht etwas passiert, was man als zwangloses und entspanntes Miteinandersprechen bezeichnen kann. Der Schiedsmann signalisiert mit der Formulierung aber sein Interesse an einer nicht über die Maßen kontroversen Streitaustragung. Auch die thematische Vorgabe *wie das zustandegekommen ist- * und wie und was- ** dient der Entschärfung. Diese Vorgabe fixiert den Antragsgegner nicht darauf, den Vorwurf zuzugeben oder ihn bestreiten zu müssen, sondern läßt ihm Raum, ausführlicher seine Sicht der Dinge darzustellen.

Herr Herrmann reagiert auf die Bemühungen zur Situationsentspannung, indem er explizit seine Bereitschaft erklärt, sich mit Frau Blank zu unterhalten (*gu:t↑ * kann ich machen↓ **). Auch diese Erklärung stellt in ähnlicher

Weise wie das *unterhalten* ein Moment uneigentlicher Redeweise dar, denn im Rahmen von Schlichtung ist er als Beschuldigter schließlich gezwungen, eine Stellungnahme abzugeben, ob er dazu bereit ist oder nicht. In diesem Sinne ist auch seine Bereitschaftserklärung 'pure Rhetorik', dient aber gleichwohl dazu, das Gesprächsklima zu entspannen und dem Schiedsmann zu signalisieren, daß dessen Absicht, ein entspanntes Gesprächsklima herzustellen, angekommen ist. Mit seinem höflichen *bitte schön↓* schließt der Schiedsmann dann diese Präliminarien zur Konfliktrekonstruktion ab. Das *bitte schön↓* markiert als formelhaft komprimierte Wiederaufnahme der komplexen Aufforderung zur Stellungnahme den endgültigen Punkt der Redeübergabe.

Rekonstruktion des Konflikts: Stellungnahme des Antragsgegners

```
1,24:

   B äh #sieben uhr fümunfünfzig bin ich auf den parkplatz
   K    KLINGT WIE ABGELESEN

   B jegangen da ich regelmäßig um acht uhr einf/ einkaufen fahre↓ *#
   K

   B       #und hab ich mein wagen gestartet und dabei stellt ich
   K       ERZÄHLTON
   C ja:-

   B fest daß die regen die: w/ schei"ben alle voller wasser warn- *
   K

   B HOLT LUFT UND RÄUSPERT SICH und da bin ich au"sgestiegen hab
   K

   B mit=em leder die scheiben abputzen wollen↑      darauf #kam# frau
   K                                                        SAGT KIAM
   C                                            mhm-

   B blank wutentbrannt auf=en par/ auf den auf ihre veranda- *
   K

   B und sachte mach den motor aus du umweltverschmutzer ich zeige
   K

   B dich a"n↓ * und da ist mir der kragen geplatzt↓#
   K                             ENDE DES ERZÄHLTONS
   C                                                 >ja-< ** und

   B                             <jawohl↑>
   C da haben se diesen berühmten ausdruck von götz von berlichingen

   B         jawohl-
   C gesagt-
```

In der Stellungnahme entwickelt der Antragsgegner seine Position gegenüber dem Anschuldigungssachverhalt. Eine solche Stellungnahme ist als reaktive Sachverhaltsdarstellung immer auf den Anschuldigungssachverhalt hin strukturiert, wie er durch den Schiedsmann oder den Antragsteller gesprächsweise etabliert wurde oder wie er – wie im vorliegenden Fall – den Beteiligten aus der schriftlichen Ladung bekannt ist. Gleichzeitig eröffnet die Stellungnahme dem Antragsgegner aber auch die Chance, darüber hinausgehende Konfliktgesichtspunkte einzubringen. Insgesamt kann der Antragsgegner die Stellungnahme nutzen, um die in der Anschuldigung präsentierten Ereignisse anders zu schildern, umzuordnen, Ereignisteile hinzuzufügen, Zusammenhänge anders zu gewichten und zu interpretieren und auch Schuldanteile umzuverteilen. Nicht selten wird damit die Stellungnahme zur Basis für die Entwicklung von Gegenanschuldigungen.[5]

Herr Herrmann konnte sich auf diesen Punkt der Verhandlung sorgfältig vorbereiten; die Version Frau Blanks lag ihm ja vor der Verhandlung schriftlich vor. Entsprechend klingt der Beginn seiner Stellungnahme auch WIE ABGELESEN (vgl. 1,24ff.), und man kann davon ausgehen, daß er diese Stellungnahme teilweise bis in die Einzelheiten der Verbalisierung hinein vorbedacht, wenn nicht sogar 'geprobt' hat. Dominanter Eindruck, den Herr Herrmann mit seiner Version der Vorgänge offensichtlich vermitteln will, ist der Eindruck von unaufwendiger Normalität, was seine eigenen Anteile an der Situation betrifft, und zwar sowohl sein Verhalten vor dem umstrittenen Ereignis als auch seine Reaktionen danach. Wodurch entsteht dieser Eindruck? Herr Herrmann läßt in seiner Schilderung eine Ablauffigur entstehen, die jeder Zuhörer sofort auf vielfach gemachte eigene Erfahrung beziehen kann, indem er genau solche Stationen des Ablaufs verbalisiert, die sich für das Ereignis 'Abfahrt-vom-Parkplatz' von selbst verstehen, wie etwa das 'Auf-den-Parkplatz-gehen', das 'Wagen-starten', aber auch das 'Noch-einmal-schnell-aussteigen-bei-laufendem-Motor' zum Scheibenabwischen. Daß es sich um einen unaufwendigen routinemäßigen Vorgang gehandelt hat, innerhalb dessen ein Schritt zügig und selbstverständlich auf den anderen folgte, suggeriert Herr Herrmann zusätzlich noch dadurch, daß er die Schilderung der einzelnen Stationen des Ablaufs durch *und* (elliptisch für *'und da'* bzw. *'und dann'* in *und hab ich mein wagen gestartet*), *und dabei* und *und da* verknüpft, also syndetisch reiht. Entsprechend signalisiert dann auch das *und da* in *und da ist mir der kragen geplatzt*↓, daß seine Reaktion eigentlich nur die selbstverständliche nächste Station in der Sukzession der Ereignisse darstellt: Wem wäre da nicht der Kragen geplatzt?

Neben dem Bestreben Herrn Herrmanns, mit der Schilderung seines Verhaltens vor und in der fraglichen Situation den Eindruck absoluter Normalität zu vermitteln, ist die Absicht erkennbar, die Vorbereitungen zur Abfahrt als nicht unnötig ausgedehnt darzustellen: Durch die sehr zügige Art der Schilderung und dadurch, daß er das Scheibenputzen, den ursprünglichen 'Zweck

[5] Dies gilt insbesondere für Güteverhandlungen im Arbeitsgericht; vgl. dazu Schröder, Peter: Besser ein magerer Vergleich als ein fetter Prozeß. Zur Güteverhandlung im Arbeitsgericht. In: Nothdurft (Hg.) (1995); zur Stellungnahme vgl. ausführlich auch Nothdurft (1996), Kap. 3.

der Übung', als Aktivität kennzeichnet, zu der er gar nicht mehr gekommen ist (***hab** mit=em leder die- * scheiben abputzen **wollen**↑*), suggeriert Herr Herrmann, daß das Ganze eine Angelegenheit von wenigen Augenblicken gewesen ist. Unter Berücksichtigung des Aspekts 'zeitliche Erstreckung des Geschehens' könnte man Herrn Herrmanns Schilderung auch paraphrasieren mit 'kaum war ich ausgestiegen, um die Scheiben abzuputzen, als auch schon Frau Blank wutentbrannt auf ihre Veranda kam'.

Interessant ist hier besonders die Art und Weise, wie Herr Herrmann das Ereigniselement 'Einmischung der Frau Blank' rhetorisch in den Kontext seiner Schilderung einbindet: Nur die Schilderung der Intervention Frau Blanks wird nicht durch ein '*und da*' oder ein in vergleichbarer Weise Kontinuität stiftendes Element eingeleitet, sondern durch das asyndetisch anschließende und dadurch Unvermitteltheit signalisierende *darauf*. Verstärkt wird die Wirkung des Unterbrechens der syndetischen Reihung durch den einen asyndetischen Anschluß dadurch, daß Herr Herrmann die Schilderung der eigenen durch Frau Blanks Intervention gestörten Aktivitäten mit steigender Intonation beendet (*hab mit=em leder die scheiben abputzen wollen*↑); eine steigende Kadenz im Kontext einer solchen Schilderung heißt ja in der Regel, daß die Schilderung des Ereignisses oder eines Ereignisteils noch nicht beendet ist. Die rhetorische Gestaltung der Stellungnahme gewinnt damit selbst Symbolkraft, indem sie Kontinuität und Diskontinuität der Teilereignisse der strittigen Szene auf dem Parkplatz nachmodelliert; der störende Charakter der Intervention Frau Blanks wird ausdrucksseitig sinnfällig.

Ähnliches läßt sich auf der lexikalischen Ebene der Schilderung des Vorfalls beobachten: Nach der Schilderung der eigenen Aktivitäten, die die Vorstellung von unaufwendiger Normalität vermittelt, kommt das *wutentbrannt*, mit dem Herr Herrmann den Auftritt Frau Blanks auf ihrer Veranda kennzeichnet, völlig überraschend und erscheint im Kontext der geschilderten Routinevorgänge völlig unmotiviert und unbegründet: Genauso überraschend und unbegründet, wie das *wutentbrannt* für die Adressaten der Schilderung der Vorgänge in der Schlichtungsituation kommt, muß dieser 'wutentbrannte Auftritt' Frau Blanks damals an jenem regnerischen Morgen gewesen sein – dieser Eindruck jedenfalls soll sich bei den Adressaten der Schilderung bzw. der Stellungnahme, also vor allem beim Schiedsmann, ganz unwillkürlich einstellen.

Von der Stellungnahme Herrn Herrmanns geht insgesamt eine appellartige Wirkung aus: Wer hätte denn nicht so agiert und reagiert? Diese rhetorische Absicht hat sicher auch die Art und Weise mitbestimmt, wie Herr Herrmann in seiner Stellungnahme die inkriminierte Äußerung erwähnt, nämlich mit Hilfe eines sehr allgemeinen metaphorischen Ausdrucks: *und da ist mir der kragen geplatzt*↓. Die Vagheit dieser Metapher hat deutlich taktische Funktion: Daß jedem anderen (also vor allem auch dem Schiedsmann) in einer vergleichbaren Situation der Kragen geplatzt wäre, könnte man zugestehen, nicht jedoch, daß jeder andere zu dem entsprechenden Kraftausdruck gegriffen hätte. Die

Vagheit der Umschreibung macht es also für die Adressaten leichter, Herrn Herrmanns Verhalten in der fraglichen Situation nachzuvollziehen. Insgesamt läßt so Herr Herrmann in seiner Stellungnahme eine Version der Vorgänge an jenem regnerischen Morgen entstehen, aus der heraus verständlich werden soll, daß er nur so und nicht anders reagieren konnte, und die gleichzeitig einen wesentlichen Teil der Schuld an der Konfrontation und an seiner eigenen derben Reaktion Frau Blank selbst zuschreibt.

Es ist die Vagheit an der entscheidenden Stelle der Stellungnahme, die den Schiedsmann dazu veranlaßt, die Stellungnahme seinerseits ergänzend zu präzisieren: *ja- ** und da haben se diesen berühmten ausdruck von götz von berlichingen gesagt.* Dabei könnte die deutliche Pause nach dem *ja-* interpretiert werden als Aufforderung an Herrn Herrmann, noch weiter bzw. konkreter auf die inkriminierte Handlung einzugehen. Der Schiedsmann präzisiert erst selbst, als nichts geschieht. An dieser Präzisierungsaktivität läßt sich zeigen, wie vorsichtig der Schiedsmann mit dem Antragsgegner umgeht. Er korrigiert Herrn Herrmann, ohne ihm zu widersprechen: Indem er die Deliktnennung mit dem koordinierenden *und da* an das *und da ist mir der kragen geplatzt↓* anschließt, funktioniert er die metaphorische Umschreibung der inkriminierten Äußerung ganz einfach um in eine Umschreibung der allgemeinen Disposition, aus der heraus Herr Herrmann zum Götz-Zitat gegriffen hat.

Die Art und Weise, wie Herr Herrmann verbal mit der Anschuldigung umgeht, ist typisch für einen Angeschuldigten, der das Gesicht zu wahren versucht, der – angesichts klarer Faktenlage – vermeiden will, in der Schlichtungssituation 'vorgeführt' zu werden; die vage Erwähnung des Sachverhalts erlaubt es ihm, den Vorfall zuzugeben, ohne ihn selbst benennen zu müssen. In dieses Bild paßt auch, daß Herr Herrmann an der frühestmöglichen Stelle der Präzisierung durch den Schiedsmann diese bereits bestätigt: Der Schiedsmann hat kaum *diesen berühmten* gesagt, als Herr Herrmann schon mit seinem ratifizierenden *<jawohl↑>* einfällt, offenbar die gängige Umschreibungsformel erkennend; die Komplettierung der Präzisierung wäre eigentlich überflüssig, und eben diesen Eindruck wollte Herr Herrmann mit seiner fast vorschnellen Bestätigung auch erzeugen.

Daß dann auch der Schiedsmann selbst die inkriminierte Äußerung nicht direkt zitiert, ist wohl mehr eine Konzession an ihren Tabucharakter – man nimmt diese Worte eben nicht in den Mund, auch wenn man sie (wie im vorliegenden Fall) nicht eigentlich benutzt, sondern nur zitiert. Auf diese Weise erleichtert der Schiedsmann Herrn Herrmann auch das Zugeben wie insgesamt allen Beteiligten den verbalen Umgang mit dem Vorfall.

Konfliktrekonstruktion und Konfliktregelung: Evaluation der Stellungnahme, Evaluation der Konfliktversionen und Konfliktreformulierung, Entwicklung eines Einigungsvorschlags und Aushandlungsaktivitäten zum Vorschlag

2,11:

C naja gut schön- * äh:↑ ** na ja daß man äh- *

C hie"r- * steht ja zwar drin daß sie um acht uhr drei"ßig- *

B →das ist nicht wahr↓←
C so:- * gibt frau blank an- * äh und da

B auch nicht wahr↓
C ließen sie ihren wagen ungefähr →fünf minuten mit laufendem

B auch nicht wahr↓
C motor hinter d/ auf dem parkplatz hinterm haus stehn und

C dann ist sie auf sie zugekomm hat gesacht- * mache oder mach oder

B +und vor allem mit einem to"n- *
C machen se bitte den wagen aus↓←

C ja- * gut- ** sicher der ton macht immer die musik- ** aber

B da wir sowieso" mehrere differenzen mitnander haben↓ *
C äh:-

B gut- * das- *
C ja- * gut- * die i"ch hier nicht prüfen kann↓ und auch nich

B spielt auch nix zur sache jetzt↓
C und auch nich wi"ll- ** und äh als zeu"gin hat

C denn frau blank ja noch- * eine dame hier mitgebracht- * wie

C war ihr →werter na/ frau-← * frau stuhlbein- * die
Z stuh"lbein↓

C das auch mitgehö"rt hat- * deswegen hab ich auch geschrieben- *

C äh: unter zeugen- * daß das unter zeugen festgestellt worden

C ist↓ * #herr <he"rrmann-># * bei allem was passiert is↓ * #mach
K KLINGT WIE AUFRUF GENU-

C möglich sein-# * aber- * dieser berühmte satz- * den sie dort
K SCHELT

C gegenüber frau blank- * haben laut werden lassen- * das- *

C ist natürlich ne bel/- * ne beleidigung↓ ** und beleidigungen

C #gehn ja- * werden ja nach dem strafgesetzbuch verfolcht- *#
K PAPIERRASCHELN

C und zwar- * nach dem paragraph hundertfünfundachtzig bis

C hundertsiebenundachtzig a. und hundertneunundachtzig- * nach

C dem strafgesetzbuch↓ * wenn wir hier #heute- *# wenn sie
K QUIETSCHEN

```
C heute- * sich dieses vorfalls auch entschu"ldigen- ** dann
C entsteht hier ein vergleich- * und dann ist der fall erledigt- *
C und äh: völ/ völlig aus der welt geschaffen- * und sie haben
C geringe kosten- * das verfahren kostet vierzig mark und
C die kosten- * hab ich mal ausgerechnet das verfahren
C schreibgebühren- * das sind äh: äh:- * insgesamt- * elf mark
C achtzig so daß sie also- * ei"nundfünfzig mark und
C achtzig für dieses verfahren zu zahlen hätten- * während wenn
B                               das ist teuer↓(...)
C sie vor gericht gehen- * sie wissen ja selbst-   * daß sich
C das geri"cht schon die anwälte- * viel viel mehr geld kosten↓ **
C und dann is=es auch noch ne frage ob nachher überhaupt das
C gericht- * diese geschichte annimmt denn de"swegen sind wir
C hier eingeschaltet↓ *1*
```

In der Regel werden die auf die Stellungnahme folgenden Aktivitäten in jeweils weitgehend eigenständigen, in sich geschlossenen Verhandlungsschritten vollzogen; im einzelnen sind das

- Evaluation der Stellungnahme
- Evaluation der Konfliktversionen
- Reformulierung des Konflikts aus der Perspektive des Neutralen
- Entwicklung eines Einigungsvorschlags
- Aushandlungsaktivitäten zum Vorschlag.[6]

In der Evaluation der Stellungnahme des Antragsgegners wird dabei einmal die Beteiligungsleistung als solche honoriert; gleichzeitig kann diese Evaluation die schlichtungsfähige Reformulierung des Konfliktsachverhalts vorbereiten helfen; insofern steht diese Phase immer zwischen Stellungnahme des Antragsgegners und Konfliktreformulierung und wird gesprächsorganisatorisch einmal stärker an die eine und einmal stärker an die andere Verhandlungsphase angebunden.

Die Konfliktreformulierung ist häufig explizit als solche markiert, und zwar durch Fokussierungsaktivitäten wie *'also für mich stellt sich das folgendermaßen dar'* oder *'also eines steht mal fest'*. Ähnliches gilt für die Phase der Entwicklung eines Einigungsvorschlags, die häufig eingeleitet wird durch Floskeln wie *'also ich würde ihnen vorschlagen'*, *'also wäre es nicht eine Lösung wenn'*, *'könnte man sich nicht darauf einigen'*, und auch für die Phase der

[6] Vgl. dazu Nothdurft, Werner: Gesprächsanalyse von Schlichtung. In: Nothdurft (Hg.) (1995).

Aushandlungsaktivitäten nach der Vorschlagformulierung, in der der Schiedsmann versucht, die Zustimmung der Parteien zu dem Einigungsvorschlag zu erlangen, die Parteien auf den Einigungsvorschlag zu verpflichten.

Die genannten Aktivitäten stehen in einem stringenten interaktionslogischen Zusammenhang: Die Evaluation der Stellungnahme bereitet die Reformulierung des Konflikts aus der Sicht des unabhängigen Dritten vor, die wiederum Voraussetzung für die Entwicklung eines Einigungsvorschlags ist, der dann von den Parteien ratifiziert werden muß. Dieser interaktionslogische Zusammenhang wird in vielen Schlichtungsgesprächen durch die sequentielle Ordnung sinnfällig gemacht, wie sie vom Schlichter zwischen den einzelnen Aktivitäten hergestellt wird.

Im vorliegenden Gespräch nun sind diese einzelnen Aktivitäten nicht einander nachgeordnet; der Schiedsmann montiert sie vielmehr zu einer komplexen Figur zur Bearbeitung des Antragsgegners, und innerhalb dieser Figur sind die einzelnen Äußerungsteile, was den interaktiven Fokus betrifft, mehrfach funktionalisiert. Diese Komplexität entsteht in den Formulierungen des Schiedsmanns sukzessive, und zwar dadurch, daß über die jeweilige Folgeaktivität die voraufgehende in das komplexere Muster eingebunden wird:

Auf die Stellungnahme des Antragsgegners reagiert der Schiedsmann zunächst mit einer allgemeinen Honorierung und Evaluation der Stellungnahme (2,11).

Indem aber diese Honorierung und Evaluation und die anschließende vergleichende Evaluation der Konfliktversionen (2,11-3,1) dann in eine übergreifende 'zwar aber'-Figur eingebunden werden, deren 'aber'-Komponente die eigentliche Konfliktreformulierung enthält (3,2ff.), werden Honorierung und Evaluation zu modifizierenden Bestandteilen innerhalb der Konfliktreformulierung.

Die Aktivitätsfigur wird noch komplexer: Die gesamte Konfliktreformulierung ('zwar-aber'-Figur: 2,11-3,8), wird, wieder nachträglich, zur 'wenn'-Komponente eines impliziten konditionalen Gefüges ('wenn nicht ... dann'), in das der Einigungsvorschlag (3,8-3,11) eingebettet ist. Dieses konditionale Gefüge etabliert der Schiedsmann durch den besonderen textuellen Anschluß, die Juxtaposition zweier kontrastierender Mitteilungen, auf die sich die 'Konfliktreformulierung' und die 'Entwicklung eines Einigungsvorschlags' jeweils reduzieren lassen.

Die erste Mitteilung, auf die sich die Konfliktreformulierung reduzieren läßt, lautet, verkürzt wiedergegeben: „Was sie (Antragsgegner) gesagt haben, ist eine Beleidigung, und Beleidigungen werden nach § xy bestraft." (3,2-3,8)

Und die zweite Mitteilung – der 'Einigungsvorschlag' – lautet, ebenfalls in verkürzender Paraphrase: „Wenn Sie (Antragsgegner) sich entschuldigen, dann entsteht hier ein Vergleich, dann ist der Fall erledigt." (3,8-3,11)

Die eigentliche Mitteilung aber ist: „**Wenn** Sie nicht bestraft werden wollen, **dann** müssen Sie sich hier entschuldigen".

Es ist sicher kein Zufall, daß sich solche komplexen Strukturen gerade auch in Schlichtungsgesprächen finden: Ihre rhetorisch-persuasive Wirkung macht sie besonders geeignet für alle Formen strategischer Interaktion. Im folgenden sollen nun die einzelnen Teilaktivitäten, die sich zur komplexen Figur fügen, noch einmal isoliert erläutert werden. Die Überschriften, unter denen die einzelnen Gesprächsabschnitte noch einmal abgedruckt werden, nennen dann nur die jeweils lokal dominierende schlichtungsspezifische Aktivität, ohne Berücksichtigung ihrer nachträglichen Einbindung in ein komplexeres Muster; im einzelnen handelt es sich um:

a) Pauschale Honorierung und Evaluation der Stellungnahme des Antragsgegners

b) Vergleichende Evaluation der Konfliktversionen – Die Unerheblichkeit der Unterschiede
c) Reformulierung des Konflikts mit Hilfe juristischer Normen
d) Entwicklung eines Einigungsvorschlags und Aushandlungsaktivitäten zum Vorschlag.

a) Pauschale Honorierung und Evaluation der Stellungnahme des Antragsgegners

2,11:

```
C naja gut schön - * äh:↑ **
```

Mit dieser knappen Version erfüllt der Schiedsmann die Minimalanforderungen an eine 'Reaktion-auf-eine-Stellungnahme': Es handelt sich vor allem um eine formale Honorierung. Insbesondere über die Tonqualität signalisiert der Schiedsmann gleichzeitig inhaltliche Distanzierung und nimmt damit bereits die Tendenz der anschließenden vergleichenden Evaluation der konkurrierenden Konfliktversionen vorweg: Deren Unterschiede sind für die Verhandlung unerheblich.

b) Vergleichende Evaluation der Konfliktversionen – Die Unerheblichkeit der Unterschiede

2,12:

```
C hie"r- * steht ja zwar drin daß sie um acht uhr drei"ßig- *
B →das ist nicht wahr↓←
C          so:-         * gibt frau blank an- * äh und da
B                                        auch nicht wahr↓
C ließen sie ihren wagen ungefähr →fünf minuten mit laufendem
```

B auch nicht wahr↓
C motor hinter d/ auf dem parkplatz hinterm haus stehn und

C dann ist sie auf sie zugekomm hat gesacht- * mache oder mach oder

B +und vor allem mit einem to"n- *
C machen se bitte den wagen aus↓←

C ja- * gut- ** sicher der ton macht immer die musik- ** aber

B da wir sowieso" mehrere differenzen mitnander haben↓ *
C äh:

B gut- * das- *
C ja- * gut- * die i"ch hier nicht prüfen kann↓ und auch nich

B spielt auch nix zur sache jetzt↓
C und auch nich wi"ll- ** und äh als zeu"gin hat

C denn frau blank ja noch- * eine dame hier mitgebracht- * wie

C war ihr →werter na/ frau-← * frau stuhlbein- * die
Z stuh"lbein↓

C das auch mitgehö"rt hat- * deswegen hab ich auch geschrieben- *

C äh: unter zeugen- * daß das unter zeugen festgestellt worden

C ist↓ * #herr <he"rrmann-># * bei allem was passiert is↓ * #mach
K KLINGT WIE AUFRUF GENU-

C möglich sein-# * aber- * dieser berühmte satz- * den sie dort
K SCHELT

C gegenüber frau blank- * haben laut werden lassen- * das- *

C ist natürlich ne bel/- * ne beleidigung↓ **

Nach der ersten pauschalen Honorierung und Evaluation der Stellungnahme geht der Schiedsmann jetzt den Anschuldigungstext noch einmal durch, um auf Unterschiede zwischen Anschuldigung und Stellungnahme zur Anschuldigung hinzuweisen, dies aber nur, um sie noch einmal zu erwähnen, nicht aber, um sie als diskussions- bzw. klärungsbedürftig zu markieren. Die Unterschiede werden dadurch in ihrer Bedeutung für die laufende Verhandlung zurückgestuft. Diese Relevanzrückstufung – in der Tendenz bereits durch das *naja gut schön-* vorbereitet – markiert der Schiedsmann jetzt explizit mit dem konzessiven *zwar*, mit dem er das Aufzeigen der Widersprüche zwischen den Konfliktversionen einleitet und, deutlicher noch, mit der allgemeinen bzw. abstrakten Reformulierung der vergleichenden Evaluation, mit der der Schiedsmann die gesamte von *zwar* dominierte Äußerungsfolge zu den Widersprüchen abschließt: *bei allem was passiert is↓ * mach möglich sein- *.* Das Streitgeschehen, bevor die inkriminierte Äußerung fiel, ist für die Verhandlung des Falls vor dem Schiedsmann unerheblich. Wichtig für die Verhandlung ist allein der 'berühmte Satz'. Der Schiedsmann etabliert die dritte Perspektive auf den Konfliktsachverhalt also nicht, indem er zwischen den konkurrierenden Konfliktversionen zu vermitteln versucht, sondern indem er mit Hilfe einer

Relevanzeinschätzung das Delikt selbst, die Äußerung des 'berühmten Satzes', die zwischen den Parteien unstrittig ist, in den Fokus der Verhandlung rückt und den Streitkontext, die Streitgeschichte und damit auch die Frage nach der Konfliktgenese ausblendet.

In die vergleichenden Evaluationsaktivitäten des Schiedsmanns greift nun der Antragsgegner Herr Herrmann mehrfach ein, und zwar mit fünf korrigierenden Interventionen, mit denen er jeweils auf Einzelheiten der Konfliktversion Frau Blanks, wie sie im Anschuldigungstext festgehalten sind, reagiert. Bei den ersten drei Interventionen handelt es sich um bestreitende Kommentare, auf die der Schiedsmann nicht reagiert (*das ist nicht wahr↓* und zweimal *auch nicht wahr↓*). Mit den anderen zwei Interventionen weitet der Antragsgegner den strittigen Sachverhalt um zwei neue Gesichtspunkte aus (*und vor allem mit einem to"n-* und *da wir sowieso" mehrere differenzen mitnander haben↓*). Auf diese beiden Interventionen reagiert der Schiedsmann mit Steuerungsaktivitäten, die den Verhandlungsgegenstand eingrenzen sollen.

Erster Expansionsversuch

2,19:

```
   C dann ist sie auf sie zugekomm hat gesacht- * mache oder mach oder
     B                                      +und vor allem mit einem to"n *
   C machen se bitte den wagen aus↓←
```

Herr Herrmann definiert hier den vom Schiedsmann vorgetragenen Anschuldigungsbestandteil in einer Weise um, daß er gegen Frau Blank selbst spricht. Mit dem schnellen Anschluß (+) und dem koordinierenden *und vor allem* markiert Herr Herrmann seine Intervention formal als Ergänzung und Präzisierung. Faktisch aber funktioniert er damit den ergänzten Sachverhalt um: In dieser ergänzten und präzisierten Form ist er nicht mehr Bestandteil der Anschuldigung, sondern er ist zu einem Element der Verteidigung gegen die Anschuldigung, d.h. zu einem Element der Gegenanschuldigung geworden.

Der Schiedsmann, dem es offensichtlich darum geht, den Anschuldigungssachverhalt stabil zu halten, und der daher auch keine Umverteilung von Schuldanteilen zulassen kann, kontert die Intervention Herrn Herrmanns mit einem Gemeinplatz, den er auf eine Weise einsetzt, daß damit die Intervention in einem Zug honoriert und abgewehrt wird:

2,22:

```
   C ja- * gut- ** sicher der ton macht immer die musik- **
```

Der Schiedsmann registriert den Einwand auf die bereits bekannte Art (vgl. das >*naja gut schön-*<): Er nimmt ihn zur Kenntnis, klassifiziert ihn aber gleichzeitig schon in allgemeinster Weise als unerheblich, da er lediglich Selbstverständliches thematisiert. Diese Abwehr des Einwands konkretisiert der

Schiedsmann dann noch, indem er die Beobachtung Herrn Herrmanns unter den Gemeinplatz 'der Ton macht (immer) die Musik' subsumiert. Zunächst ganz allgemein und dann in der konkreten Reformulierung verdeutlicht der Schiedsmann Herrn Herrmann also, daß er die Beobachtung zwar gelten läßt, daß ihr aber keine fallspezifische Brisanz zukommt. Der Einwand ist damit entwertet. Daß der Ton die Musik macht, ist zwar richtig, so ließe sich die Replik des Schiedsmanns paraphrasieren, aber eben auch nichts Besonderes.

Zweiter Expansionsversuch

2,22:

```
C ja- * gut- ** sicher der ton macht immer die musik- ** aber

B da  wir sowieso" mehrere differenzen mitnander haben↓ *
C äh:-
```

Mit dieser Expansion verweist Herr Herrmann auf eine komplexe Konfliktgeschichte, in der der Streit um den laufenden Motor nur ein Element darstellt; vordergründig liefert Herr Herrmann noch einmal eine Begründung für den 'Ton' nach, mit dem Frau Blank ihm gegenüber aufgetreten ist: 'Differenzen miteinander haben' soll 'diesen Ton' plausibilisieren. Darüber hinaus aber geht es ihm um einen erneuten Versuch, seine Verhandlungsstrategie umzusetzen, nämlich Frau Blank zumindest eine Mitschuld anzulasten.

Der Schiedsmann blockiert diesen Versuch, den Konfliktsachverhalt um die gesamte Konfliktgeschichte zu erweitern, ganz entschieden:

2,25:

```
25 B                                               gut- * das- *
   C ja- * gut- * die i"ch hier nicht prüfen kann↓ und auch nich

   B spielt auch nix zur sache jetzt↓
   C und auch nich wi"ll-            **
```

Er eröffnet seine Replik erneut mit einem Hörersignal (*ja- * gut- **), mit dem er die Intervention registriert und gleichzeitig in ihrer Relevanz zunächst ganz allgemein zurückstuft. Es folgt der konkrete Teil der Replik auf den Versuch des Antragsgegners, den Konfliktsachverhalt zu expandieren; dabei bedient sich der Schiedsmann zweier stilistisch-rhetorischer Techniken, die seiner gesprächssteuernden Aktivität besonderen Nachdruck verleihen:

- Formal schließt der Schiedsmann seinen gegensteuernden Zug an den Expansionsversuch relativisch an. Syntaktisch gesehen, wird dadurch der Gegenzug zu einem Element des Expansionsversuchs. Gerade diese fehlende syntaktische Selbständigkeit, also die formale Integration in die abzublockende Äußerung selbst, macht einen Teil der fadenabschneidenden Wirkung aus; ein formal eigenständiger Turn, auch wenn er episodenschließend gemeint ist, bietet stets mehr Ansatzfläche für eine (erneute) Replik.

– Ebenfalls wirkungssteigernd ist die Massierung der vom Schiedsmann vorgetragenen Argumente: Allein der Hinweis auf seine fehlende Kompetenz bzw. Zuständigkeit (*die i"ch hier nicht prüfen kann↓*) hätte bereits als Begründung ausgereicht; dennoch fügt der Schiedsmann noch hinzu, daß er auch nicht zu einer Überprüfung bereit ist (*und auch nich wi"ll*). Eine solche Kumulation von zwei Dispositionen ('Nicht-Können' und 'Nicht-Wollen'), wenn bereits eine allein als Begründung für eine Verweigerung ausreicht, verleiht einer Verweigerung einen besonderen Nachdruck: Der Schiedsmann wird keine entsprechende Expansion des Konfliktsachverhalts zulassen.

Die Blockade zeigt ihre Wirkung: Noch in das Abblocken des Schiedsmanns hinein formuliert Herr Herrmann seinen Rückzieher, indem er den eben gerade selbst eingebrachten Gesichtspunkt für irrelevant erklärt: *gut- * das- * spielt auch nix zur sache jetzt↓*.

Bevor nun der Schiedsmann die Sache 'auf den Punkt bringt' ('Reformulierung des Konflikts mit Hilfe juristischer Normen'), bezieht er noch die Zeugin Frau Stuhlbein in das Verhandlungsgeschehen ein:

```
2,28:

C                                  ** und äh als zeu"gin hat

C denn frau blank ja noch- * eine dame hier mitgebracht- * wie

C war ihr →werter na/ frau-← *           frau stuhlbein- * die
Z                                stuh"lbein↓

C das auch mitgehö"rt hat- * deswegen hab ich auch geschrieben- *

C äh: unter zeugen- * daß das unter zeugen festgestellt worden

C ist↓ * #herr <he"rrmann->#  *

K        KLINGT WIE AUFRUF
```

Das Verhandlungsgeschehen ist an einer bedeutsamen Nahtstelle angekommen, der zwischen Rekonstruktion des Konflikts und Regelung des Konflikts. Nachdem Herr Herrmann seine Version des Vorfalls dargelegt hat und übereinstimmend mit dem Schiedsmann signalisiert hat, daß weitere Streithintergründe hier keine Rolle spielen, kommt der Schiedsmann – nach einer kleinen Pause – auf die anwesende Zeugin zu sprechen. Die Teiläußerung *und äh als zeu"gin hat denn frau blank ja noch- * eine dame hier mitgebracht- ** ist so etwas wie eine an Herrn Herrmann gerichtete Warnung: Wenn er denn eine Auseinandersetzung darüber forciert, was tatsächlich der inkriminierten Äußerung vorausging, dann gibt bzw. gäbe es für die Version Frau Blanks 'ja noch' eine Zeugin, *die das auch mitgehö"rt hat- **. Gleichzeitig wird mit dieser Äußerung auch das Erscheinen der Zeugin gewürdigt.

Die zweite Teiläußerung (*deswegen hab ich auch geschrieben- * äh: unter zeugen- * daß das unter zeugen festgestellt worden ist↓ **) bereitet die Aktivität des 'Auf-den-Punkt-Bringens' in der anschließenden Äußerungsfolge vor: Inhaltlich antizipiert dieser Hinweis auf die Zeugin noch einmal jeden möglichen Zweifel, was die Äußerung des 'berühmten Satzes' betrifft: Der Anschuldigungssachverhalt ist mit dem schriftlichen Antragstext ausreichend substantiiert, und der Schiedsmann wird die Verhandlung in strikter Orientierung an dieser Version der Streitsache fortführen. Der Schiedsmann markiert diese Mitteilung auch stilistisch: War der Duktus der ersten Teiläußerung (*und äh als zeu"gin hat denn frau blank ja noch- * eine dame hier mitgebracht- **) eher beiläufig und informell, so wirkt diese zweite Teiläußerung durch die Anlehnung an die Diktion des schriftlichen Anschuldigungstextes wesentlich offizieller. Was sich mit diesem Wechsel der Stilebene innerhalb dieser Äußerungssequenz bereits andeutet, wird dann mit der schon förmlichen Qualität des Aufrufs *herr <he"rrmann->*, mit dem der Schiedsmann die anschließende Äußerungsfolge einleitet, manifest: Jetzt wird es 'ernst'.

c) Reformulierung des Konflikts mit Hilfe juristischer Normen

3,1:

```
C       #herr <he"rrmann->#  * bei allem was passiert is↓ * #mach
K       KLINGT WIE AUFRUF                                    GENU-

C möglich sein-# * aber- * dieser berühmte satz- * den sie dort
K SCHELT

C gegenüber frau blank- * haben laut werden lassen- * das- *

C ist natürlich ne bel/- * ne beleidigung↓ ** und beleidigungen

C #gehn ja- * werden ja nach dem strafgesetzbuch verfolcht- *#
K PAPIERRASCHELN

C und zwar- * nach dem paragraph hundertfünfundachtzig bis

C hundertsiebenundachtzig a. und hundertneunundachtzig- * nach

C dem strafgesetzbuch↓ *
```

Die 'Konfliktreformulierung' ist der Aktivitätskomplex im Schlichtungsgeschehen, in dem der Schlichter gefordert ist, eine dritte, parteienunabhängige Perspektive auf den Konfliktsachverhalt zu entwickeln und eine schlichtungsfähige Reformulierung des Konflikts als Voraussetzung für eine Einigung anzubieten.

Nachdem in der vorliegenden Verhandlung der Antragsgegner die inkriminierte Äußerung zugegeben und der Schiedsmann dessen Versuche zur Erweiterung des Streitgegenstands um die Vorgeschichte abgeblockt hat, kann dieser jetzt mit einer solchen Konfliktreformulierung aus der Sicht des Dritten beginnen und seine Haltung zum Streit kenntlich machen. Er eröffnet diese Konfliktreformulierung mit dem bereits erwähnten förmlichen *herr <he"rrmann->*, um dann umgehend noch einmal die Ausführungen Herrn Herrmanns in der Stellungnahme zu relativieren: Er räumt zwar ein, daß zwischen Herrn Herrmann und Frau Blank noch einiges 'passiert' sein kann, macht aber im gleichen Zug deutlich, daß es für die Verhandlung unerheblich ist, was tatsächlich im einzelnen vorgefallen ist (*bei allem was passiert ist * mach möglich sein- **) und lenkt das Verhandlungsgeschehen auf die jetzt und hier maßgebliche Sachverhaltsversion hin (*aber- * dieser berühmte satz- * den sie dort gegenüber frau blank- * haben laut werden lassen- **).

Besonders auffällig an der letzten Formulierung ist das *haben laut werden lassen-*: Mit dieser Wendung minimiert der Schiedsmann Herrn Herrmanns Verantwortung für die Äußerung; sie ist ihm eher 'passiert', als daß er sie gezielt und aktiv eingesetzt hätte. Solche 'weichen' Verbalisierungen des Delikts oder Konfliktgegenstands sind typisch für Schlichtungsverhandlungen, 'weich', weil sie die aktive Verantwortung für ein Delikt reduzieren bzw. in den Hintergrund rücken und so die Täter-Opfer-Konfrontation entschärfen.[7] Im Fall des *haben laut werden lassen-* soll über die Andeutung einer Honorierung der Verhandlungsposition Herrn Herrmanns für diesen ein wenig akzeptabler gemacht werden, daß der Schiedsmann den gesamten Vorfall nun auf den Begriff 'Beleidigung' bringt und damit unter eine justitiable Kategorie subsumiert: *aber- * dieser berühmte satz- ** [...] *das- * ist natürlich ne bel/- * ne beleidigung↓*. Die Art und Weise, in der der Schiedsmann diese Deliktkategorisierung vornimmt, suggeriert die Fraglosigkeit dieser Zuschreibung und die Gewichtigkeit des Delikts. Zu dieser Wirkung trägt möglicherweise schon bei, daß der Schiedsmann die erste Deliktnennung abbricht (*bel/*), so daß er es, auch wenn von den Beteiligten bereits verstanden, noch einmal artikulieren muß. Diese Wirkung wird verstärkt durch das *natürlich*, das jeden Zweifel an der Zuschreibung suggestiv ausschließt, und durch die intonatorische Qualität der ganzen Äußerung, die sowohl die Selbstverständlichkeit der Zuschreibung als auch die Gewichtigkeit des zugeschriebenen Delikts unterstreicht.

Der Schiedsmann reduziert also den Konfliktsachverhalt auf den inkriminierten Vorfall, alle anderen Konfliktbestandteile ausblendend. Quasi in einem Atemzug mit der Deliktkategorisierung etabliert er einen zwangsläufigen Delikt-Strafe-Zusammenhang: *und beleidigungen* [...] *werden ja nach dem strafgesetzbuch verfolcht-*. Die Zwangsläufigkeit suggeriert er durch das generische Formulierungsmuster, die Partikel *ja*, die die Aussage als Bestandteil gesicherten allgemeinen Wissens ausweist, und durch die Detailliertheit der Paragraphennennung, mit der er seine Kompetenz in solcher rechtlichen Subsumptionspraxis demonstriert. So geht hier von den Konfliktreformulierungsaktivitäten des Schiedsmanns insgesamt eine sehr starke und komplexe suggestive Wirkung aus. Die Art der Konfliktbearbeitung weist dabei deutliche Parallelen zur gerichtlichen Urteilsfindung auf. Eine solche Form von Konfliktbehandlung findet sich in Güteverhandlungen sehr häufig, so daß für den Außenstehenden der Eindruck entsteht, als existiere für Konfliktrefor-

[7] Benutzt werden solche 'weichen' Verbalisierungen vom Schiedsmann, aber z.B. auch von den Antragsgegnern. In dieser Verhandlung umschrieb z.B Herr Herrmann das ihm angelastete Delikt mit der Formulierung *und da ist mir der kragen geplatzt↓*, eine Formulierung, in der es kein Agens gibt.

mulierungen in solchen Verhandlungen ein mehr oder weniger verbindliches Bearbeitungsverfahren mit den drei charakteristischen Schritten:

(1) Reduktion des Konfliktsachverhalts auf den justitiablen Bestandteil
(2) Feststellen der Deliktqualität anhand des juristisch kodifizierten Normenbestandes (im vorliegenden Fall: *beleidigung*)
(3) Aufzeigen des kodifizierten Delikt-Strafe-Zusammenhangs.

Allein von der Tatsache der Reformulierung des Konflikts mit juristischen Normen selbst, vor allem aber auch von der apodiktisch-generischen Qualität der Formulierung des Delikt-Strafe-Zusammenhangs geht eine Warnung aus an die Adresse des Antragsgegners, es nicht erst zu einer gerichtlichen Behandlung des Falls kommen zu lassen. Ihm wird damit die Annahme einer Konfliktlösung vor dem Schiedsmann nahegelegt, deren Inhalt er noch gar nicht kennt. Insofern leitet der Schiedsmann mit der Konfliktreformulierung bereits die Aushandlungsaktivitäten ein, im Rahmen derer er die Beteiligten (hier den Antragsgegner) auf eine Lösungsformel verpflichten will.

d) Entwicklung eines Einigungsvorschlags und Aushandlungsaktivitäten zum Vorschlag

3.8:

```
C                        wenn wir hier #heute- *# wenn sie
K                                      QUIETSCHEN

C heute- * sich dieses vorfalls auch entschu"ldigen- ** dann

C entsteht hier ein vergleich- * und dann ist der fall erledigt- *

C und äh: völ/ völlig aus der welt geschaffen- * und sie haben

C geringe kosten- * das verfahren kostet vierzig mark und

C die kosten- * hab ich mal ausgerechnet das verfahren

C schreibgebühren- * das sind äh: äh:- * insgesamt- * elf mark

C achtzig so daß sie also- * ei"nundfünfzig mark und

C achtzig für dieses verfahren zu zahlen hätten- * während wenn

B                                  das ist teuer↓(...)
C sie vor gericht gehen- * sie wissen ja selbst-   * daß sich

C das geri"cht schon die anwälte- * viel viel mehr geld kosten↓ **

C und dann is=es auch noch ne frage ob nachher überhaupt das

C gericht- * diese geschichte annimmt denn de"swegen sind wir

C hier eingeschaltet↓ *1*
```

In der 'Entwicklung eines Einigungsvorschlags' geht es darum, eine Formel für die Bereinigung des Konflikts zu finden, der die beteiligten Streitparteien zustimmen können. Bei der Ausarbeitung einer solchen Formel sind alle drei Beteiligten gefordert, doch ist es in Güteverhandlungen in der Regel der

Schiedsmann, der einen Einigungsvorschlag vorlegt. So auch in dieser Verhandlung. Das Besondere im vorliegenden Fall ist, daß der Schiedsmann die Entwicklung des Einigungsvorschlags in eine komplexe Figur integriert, in der sich die Aktivitäten 'Evaluation der Konfliktversionen', 'Konfliktreformulierung' und 'Entwicklung eines Einigungsvorschlags' überlagern. Es fehlt damit zwischen den beiden großen Aktivitätskomplexen 'Rekonstruktion des Konflikts' und 'Regelung des Konflikts' eine wirkliche Zäsur. Ob vom Schiedsmann intendiert oder nicht, es handelt sich um eine recht elegante Überbrückung dieser kritischen Schwelle zwischen den beiden großen Aktivitätskomplexen von Schlichtung, kritisch, weil der Versuch eines Schlichters, für die Konfliktregelung die Streitbeteiligten auf eine dann verbindliche Konfliktversion zu verpflichten, nicht selten noch einmal oft engagierte bis turbulente Auseinandersetzungen zwischen den Streitgegnern oder zwischen einem Streitbeteiligten und dem Schlichter um eine angemessene, um die 'richtige' Konfliktversion auslöst. Für eine solche Auseinandersetzung läßt der Schiedsmann hier keinen Raum. Gleichzeitig gelingt es dem Schiedsmann durch die Einbindung der Lösungsformel in die komplexe Bearbeitungsfigur und durch den besonderen Duktus ihrer Präsentation, die eine von vielen denkbaren Einigungsmöglichkeiten – nämlich sich zu entschuldigen – als zwangläufiges Resultat der vorhergegangenen Bearbeitungsschritte auszugeben und damit tendenziell der Diskussion zu entziehen: Die Formulierung *dann entsteht hier ein vergleich-* suggeriert, daß dieser unabhängig vom Zutun, vom konkreten Willen oder von den konkreten Interessen der Beteiligten zustandekommt. Der Schiedsmann erweckt den Eindruck, als agiere er nur als ausführendes Organ eines institutionell vorgegebenen Verfahrens für das Sühnen von Beleidigungen.

In der Folge stellt der Schiedsmann die Vorzüge einer Einigung im Güteverfahren gegenüber einem Verfahren vor Gericht heraus. Er benutzt dabei eine Formulierungsroutine, die in der Regel auch an einer anderen Stelle in Güteverhandlungen zu finden ist, und zwar in der Situationsorientierung (vgl. vor allem *denn de"swegen sind wir hier eingeschaltet*). Dort dient sie dazu, beiden Streitparteien die Vorzüge einer gütlichen Einigung zu verdeutlichen, und an dieser Stelle würden die o.a. Ausführungen des Schiedsmanns auch Sinn gemacht haben. Hier aber, bei der Bearbeitung des Antragsgegners, macht der Hinweis darauf, daß sich das Gericht des Falls möglicherweise gar nicht annimmt, keinen Sinn – dies könnte dem Antragsgegner ja nur recht sein. Der Schiedsmann verheddert sich hier bei der Wahl seiner Formulierungsroutinen. Die Beteiligten allerdings reagieren auf diese Inkonsistenz nicht – falls sie sie denn überhaupt bemerkt haben. Offensichtlich nehmen sie vor allem die generelle Intention des Schiedsmanns wahr, die Streitparteien einigungsbereit zu machen, und unter diesem Gesichtspunkt sind die beschriebenen Schiedsmannsaktivitäten in sich kohärent.

Solche nicht immer stimmigen Montagen von Versatzstücken aus einem Repertoire von verbalen Routinen zur Bearbeitung der Streitbeteiligten ist bei Schiedsleuten und Schlichtern häufiger zu beobachten. Der Grad an Diskontinuität im vorliegenden Fall dürfte allerdings eine Ausnahme darstellen.

Mit den Detaillierungen zum Vergleichsvorschlag, mit denen der Schiedsmann Herrn Herrmann den Vergleich schmackhaft zu machen versucht, wird auch deutlich, daß eine verrechtlichte Behandlung des Konflikts allein kein angemessenes Mittel ist, um eine Einigung, das angestrebte Ziel des Verfahrens, herbeizuführen, wenn denn überhaupt. Auch bei noch so starker Suggestion der vom Schiedsmann etablierten Delikt-Sühne-Automatik muß die konkrete Einigungsbereitschaft der Streitparteien bearbeitet werden. Grundbedingung von Schlichtung bleibt, daß der einzelne in seiner Entscheidung, einem Einigungsvorschlag zuzustimmen oder ihn abzulehnen, autonom ist.

Vor dem Hintergrund dieser Verhandlungs- und Entscheidungsautonomie der Streitparteien in Schlichtungsverhandlungen wird deutlich, daß der Schiedsmann mit seinem Bearbeitungskonzept einer Verrechtlichung des Konflikts eine paradoxe Situation schafft: Für die in abschreckender Absicht angeführte gerichtliche Behandlung des Falls suggeriert der Schiedsmann einen Delikt-Strafe-Automatismus, der faktisch in einer Gerichtsverhandlung natürlich nicht existiert. Eine entsprechende Zwangsläufigkeit von Delikt und Sühne etabliert er aber gleichzeitig für die Verhandlung vor dem Schiedsmann, indem er die Entschuldigung des Antragsgegners als einzig mögliche Konfliktregelung ausweist. Und das ist paradox: Um dem Gericht und der unterstellten Zwangsläufigkeit einer Bestrafung zu entgehen, muß er sich vor dem Schiedsmann auf ein gerichtsanaloges Verfahren einlassen, das ihn als 'den Schuldigen' einem Delikt-Sühne-Automatismus unterwirft. Um am Gericht vorbeizukommen, muß Herr Herrmann sich verhalten, als stünde er vor Gericht.

Regelung des Konflikts: Aushandlungsaktivitäten zum Einigungsvorschlag – Die Ratifizierung

3,22:

```
C                        sie geben also zu das gesacht zu

B        #+hab ich eben ganz laut und deutlich gesacht|#
K        KLINGT LEICHT VERÄRGERT
C haben-                          ja: gut ich frage

B            ich ha"b=s gesagt|          aufgrund de"ssen-
C nur nochmal der ordnung halber- * und sie sind auch

B * >natürlich-<
C bereit- * das zurückzunehmen| ** denn darf ich das- *
```

```
01 B                    ja↓              ist das
   C so zu protokoll nehmen↑     +ja↑ *(...)*         haben sie noch
   K                              QUIETSCHEN

   A                                 ja: ich hab insofern
   C irgendetwas da zu sagen frau blank↑
```

Im Rahmen der 'Aushandlungsaktivitäten zum Vorschlag' versucht der Schlichter, die Streitparteien dazu zu bewegen, einem (meist von ihm selbst formulierten) Streitregelungsvorschlag zuzustimmen.

In dieser Güteverhandlung 'bearbeitet' der Schiedsmann zunächst den Antragsgegner. Diese 'Bearbeitung' vollzieht sich in drei deutlich markierten Teilschritten:

Zunächst fordert der Schiedsmann Herrn Herrmann zu einer Wiederholung des Schuldeingeständnisses auf. Er benutzt für diese Aufforderung eine toposartige Wendung (*sie geben also zu* [...]), wie sie an entsprechender Stelle auch in Gerichtsverhandlungen üblich ist. Der Schiedsmann markiert auf diese Weise seine Aktivität als verfahrensnotwendigen Schritt. Herr Herrmann zeigt wenig Verständnis für diese Schiedsmannsaktivität und reagiert ungehalten (*hab ich eben ganz laut und deutlich gesacht↓*), hat er doch schon mit dem zweimaligen kräftigen *jawohl* gegen Ende seiner Stellungnahme zur Anschuldigung (vgl. oben S. 23) deutlich gemacht, daß er zu der Äußerung des Götz-Zitats steht. Das *ja: gut ich frage nur nochmal der ordnung halber-*, mit dem der Schiedsmann diese nochmalige Aufforderung zum Schuldeingeständnis noch einmal ausdrücklich als verfahrensnotwendig kennzeichnet, ist damit gleichzeitig eine 'Reparaturaktivität'. Grund für die leicht ungehaltene Reaktion Herrn Herrmanns, in der er sich auch durch den Erklärungsversuch des Schiedsmanns nicht beirren läßt (vgl. das simultan damit geäußerte *ich ha"b=s gesagt↓*), könnte allerdings mit sein, daß er offensichtlich möglichst schnell mit der ganzen Sache fertig sein möchte. Entsprechend reagiert er ungehalten oder ungeduldig auf alles, was die Situation unnötig verlängert. Wahrscheinlich ist aber wohl vor allem, daß er mit dem einen Schuldeingeständnis genug getan zu haben glaubt: Die nochmalige und nun noch offiziellere Dokumentation seiner Verfehlung ist dazu angetan, ihn vor den Anwesenden herabzusetzen.

In einem **zweiten** Schritt (*und sie sind auch bereit-* [...]) will der Schiedsmann die Bereitschaft des Antragsgegners zu einer Kompensationsleistung klären und verbindlich absichern. Mit dem simultan plazierten *aufgrund de"ssen-*, das offensichtlich eine freiwillige Erklärung der Bereitschaft, sich zu entschuldigen, einleiten soll, kommt Herr Herrmann dem Schiedsmann fast zuvor. Entsprechend fällt sein ratifizierendes *natürlich-*, noch ehe die Art der Kompensationsleistung noch einmal benannt ist. Wieder wird die ganze Ungeduld des Antragsgegners deutlich.

Interessant ist eine Veränderung der Lösungsformel gegenüber ihrer ersten Präsentation: Statt von 'Entschuldigen' spricht der Schiedsmann von 'Zurücknehmen' als der erwarteten Kompensationsleistung. 'Entschuldigen' schließt die Komponente 'Bedauern' oder 'Leidtun' ein, die im 'Zurücknehmen' nicht notwendigerweise enthalten ist. Ein solches Austauschen oder Ersetzen von terminologischen Konzepten, das jeweils nicht markiert, sondern eher gleichsam unter der Hand vollzogen wird, ist in Schlichtungsverhandlungen häufiger zu beobachten. Solche Ersetzungen können dazu dienen, möglichem Widerstand vorzubeugen.

In einem **dritten** Schritt klärt dann der Schiedsmann die Bereitschaft des Antragsgegners, das Schuldeingeständnis und die Zurücknahme der Äußerung, mit der er Frau Blank beleidigt hatte, die Kompensationsleistung also, protokollieren zu lassen (*denn darf ich das- * so* [...]). Dieser dritte Schritt hat gegenüber den ersten beiden 'conclusio'-Charakter (das signalisiert auch das *denn* = 'dann'); die Substanz des Vorschlags und die Tatsache der Zustimmung werden auf abstrakter Ebene (vgl. die Proformen *das* und *so*, mit denen auf den Vorschlagsinhalt und die Zustimmung referiert wird) noch einmal abgesichert. Gleichzeitig leitet der Schiedsmann mit diesem dritten Schritt über zur nächsten Aktivität im Rahmen der Konfliktregelung, der Protokollierung des Vergleichs.

Wenn – wie in der vorliegenden Güteverhandlung – der Antragsgegner bereit ist, sein Schuldeingeständnis und seine Bereitschaft, die erwartete Kompensation für die Schädigung zu leisten, protokollieren zu lassen, ist der schwierigere Teil der Konfliktregelung eigentlich erledigt. Der Rest ist Formsache. Entsprechend hat die Frage *haben sie noch irgendetwas da zu sagen*, mit der sich der Schiedsmann jetzt an Frau Blank wendet, wohl eher rhetorischen Charakter: Sie muß zwar der Form halber gestellt werden, aber schon der Floskelcharakter der Frage legt gleichzeitig nahe, daß es außer knappen Ratifizierungsaktivitäten des Typs '*nein*', '*ist soweit in ordnung*', '*bin auch einverstanden*' o.ä. eigentlich nichts mehr 'dazu zu sagen' gibt.

Rekonstruktion des Konflikts: Entgegnung auf die Konfliktversion des Antragsgegners

```
4,2

   C  haben sie noch
   A                                      ja: ich hab insofern
   C  irgendetwas da zu sagen frau blank↑
   A  etwas da zu  sagen daß die: äh ausführungen die äh herr
   C  bitte schön↓
```

A herrmann äh nun getätigt hat- * effektiv ni"cht stimmen↑

A effektiv inso"fern nicht- * äh- * als seine äußerungen- *

A #daß ich# also wutentbrannt- * →zeitangaben stimmt auch
K PAPIERRASCHELN

A nicht- * aber <u>das is auch</u> vielleicht nicht so relevant-← *
C <u>hm-</u>

A äh- * daß also die äh äußerung- * ich wär also wutentbrannt
C >nä-< *

A da #rausgegangen und ich hätte- * in diesem to"n wie er ihn da
K PAPIERRASCHELN

A eben dargelegt hat das stimmt nicht ich bin rausgegangen und
K

A habe ga"nz bewußt- * und aufgrund verschiedener differenzen↓#
K

A ganz be/ äh bewußt äh- * ihn hö"flich gebeten er möchte bitte
C >ja↓<

A seinen mo"tor abstellen die fünf <u>minuten</u> stimmen- * das
NM <u>RÄUSPERT SICH</u>

A kann ne nachbarin- * die kann das bestätigen wäre auch bereit

A dazu- * und äh- ** habe ihm gesacht er möchte bitte seinen
C hm-

A motor ausstellen da*rauf hat er nicht reagiert und da hab ich

A gesacht stell bitte deinen mo"tor aus #du-# * das ist
K ALS WOLLTE SIE "DU

A umweltverschmutzung sonst zei"ge ich dich a"n↓ und daraufhin
K UMWELTVERSCHMUTZER" SAGEN

A hat er diesen- * berühmten <u>götz</u> von berli/ das berühmte
C <u>>hm-<</u>

A götz von <u>berlichingen zitat</u> von sich gegeben↓ * <u>da"s</u>
C <u>na ja- * gut-</u> <u>er</u>

A <u>war</u> tatsache↓
C <u>hat-</u> da"s warn die tatsachen gu"t- * äh entscheidend

Wie der Fortgang der Verhandlung zeigt, nimmt Frau Blank die Frage des Schiedsmanns (4,2ff.) wörtlich und nutzt sie als – letzte – Chance zu einer ausführlichen Korrektur einzelner Aspekte der Stellungnahme Herrn Herrmanns zur Anschuldigung. Von der 'Logik' des Schlichtungsgeschehens her gehört diese 'Entgegnung' in den Komplex der Rekonstruktion des Konflikts, und zwar direkt hinter die Stellungnahme zur Anschuldigung. Nachdem aber der Antragsgegner dort bereits ein eindeutiges Schuldeingeständnis abgeliefert hatte, im Prinzip also alles 'klar' war, hatte der Schiedsmann wohl das Risiko eines erneuten Streitausbruchs vor Augen, als er unmittelbar danach mit seiner Konfliktreformulierung begann, ohne Frau Blank die Gelegenheit zu geben, die Dinge noch einmal aus ihrer Sicht zu schildern. Diese Verhandlung zeigt, daß sich ein solches Vorgehen 'rächen' kann: Wenn auf diese Weise der Streit um die richtige Konfliktversion wieder auflebt, nachdem der Antragsgegner den Einigungsvorschlag bereits akzeptiert hat, kann das alle bisherigen Bemühungen des Schiedsmanns zunichte machen und den Erfolg der Güteverhandlung insgesamt in Frage stellen, zumal in diesem Fall der Antragsgegner offensichtlich auf 'überflüssige' Aktivitäten äußerst empfindlich reagiert.

Dominante Orientierung Frau Blanks in ihrer 'Entgegnung' ist der Versuch, sich als 'schuldlos im Konfliktgeschehen' zu präsentieren. Im ersten Teil ihrer Entgegnung korrigiert sie Aspekte der Stellungnahme von Herrn Herrmann; diese Korrekturaktivitäten werden in ihren Grenzen durch eine 'epistemische Rahmung' markiert: [...] *effektiv ni"cht stimmen* [...] *das stimmt nicht.* Wichtigste Korrekturobjekte sind die Charakterisierung ihres Auftritts in der fraglichen Szene als *wutentbrannt* und der Vorwurf des 'unmöglichen Tons'. Wie wichtig ihr gerade diese Korrekturen sind, unterstreicht sie auch dadurch, daß sie gleichsam in einem Atemzug ein anderes Detail als *vielleicht nicht so relevant-* kennzeichnet. Daß ihr diese Korrekturen so wichtig sind, dürfte zwei Gründe haben: Einmal wird sie diese Negativ-Stilisierung nicht auf sich sitzen lassen wollen; wer läßt sich schon gern unbeherrschtes und extrem unfreundliches Verhalten nachsagen! Vor allem aber wird sie sich dagegen wehren wollen, daß ihr über diese Kennzeichnung zumindest eine Mitschuld an der Streitgenese und -eskalation zugeschrieben wird.

Für ihre Korrektur nutzt Frau Blank die Andeutung von Herrn Herrmann (*da wir sowieso" mehrere differenzen mitnander haben*↓; 2,23), mit der dieser ihr Mitschuld am Geschehen zuschreiben wollte, um im Gegenteil ihr eigenes friedliches und moderates Verhalten plausibel zu machen: *habe ga"nz bewußt- * und aufgrund verschiedener differenzen*↓ [...] *ganz be/ äh bewußt äh * ihn hö"flich gebeten er möchte bitte seinen mo"tor abstellen* (4,16-19). Begründung und zweimalige Wiedergabe der eigenen Worte (noch einmal 4,22-24), mit denen sie um das Motorausstellen gebeten hatte, verleihen ihrer Darstellung einen Eindruck von Authentizität, den sie durch den Hinweis auf eine Zeugin (4,19-22) zusätzlich untermauert.

Außer in der suggestiven Verdeutlichung ihres höflichen Auftretens unterscheidet sich Frau Blanks Version noch in einem weiteren Element sowohl von Herrn Herrmanns Version als auch von der Darstellung der Anschuldigung durch den Schiedsmann: Frau Blank stellt das Konfliktgeschehen als eskalierenden Prozeß dar mit den Stufen 'Aufforderung, den Motor abzustellen', 'Ignorieren der Aufforderung', 'nochmalige Aufforderung', 'Delikt'. In den anderen Versionen fehlt die Stufe 'Ignorieren ...'. Diese Stufe 'Ignorieren ...' stellt ein gängiges Element von Anschuldigungen dar: In einem Zug wird zum einen der eigene gute Wille und zum anderen das absichtliche Übergehen eigener kooperativer Aktivitäten durch den Konfliktgegner und damit dessen Verstocktheit dokumentiert.[8]

Der Schiedsmann läßt Frau Blank mit ihrer Entgegnung zwar gewähren, bis sie in ihrer Schilderung der Ereignisse bei der inkriminierten Äußerung angekommen ist. Dann aber drängt er doch relativ energisch auf Beendigung dieses späten Versuchs, die Dinge noch einmal zurechtzurücken: Mit dem *na ja- * gut-* honoriert der Schiedsmann zwar die Entgegnungsaktivitäten Frau Blanks in minimaler Weise, inhaltlich geht er mit dieser Floskel aber auf Distanz: Die Punkte, die Frau Blank zu machen versucht, sind für die laufende Verhandlung unerheblich. Es ist das Reaktionsmuster, mit dem er in fast identischer Weise die Stellungnahme Herrn Herrmanns zur Anschuldigung 'abhakte'. Darüber hinaus plaziert der Schiedsmann das *na ja- * gut-* in Frau Blanks Erwähnung des Götz-Zitats hinein und unterbricht sie damit fast mehr, als daß er ihre Aktivitäten honoriert; der ungeduldige Ton des *na ja- * gut-* dürfte ein übriges tun. Frau Blank reagiert mit der wahrheitsbekräftigenden aktivitätsschließenden Formel *da"s war tatsache↓*. Daraufhin bricht der Schiedsmann den Ansatz zu einer Begründung, warum die Punkte, die Frau Blank zu machen versucht, unerheblich sind (vgl. den Abbruch nach *er hat-*), spontan ab und nimmt die Formel Frau Blanks umgehend wieder auf: *da"s warn die tatsachen gu"t- **, um ein endgültiges Schlußsignal zu setzen.

Man kann sich fragen, warum Frau Blank zu diesem Zeitpunkt der Verhandlung, da eine Regelung des Streits in ihrem Sinne und zu ihren Gunsten so gut wie sicher ist, auf diese Entgegnung so großen Wert gelegt hat. Ein Grund ist sicher, daß sie das negative Bild, das Herr Herrmann in seiner Stellungnahme zur Anschuldigung von ihr entworfen hatte, korrigieren will; Nachbarschaftsstreitigkeiten dieser Art sind eben immer auch „Charakterwettkämpfe"; oft ist dann die Frage, wer der bessere Mensch ist, für die Streitbeteiligten wichtiger als die Regelung des justitiablen Konfliktbestandteils, und oft ist dann das Verlangen nach Korrektur bisher nicht korrigierter negativer Stilisierungen durch den Konfliktgegner so groß, daß sogar die Gefährdung eines Verhandlungsergebnisses, das der eigenen Position uneingeschränkt recht gibt, in Kauf genommen wird.

Für das Güteverfahren ist Frau Blanks späte Entgegnung unnötig, und sie gefährdet darüber hinaus die erfolgreiche Abwicklung.

---

[8] Vgl. zu diesem Darstellungsmoment von Anschuldigungen im einzelnen Nothdurft (1996), Kap. 2.3.

Regelung des Konflikts: Wiederaufnahme der Aushandlungsaktivitäten zum Einigungsvorschlag – Die Ratifizierung

```
5,2:

   C             da"s warn die tatsachen gu"t- * äh entscheidend

   C ist natürlich dabei daß herr herrmann das nun einsieht und das

   C zurücknimmt und das- * genücht ihnen dann nech↑ in diesem falle↓

   A +ja:↑ * wenn das schriftlich fixiert wird und er die
   C              nech↑                   das wird

   A unkosten beseitigt dann is    das in ordnung↓
   C schriftlich fixiert- * jawoh"l-           alles

   C #klar#
   K RÜCKT SCHREIBMASCHINE ZURECHT
```

Für den Schiedsmann ist es wichtig, möglichst schnell und 'unauffällig' den Fokus von einer möglichen und zu diesem Punkt der Verhandlung dysfunktionalen Kontroverse über unterschiedliche Konfliktversionen wieder zurückzulenken auf den Einigungsvorschlag und dessen Ratifizierung durch die Streitparteien. Für diese Refokussierungsaktivität benutzt der Schiedsmann wieder das 'zwar-aber'-Muster, und zwar beginnt er bereits mit seiner Honorierung von Frau Blanks Richtigstellung, mit dem *da"s warn die tatsachen gu"t-*, zurückzulenken: Das *gu"t*, mit schwebender Kadenz realisiert, fügt zur Honorierung eine einschränkende Komponente hinzu, signalisiert Distanzierung. Paraphrasieren müßte man die Äußerung entsprechend mit 'das mögen zwar die Tatsachen sein'; die Honorierung wird so zur konzessiven Komponente ('zwar') innerhalb eines komplexeren Zuges und verlangt einen zweiten adversativen Teilzug, die 'aber'-Komponente. Auch diese 'aber'-Komponente wird nicht explizit als solche markiert, etwa durch eine Konjunktion. Sie wird vielmehr durch die markierte Wortstellung mit kontrastiver Frontstellung des Prädikatsnomen etabliert: *entscheidend ist natürlich dabei daß* [...] statt der unmarkierten Folge *'es ist natürlich dabei entscheidend daß* [...]'. Frau Blank wird auf diese Weise signalisiert, daß ihre Korrekturversuche am Konfliktsachverhalt für die aktuelle Verhandlungssituation unerheblich sind.

Mit dieser 'zwar-aber'-Konstruktion hat der Schiedsmann die Verhandlung auf die Ratifizierung der Einigungsformel durch Herrn Herrmann zurückgelenkt. Dessen Bereitschaft zu einer Sühneleistung wird nicht noch einmal eingeholt, sondern nur referiert und damit noch einmal festgeschrieben. Auffällig ist hier wieder die Vagheit der Referenz auf das, was 'eingesehen' und 'zurückgenommen' werden soll, auf das Delikt also. Der Schiedsmann kann jetzt umgehend die Zustimmung der Antragstellerin Frau Blank zur Einigungsformel einholen; er tut das in einer Weise, die darauf schließen läßt, daß die Sühneleistung durch Herrn Herrmann, wie sie die Einigungsformel vorsieht, genau der Kompensationsforderung entspricht, wie sie zwischen Schiedsmann und Antragstellerin schon vor der Güteverhandlung abgesprochen worden ist. Der konstative Duktus der Äußerung *und das- * genücht ihnen dann* und das rückversichernde *nech*↑ sind deutliche Hinweise darauf. Diese Aufforderung zur Ratifizierung des Vorschlags bekommt dadurch eine starke suggestive Qualität: Ja kein erneuter Streit um die richtige Konfliktversion! Frau Blank signalisiert umgehend ihr Einverständnis (+*ja*:), spezifiziert aber gleichzeitig ihre Forderungen in zwei Punkten, die bisher noch nicht Verhandlungsgegenstand waren: *wenn das schriftlich fixiert wird und er die unkosten beseitigt dann is das in ordnung*↓.[9] Der Schiedsmann beeilt sich, diese beiden Punkte ihrer Forderungen zu bestätigen (*alles klar*). Herr Herrmann wird nicht mehr gefragt.

Auflösung der Verhandlungssituation: Honorierung der Beteiligungsleistungen

5,9:

```
C  danke schön- *
```

Die 'Honorierung' der Beteiligungsleistungen der Streitparteien ist ein obligatorischer Aktivitätszug in Schlichtungsverhandlungen; diese Honorierung ist ein Teilzug im Rahmen der Auflösung der Verhandlungssituation und erfolgt in der Regel erst nach der Protokollierung des Verhandlungsergebnisses. Hier ist die 'Honorierung' in einer Minimalversion 'vorgezogen', möglicherweise, weil der Schiedsmann so den Abschluß der Verhandlung markieren und damit möglichen Gesprächen zwischen den Parteien über den Streitgegenstand oder gar erneutem Streitausbruch vorbeugen will: Schließlich nimmt das langwierige Tippen des Protokolls mit 11 Minuten Dauer doppelt so viel Zeit in Anspruch wie die gesamte Verhandlung. Das *danke schön-* verdeutlicht den Parteien, daß ihr Part im Rahmen der Konfliktregelung soweit abgeschlossen ist.

Nach der Protokollierung wird der Schiedsmann dann einen aufwendigeren Honorierungsversuch inszenieren.

Regelung des Konflikts: Protokollierung

5,9:

```
C #klar# danke schön- * dann werd ich eben mal hier zu papier
K RÜCKT SCHREIBMASCHINE ZURECHT

C bringen- ** und dann- #*11min,9sec*# so"↓ * ich darf ihnen
K                           C TIPPT PROTOKOLL

C das bi"tte eben mal vorlesen- *2* →antrachsteller frau ursula

C blank- * geboren neunten neunten sechsunvierzig wohnhaft
```

---

[9] Der Antragsteller muß jeweils die Kosten des Verfahrens vorstrecken.

```
C lessingstraße acht müllerberg eins↑ stellte am vierzehnten
C september vierundachtzig antrag auf durchführung einer
C güteverhandlung↓ ** antrachsgegner herr peter herrmann
C geboren am einundzwanzigsten sechsten einundvierzig wohnhaft
C lessingstraße acht müllerberg eins↓ * der verhandlungsverlauf↓ *
C es erschienen die antrachsstellerin ausgewiesen durch
C personalausweis- * und der antrachsgegner ausgewiesen durch
C personalausweis↓ * zwischen den parteien wird folgender vergleich
C geschlossen↓ * erstens↓ * herr he"rrmann bedauert den vorfall
C vom zwölften september vierundachzig und entschudigt sich- * äh
C für die äh beleidigenden äußerungen gegenüber frau- * bla"nk↓ *
C zwotens herr herrmann übernimmt die ko"sten vor dem schiedsmann-
C * in höhe von einundfünfzig achtzig↓ * drittens herr herrmann
C verpflichtet sich die entstandenen kosten- * bis zum
C fünfzehnten oktober neunzehnhundertvierundachtzig zu
C erstatten- * viertens- * frau blank nimmt die entschuldigung
C an und verzichtet auf weitere geschrichtliche <geri"chtliche>
C schritte- * wegen des oben- * angeführten vorfalls↓← *

A          >korrekt↓<
C korrekt↑              so↓ dann bitt ich- #** um ihre unterschriften
K                                            STÜHLERÜCKEN

C hier- ** ich hab alles hier-# #*3*# da"zwischen nich↑
K                                STIMMEN

A hier- **      ja↓                     mhm-
C          da"-     über ihren namen bitte ja- *6* danke herr

A                                       >danke-<
C herrmann bitte hierhin ja↑ * >bitte-<
```

Die 'Protokollierung' besteht aus den Phasen

- Ankündigung der Protokollierung
- Schreiben bzw. Tippen des Protokolls
- Verlesen des Protokolls
- Unterschreiben des Protokolls.

Über die Phase des Tippens ist der Aufnahme bzw. entsprechend dem Transkript nichts zu entnehmen. Die Vermutung liegt aber nahe, daß es sich für die Streitparteien, auch wenn sie der Einigungsformel bereits zugestimmt haben, um eine gefühlsmäßig sehr angespannte Phase handeln dürfte. Sie sitzen sich weiterhin gegenüber, können aber nur darauf warten, daß der Schiedsmann das Protokoll fertig tippt. Der Konflikt ist quasi 'auf Eis gelegt'; eine formale oder gar eine tatsächliche Versöhnung hat noch nicht stattgefunden, und entsprechend frostig ist die Atmosphäre.

Bei den Protokollen solcher Güteverhandlungen handelt es sich um reine Ergebnisprotokolle, die jeweils dreierlei enthalten:

- die Identifizierung der Beteiligten
- die Erwähnung des Vorfalls (Konflikt oder Delikt)
- den Vergleich (incl. Kostenregelung).[10]

Typisch für solche Protokolle ist, daß Einzelheiten des Verhandlungsverlaufs selbst nicht erwähnt werden; und so taucht zwar im Protokoll der Ausdruck *verhandlungsverlauf* in protokollgliedernder Funktion auf; aber der darauf folgende Abschnitt enthält außer dem Hinweis auf das Erbringen der Identitätsnachweise durch die Streitparteien ausschließlich Einzelheiten des Verhandlungsergebnisses.

Typisch für solche Protokolle ist darüber hinaus, daß sie häufig Einzelheiten enthalten, die in der Verhandlung selbst nicht thematisiert worden sind. So auch im vorliegenden Fall: In der schriftlichen Fassung der Einigung steht,

- daß Herr Herrmann den Vorfall *bedauert*,
  (Davon war in der Verhandlung nicht die Rede; das 'Bedauern' läßt sich allenfalls aus der Aktivität des 'Sich-Entschuldigens' erschließen, und zwar als innere Haltung, von der 'wirkliches' Entschuldigen geleitet ist.)
- daß Herr Herrmann sich 'für die beleidigenden Äußerungen entschuldigt',
  (Davon war nur in der Vorschlagsformulierung des Schiedsmanns die Rede, ansonsten spricht der Schiedsmann von 'zurücknehmen' bzw. von 'einsehen und zurücknehmen'.)
- daß Herr Herrmann 'sich verpflichtet', 'die entstandenen Kosten zu erstatten'.
  (Dazu gibt es im Gespräch keine ausdrückliche Erklärung von Herrn Herrmann.)

Auffällig ist weiterhin, daß der Vorfall bzw. das Delikt selbst nicht mehr benannt wird. Ob hierfür der Tabucharakter des Götz-Zitats verantwortlich ist oder ob der Schiedsmann durch den Verzicht, das Delikt noch einmal zu nennen, den Antragsgegner schonen und die Vergleichsregelung nicht noch einmal unnötig gefährden wollte, ist nicht zu entscheiden.

Beide Parteien unterschreiben das Protokoll ohne weitere Diskussion.

---

[10] Vgl. zu diesen Protokollen Klein, Wolfgang: Schlichten in der Vergleichsbehörde. In: Nothdurft (Hg.) (1995).

Auflösung der Verhandlungssituation

6,9:

```
C so"- ** ich bedanke mich- * erstens für ihr erscheinen- *

C zweitens für ihre schnelle abwendung dieser geschichte und hoffe

B +kann ich ihnen das geld nicht gleich geben↑ *
C                 daß sie-                              es s/ wenn sie=s

B                 aber ja" doch dann ist das doch aus der we"lt↓
C bezahlen wollen ja-

C RÄUSPERT SICH #na ja gu"t also- * äh sie können=s gleich bezahlen#
K               MÜNZKLIMPERN UND SCHEINERASCHELN

B       →sie haben gesacht← ei"nundfünfzig achtzig ne↑
C dann-

C einundfünfzig achtzig krieg ich von ihnen ja"- * dann geb ich

B                                 ja natü"rlich mei"n ich
C gleich weiter dann brauchen wer-

B doch dann is-                      ja ja:- *
C ich hab=s     da nur reingeschrieben-         ich lasse sonst

B                                        a"lles- * krieg ich
C immer eine gewisse fri"st- * alles klar↓ wunderbar↓ alles

B da irgendwie ne quittung drüber↑
C erledigt↓                       ja:- * muß ich ihn/ hab

B                 schicken sie mir einfach eine zu" (...) *
C ich nicht hier aber- * >äh:-<                     unter

B ja:↓                          #      oder schicken
C zeugen hier nech- aber- * ich #schicke ihnen
K                               A UND Z LACHEN, AUSGELÖST WOHL DURCH

B               sie mir irgendwie eine zu-
C noch eine zu↓                   ich schicke ihnen noch eine zu-
K VORSTELLUNG, SIE MÜSSTEN ALS ZEUGINNEN FÜR B AUFTRETEN

B ja↑#                #ich bedanke mich-# *             auf
K                     LACHENDER UNTERTON
C    # ja- * mach ich-                        bitte schön↓
K

B wiedersehn-
C            #wiedersehn herr herrmann- * aber ich hoffe daß sie
K            B STEHT AUF / SCHRITTE / TÜRSCHLIESSEN / C ZÄHLT GELD

C sich nun wieder vertra"gen das ist ja der sinn der sache↓ **
K

C gut-# ** #>guckt so brummig↓<# warten=se mal↓
K          WIE ZU SICH SELBST, WÄHREND ER WEITER GELD ZÄHLT

A sie ham ja ne menge    auszuwerten näch↑
C ich geb ihnen glei"ch-
```

K IN DEN 20 SEKUNDEN BIS ZUM ABBRUCH DER AUFNAHME STARTET C MEHRERE ANLÄUFE, UM A SCHLIESSLICH ZU ERKLÄREN, DASS ER IHR DIE VORGESTRECKTEN VERFAHRENSKOSTEN DER EINFACHHEIT HALBER VOM GELD DES B GLEICH ERSTATTET, WÄHREND A MIT IHRER BEMERKUNG ZUR AUSWERTUNG BEREITS EIN GESPRÄCH ÜBER DIE SITUATION UND DAS INTERESSE DES AUFNEHMENDEN X AN DER SITUATION INITIIERT HAT, AN DEM SICH AUCH Z BETEILIGT.

In der 'Auflösung der Verhandlungssituation' erklärt der Schlichter den Schlichtungsvorgang für beendet. Wie oben bereits erwähnt, gehört zu den Schlichteraktivitäten im Rahmen der Auflösung der Verhandlungssituation in der Regel das Honorieren der Beteiligungsleistungen der Streitparteien. In dieser Verhandlung hatte sich der Schiedsmann – wohl in taktischer Absicht – bereits vor der Protokollierung bei den Parteien bedankt, wenn auch in relativ knapper Form. Jetzt, nach der erfolgreichen Protokollierung, folgt die ausgebaute Version der Honorierung.

Oft werden solche Honorierungen der Beteiligungsleistungen der Parteien verbunden mit Appellen an die Friedlichkeit der Parteien bei zukünftigen Begegnungen. Zu einem solchen Appell setzt auch der Schiedsmann im vorliegenden Fall an (*und hoffe* [...] daß sie), wird aber dabei von Herrn Herrmann unterbrochen (*+kann ich ihnen das geld nicht gleich geben*↑). Dieser Zug von Herrn Herrmann kommt für den Schiedsmann unerwartet und ist auch untypisch für das Verhalten eines Antragsgegners in der Schlichtungsverhandlung. Das *na gu"t also- * äh sie* [...] des Schiedsmanns spiegelt dessen Überraschung. Auch hier verfährt Herr Herrmann offenbar nach dem Prinzip, das Verfahren abzukürzen, wo es geht: Genauso wie er jede weitere Erwähnung seines Fehlverhaltens zu verhindern versuchte, will er nach der Verhandlung nichts mehr mit der Sache zu tun haben. Entsprechend verläßt er auch unmittelbar, nachdem er gezahlt hat, mit einem lachenden *ich bedanke mich-* und einem knappen *auf wiedersehn* den Raum, ohne die ermahnenden Worte, die der Schiedsmann seinem *wiedersehn herr herrmann-* folgen läßt, noch mitanzuhören. Der Schiedsmann kann sein Konzept für eine geordnete Auflösung der Verhandlungssituation nicht durchsetzen.

4. Abschließende Bemerkungen

In diesen abschließenden Bemerkungen soll noch einmal der Gesamteindruck thematisiert werden, den dieses Schlichtungsgespräch bzw. die daran Beteiligten mit ihrem Verhalten beim Beobachter hinterlassen; diese synoptische Perspektive auf das Geschehen und die Orientierungen der Handelnden hat bei der Analyse der einzelnen Aktivitäten und Aktivitätskomplexe immer schon eine Rolle gespielt, konnte aber im Rahmen der an diesen Aktivitätskomplexen orientierten Fallanalyse nicht zusammenhängend entwickelt werden.

Institutionelle Vorgabe für die Güteverhandlung in der Vergleichsbehörde ist die Wiederherstellung des sozialen Friedens. Der Schiedsmann selbst bemüht diese offizielle Zweckbestimmung der Verhandlung sowohl in der Situationsorientierung am Anfang der Verhandlung als auch im Rahmen der Situationsauflösung, hier als Appell an die Parteien, sich in Zukunft zu vertragen. Diese Reflexe der offiziellen Ideologie machen den fiktiven Charakter von Schlichtung[11], was die „Wiederherstellung des sozialen Friedens" betrifft, besonders sinnfällig: Wenn die einzelnen Stationen der Konfliktrekonstruktion und Konfliktregelung durchlaufen werden, gibt es deutliche Parallelen zur Verhandlung vor Gericht. So hat das Verhalten des Schlichters, was den Umgang mit dem zentralen Anschuldigungsgegenstand angeht, eher richtenden und verurteilenden Charakter. Die Antragstellerin will keine Versöhnung; sie will ihre eigene Verletzung offiziell dokumentiert wissen und den Beschuldigten bestraft sehen. Der Beschuldigte ist bemüht, das Ausmaß der Bestrafung und die eigene Demütigung in Grenzen zu halten. Den fiktiven Charakter von Schlichtung in solchen Güteverhandlungen spiegelt auch das Ergebnis: Was institutionell als gütliche Beilegung des Konflikts ausgewiesen ist, dokumentiert lebensweltlich eher die Störung des sozialen Friedens; der Streit dauert an, die Verhandlung war letztlich nur eine weitere Station seiner Austragung.

In diesem Licht müssen auch Auftreten und Verhalten Herrn Herrmanns gesehen werden: Vordergründig erscheint er von Anfang an als ein sehr kooperativer Antragsgegner. Er erklärt fast eilfertig seine Bereitschaft zur Stellungnahme: *gu:t↑ * kann ich machen↓*; er leugnet nicht, die beleidigende Äußerung getätigt zu haben, ist sofort bereit, sie zurückzunehmen, und möchte auch gleich die Gebühren zahlen: *dann ist das doch aus der we"lt↓*. Ist Herr Herrmann also der ideale Antragsgegner, der es dem Schlichter besonders leicht macht, seinen gesetzlichen Auftrag zu erfüllen: eine gütliche Einigung zwischen den Parteien herbeizuführen und den Rechtsfrieden wiederherzustellen, also die Parteien miteinander zu versöhnen? Spätestens sein 'Abgang' belehrt uns eines besseren. Daß er den Raum verläßt, ohne den Worten Gehör zu schenken, die ihm der Schiedsmann mit auf den Weg geben will, legt eine andere Deutung nahe: Kooperativ ist Herr Herrmann nur so lange, wie seine Kooperation die Fallerledigung zu beschleunigen verspricht; gegen jede aus seiner Sicht unnötig ausführliche oder redundante Fallbehandlung leistet er umgehend Widerstand. Er läßt sich auf den 'preiswerten' Vergleich ein, weil er weiß, daß ihn eine gerichtliche Behandlung des Konflikts viel Geld kosten wird. Sein Verhalten in der Verhandlung verrät jedoch keine Spur von Einsicht oder gar Reue, und er unternimmt nicht einen Schritt in Richtung Aussöhnung. Er hält sich während der gesamten Situation nur in dem Maße an die geltenden Spielregeln, wie es erforderlich ist, wenn er sich keine Nachteile einhandeln will. Daß damit seine Handlungsorientierung angemessen umschrieben ist, zeigt vor allem auch sein 'Abgang' mit dem Verstoß gegen ganz elemen-

[11] Vgl. auch Nothdurft, Werner: Gesprächsanalyse von Schlichtung und besonders Klein, Wolfgang: Schlichten in der Vergleichsbehörde. In: Nothdurft (Hg.) (1995).

tare Höflichkeitsregeln: Er kann sich diesen 'Abgang' leisten, nachdem der Fall verbindlich und unwiderruflich geregelt ist. Dieser Abgang hat die Qualität eines erneuten – diesmal nonverbalen – Götz-Zitats. Für diese Version wird er allerdings nicht zur Verantwortung gezogen werden können. Den Vergleich hat er akzeptiert, aber der Konflikt ist nicht beigelegt.

Auffallend an dieser Güteverhandlung ist, daß der Antragsgegner das Delikt ohne jeden Widerspruch zugibt und auch gegen den Vergleichsvorschlag, mit dem doch alle Forderungen der Streitgegnerin erfüllt werden, keinen großen Widerstand aufbietet. Er scheint im Gegenteil gerade in diesen Punkten die Verhandlung abkürzen zu wollen: Als der Schiedsmann noch einmal in aller Form das 'Schuldeingeständnis' einholen will, entgegnet er leicht verärgert: *hab ich eben ganz laut und deutlich gesacht↓*, und mit einem *natürlich* bestätigt er auch seine Bereitschaft, die Beleidigung zurückzunehmen, noch ehe der Schiedsmann die entsprechende Frage ausformuliert hat.

Vor allem mit diesem Verhalten und der entsprechenden Disposition des Antragsgegners hängt wohl auch die ungewöhnlich kurze Dauer der Verhandlung zusammen: Zieht man die gut 11 Minuten Protokoll-Tippen ab, so bleiben für die eigentliche Verhandlung knapp fünf Minuten, ein Bruchteil der üblichen Verhandlungsdauer von einer halben Stunde und länger.

Das kommunikative Geschehen in Schlichtungsgesprächen ist nicht immer leicht zu verfolgen oder einfach zu durchschauen; die Handlungszusammenhänge und Interaktionsverläufe können äußerst komplex und vielschichtig sein. Die exemplarische Fallanalyse sollte zeigen, wie mit einer gesprächsanalytischen Betrachtungsweise diese Komplexität aufgelöst und das Handeln der Beteiligten verständlich gemacht werden kann.

Die Gespräche*

* Für eine letzte Abhörkontrolle und Korrektur der Transkriptionen standen mir neue und bessere technische Möglichkeiten zur Verfügung. Die Korrekturen konnten nur noch zum Teil für die im bereits abgeschlossenen Analyseband abgedruckten Gesprächsausschnitte berücksichtigt werden (vgl. Schriften des Instituts für deutsche Sprache 5.1).

Titel		Nur einmal gesprungen
Nummer		3000.01
Dauer		7 min
Ort		Kinderzimmer einer Altbauwohnung in einer Großstadt in Nordrhein-Westfalen
Sprecher	A	Doris (fünf Jahre alt, die Jüngste unter den drei spielenden Kindern; beklagt sich, daß sie in ihren Spielchancen benachteiligt wurde ('nur einmal gesprungen ist'))
	B1	Sandra (sieben Jahre alt, Freundin der Geschwister; will umgehend für Kompensation sorgen)
	B2	Henrik (sieben Jahre alt, der ältere Bruder von Doris, der darauf besteht, daß Doris selber schuld ist)
	C	Der Vater von Doris und Henrik (nimmt sich der Klage von Doris an und greift schlichtend ein)

Transkript: 01 **Seite 1**

```
A
B1                           #lalalall↑# jetz wieder ich↓
K                            SINGEND
B2 achtung↓ * fertig los- **
C

A  i"ch will↓ * <ich war noch gar nich ich war nur
B1                                     <doris->
B2
C

A  #←ei:nma:l↓→>#
K  WEINERLICH
B1                →dann darfst-←
B2
C                         #←ja: was is denn lo:s↓→ **
K                         BETRITT WIEDER DEN SCHAUPLATZ

A  FÄNGT ZU WEINEN AN
B1    dann darfst-    ** doris du * darfst↓
B2
C                                 was is denn lo:s doris↓

A  ich war nur ei"nma:l↓                   #ich hatte ←nur
K                                          WEINERLICH
B1
B2
C                       wa"s denn einmal↓

A  ei"nmal gespru:ngen↓→#
K
B1
B2
C                         a:h↓ * sandra↓ * wie denn↓ ** hat

A
B1                                        ja↑
B2
C  die doris denn erst einmal gesprungen↑     un du schon öfter↑ **

A                    >ja un ich möchte (mehr)-<
B1 der henrik auch↓ **
B2                                                      doris ist ja
C                              also↓ * ihr müßt die doris aber↑

A
B1
B2 auch-        die doris is ja au nich geko"mmen↓ * #wir * die#
K                                                  STAKKATO
C  genauso oft↓     springen lassen↓

A
B1
B2 doris sta"nd da und sa"gt↑ ni"x↓ * dann dachten wir↑ * die
C
```

Transkript: 01 **Seite 2**

```
A                                                   hn ich wollte
B1
B2 wi"ll nich↓        da=s sie auch selber schu:ld↓
C              doris↓ wie war das denn↓

A  ja ne apfelsine- * un: da war keine * da war ich wieder schnell
B1
B2
C                                           >←a:h so↓→<

A  gerannt- * zun spri"ngen↓
B1
B2                                             aber d/
C             ja-            ah:↓ dann war das pech grad mit der

A
B1                                                 daß die doris
B2
C  apfelsine↓ ** also dann machen wer=s jetz so↑ *     wenn jetz-

A
B1 jetz >springt↓<
B2
C                  wenn jetz ei"ner sacht er wäre noch ni"ch so oft

A
B1
B2                                    ja↓ de/ dann darf
C gewesen dann darf de"r erstmal↓ ne↑

A
B1
B2 der erster↓ >ja-<
C      so↓             die sandra is jetz schon von der treppe wieder

A
B1         #nä:" ä-#
K          NICHT EINDEUTIG ZUZUORDNEN
B2
C  wech↑ * doris dann kannst du" ja springen↓ *2,5* alles klar↑

A  papi tu mal das polster weg↓ * ja↓
B1
B2
C          alles klar↑            ja- * doris↓
```

Titel	Alte Sau
Nummer	3001.03
Dauer	43 min
Ort	Vergleichsbehörde im Rathaus einer Großstadt in Baden-Württemberg
Sprecher	A Frau Beck (Antragstellerin - alleinstehende ältere Frau, die von Frau Kraft beleidigt wurde)
	B Frau Kraft (Antragsgegnerin - lebt mit Mann und Kindern im gleichen Haus und ist wesentlich jünger als Frau Beck; sie streitet die Beleidigungen nicht grundsätzlich ab und bringt ihrerseits Anschuldigungen gegen Frau Beck vor)
	C Herr Kastner (Schlichter - Leiter der Vergleichsbehörde im Rechtsamt der Stadt)
	D Frau Klarlack (Protokollführerin)

Transkript: 03 **Seite 1**

B   kraft ja↓
C sie sin die frau kraft↓   ja↓ gut↓ HOLT LUFT

A bevor sie anfange #möscht isch sie bitte des noch durchzulese↓#
K   PAPIERRASCHELN

A   uff dor annere seit steht da a
C ja↓ *14* >mhm ja↓< so-

A noch was druff↓   ja↓
C steht a noch was druff↑   noch gar net ferdisch-

B des is noch sogar wischdisch↓
C   >mhm↓ * na ja< #äh# ** dann eröffne
K   STÖHNEND

C isch die sitzung der vergleichsbehörde↑ * in der sache der frau- *
C hannelore beck- * gegen- * frau- * sabine- * kraft↑ HOLT LUFT uns
C möscht isch auch vorstellen mein name is kastner isch bin hier
C vorsitzender der vergleichsbehörde- * >protokollführerin
C is frau klarlack- * un herr nothdurft is vom inschdidud
C für deutsche- * sprache↓< * äh- * zur bedeutung der
C vergleichsbehörde die vergleichsbehörde is also kein
C gerischt↓ * wir können hier also niemanden verurteilen↓ *
C unsere aufgabe die uns der gesetzgeber zugewiesen hat ist also
C die"- * zu versuchen in solchen fällen- * die sich halt mal
C dursch das zusammenleben der menschen ereignen- * äh: hier ein
C nach möglischkeit eine gütlische- * vorgerischtlische- *
C einigung- * zu finden↑ * denn der gesetzgeber davo/ geht davon
C aus- * das eben solsche fälle nischt u"nbedingt gleisch- * vor
C des strafgerischt- * müssen und zwar aus: einigen gründen zunächst
C einmal- * unsere- * rischter- * s/ sind ja auch nischt wenig
C beschäftigt- * äh und sollten sisch also mit schwerwiegenderen
C dingen beschäftigen außerdem- * äh: wenn hier in einem solchen
C fall- * erst einmal ein stra"fverfahren anläuft und wir
C ham=s ja hie"r mit der vorstufe eines strafverfahrens zu tu"n↓ *
C dann sind oft die verhältnisse- * so verhärtet daß es also- *

Transkript: 03 **Seite 2**

C fast nischt mehr- * weitergehen kann- * äh daß sisch also keine
C änderung zum guten mehr ergibt↓ * zum- * anderen ist natürlisch
C auch noch zu bedenken↑ * äh: daß ein strafverfahren- *
C höhere gebühren un höhere kosten- * verursacht als hier unser
C verfahren un letztlisch ka"nn es ja auch- * im strafverfahren
C im privatklageverfahren- * zu einer verurteilung kommen
C und wenn des erscht passiert is donn- * is gewöhnlisch schun
C alles:- * äh: donn sin die verhältnisse gewöhnlisch so zerüttet
C daß also- * die möglischkeit eines:- * vernünftigen zusammenlebens
C oft nischt mehr gegeben ist un=des sin alles dinge- * die der:- *
C gesetzgeber halt eben- * nach möglischkeit vermeiden will
C →das is also← unsere aufgabe↓ ** <öh jetzt- * frau kraft- *
C sie wissen um was es geht sie haben ja-> * mit der- * öh:- *
C einbestellung zu dem heutigen termin auch die durchschrift
C erhalten- * der angaben die: frau beck hier bei uns gemacht hat↑ *
C äh: un: es dreht sisch also darum daß ihnen frau beck vorwirft sie
C hätten- * sie am zehnten dritten- * beleidigt un zwar- * mit den
C worten du alde drecksau du alde wildsau- * du gehörst vergast du
C alder schrubber- * wenn du keine kinder leiden kannst- * geh doch
A ja un de"=s noch vieles mehr was noch so
C ins aldersheim↓ →was havwe sie-←
A druff d/ steht des hab isch domols vergesse gehabt↓
C mhm ja
C donn les isch=s ihne noch vor damit sie=s au"ch- * öh gehört haben
C du drecksau du wildsau- * geh ins aldersheim- * wenn keine
C kinder leiden kannst du alder schrubber geh runder oder isch
C zieh disch an den haaren herbei- * äh du dreckeber mit deinem
C bappalten- * du gehörst vergast↓ ** des wären also- *
A un die herzgeschischte↓ des is-
C die- →jaja die herzgeschischt is

Transkript: 03 **Seite 3**

A wischdisch↓ ja is für misch se"hr
C also ä is also ä← auswirkung der sache net is also

A wischdisch↓
C die frau die frau beck gibt also hier an sie hätte also zwei

C näschte lang furschbare herzkrämpfe gehabt- * und sie hätte

A ja↓
C also angst gehabt daß sie also- * äh des vielleicht nischt

C üwwersteht un dann wär sie also- * zu de p/ zu de polizei un auch

C zum arzt gegangen un- * wäre also in- * in ärztlischer behandlung

C net↑ un die- * öh:- * beleidigungen die die sie angibt hätte

A ja↓
C also die nachbarschaft gehört↓ sie saachen also sie hätten

A ja isch hab zeuge↓
C zeugen dafür ne↑ gut↓ * <so> frau kraft- * sie

B ja-
C hawwe jetzt also gehört was: anliegt was hawwe sie dezu zu

B äh viele worte haw isch ni"scht gesacht↓
C sagen↓ was hawwe

B debei↓
C se=n gesacht fong mer mol mit dem a was se gesacht

B drecksau haw isch gesacht gut↓ isch hab auch gesacht
C hawwe↓ mhm ja↓

B äh wenn se se soll ich=s- * wortwörtlich saache was isch gesacht
C j/ bitte bitte

B hab↓ * des is nämlich ni"scht angegebe↓ * und des is der
C bitte sie brauche sisch do net-

B hau"ptgrund was e/ warum sisch die frau beck geärgert hat↓
C mhm↓

B des hat se a de leute auf die straße vazählt↑ * da=isch

B gesacht hab daß sie seini zum pi"ssen hat↓ * un net für die

B kind mal uff die- * uff die welt zu bringe↓ * des hat sie

A ne des haw isch net gehert↓ awwer
B überhaupt un des hat sie garantiert nischt angegewwe↓

A alles annere stimmt dofür hab isch jo zeuge↓
B und e"ber und so

A bappalde- * do mänt se
B zeug un mit demm alde isch weeß net- oder-

Transkript: 03 — Seite 4

```
A bestimmt den alde mann mit dem wo isch samstags uff de
B                   isch weeß net isch kenn-

A friedhof fahr↓ do wollt se mir was ahänge↓
B          des dut mer leid isch kenn-      * isch ke"nn der
C          nee frau- * frau- * frau beck-

A           des hot sie alles gesacht alles die nachbarschaft
B monn net↓ (...)                         nei"n des is
C           frau beck- * frau beck un frau kraft- * frau beck

A hot alles gehert isch hab zeuge↓
B nischt wahr-
C frau beck un frau kraft moment- * mir halde=s hier so:↓

A                     die frau müller war vor ihrm
C mir halde=s hier so↓ ne↑                #<frau beck
K                                         BRÜLLT

A fenschter↓          ja die hot alles gehert↓
B          die frau müller hot erscht zum schluß- *
C          frau beck>#
K

A                  ja:   die hot=s awwer innedrin gehert↓
B des fenschter uffgemacht↓ (...)
C                        →ja-← fra/ frau

A                    sie ware jo devo"r geschdanne↓
C beck un frau kraft↓      j/ mir halde=s hier so äns nach

A          ja:-
B                                          LACHT
C em annere↓    mir könne zusamme si"nge↓ * awwer mir könne

A ja↓ * awer nit abstreite↓    un mi"sch als lügner nennen denn
C net zusammen #re:de"n↓# * sie sie krigge sie kenne- *
K              GESUNGEN

A sie" ist die lügnerin des werre sie genau wisse↓
B                                                isch lüg
C sie kenne rede- * un die frau- *           <frau beck>

A                        nä sie
B net↓ isch hab kein grund zur lüge
C     sie kenne re/-

A hawwe bloß vorgs johr die frau meier- * ihr mann
B      nä:↓                             (...)
C                                       LACHT

A (...) erzählt- * moment des möscht isch gra:d saache
B (...)
C frau beck halt fra/ frau beck frau beck ha/

A vun vorneroi weil se mi"sch als lügnern hiestellt
C mome:nt↓
```

Transkript: 03 **Seite 5**

A denn sie" is die lügnern↓
C →<frau beck im moment is die frau kraft beim

A vorgs johr hot se geloge daß die bollizei
C reden un wenn die frau kraft ferdisch is derfe sie rede↓>←

A kumme is↓
C frau be/ beck wenn die frau kraft ferdisch is könne sie

A ja:↓
C rede äns noch=m annere↓ * s muß hier jedes zum=me- * zum=me

A sischer↓
C wort komme sunsch kumme mer sunsch werre mer net ferdisch↓

A ja awwer
C da sitze mer um zwee noch do un hawwe (...) völlisch

A nit mi"sch als lügnerin hiestelle↓
C fer die katz↓ bis jetz hot se net

B a"lso des mit dem
C gesacht daß sie geloge hawwe↓ * a"lso frau kraft↓

B herr oder so isch kenn de herr net isch hab jo die fra no nie

B uff=n friedhof fah"re geseh↓ * s dud mer leid isch kenn=s net↓

B isch kenn weder e auto noch e fahrrad vun=em herr- * es- * kenn

B isch üwwerhaupt net↓ isch kenn vun newedra- * kar käns- * nur
C mhm↓

B vum sehe isch hab zu niemand z/ im grund kontakt nur zu unser

A ja mit denne hawwe sel selwer schun n
B unnedra zu denne leit↓
C >mhm äh< frau beck jetz jetz bitt

A haushoher krach gehabt↓
C isch sie awwer #s/ jetz z/ uffz/# *
K STOTTERT

B also des garantiert net↓
C jetz mol ruh zu gewwe↓ ne↑

B →un daß sie ihr-←
C ne↑ äh:- * awwer sie sie räume oi daß sie drecksau

B ja: und daß sie ins aldersheim gehe soll
C gesacht hawwe des räume se oi↓

B warum net des hab isch gesacht des geb isch alles zu warum net↑
C des hawwe se gesacht↓

B warum soll isch lüge jetz awwer zeig
C ja ja ja ewe↓ >mhm-<

Transkript: 03 **Seite 6**

B wo isch net gesacht hab brauch isch net- * net noch mir- * äh

B zugesteh↓ *
C >des verlongt niemand vun ihne ne↑< awwer die drecksau

B ja un- * ha/ hat
C allä: des reischt jo schun des is jo schun ne beleidischung

B sie gesacht was fer beleidischunge sie zu mi"r gesacht hot↓

B daß isch se am a"rsch lecke soll↓
C +ja was hot se=n gesacht↑

A wa:"s↑ da"s is gelog/ das is überhau"pt nisch oh:
B ja:↑ un daß isch un daß isch blö"d

A des hawwe sie sisch alles oige/
B bin↑ un zu meine kinner bo"ngert

A o:ch des is alles geloge do
B zu saache isch bin verheirat moi kinner sin keine bongert↓

A mißte doch die leit des a" gehert hawwe↓ * des do hawwe sie

A sich zusammegeroimt↓ sie lüge so wie se vorges johr geloge
B i"sch i"sch brauch mir
C öh frau beck- * frau beck- * frau beck

A hawwe↓ ** mäne sie isch ded so e irgend e rumlaferei
B ga"r nix zusammezuroime↓ ga"nz un gar net↓ ** ja-
C emol langsam- * frau beck emol langsam- * frau- * frau kraft- *

A mache wenn isch net meiner sache sischer wär↓ ne↑
B ach
C frau kraft- * hawwe sie a zeuge fer ihr↓ hawwe

B nee↓ isch isch weiß net
C sie a hawwe sie a zeuge fer die:- * fer des was die frau-

A →awwer des war-←
B vieles hab=i=gehert genau wie am- * (obends) um vie"r uhr

A ja:-
B war der krach↓ ne um vier uhr war der krach↓ * um fü"nf
C mhm↓

B uhr sin leut- ** komme wo se gesehe hot do war se h/- * unne

A isch war-
B gestanne un hat lau"tstark über misch geschennt↓

A a:ch- das is ga"r nischt wahr↓ des is
B um fü"nf uhr↓ un des weeß isch genau↓ un

A net wohr↓ ja do bringe
B defür könnt isch auch en zeuge bringe↓

Transkript: 03 **Seite 7**

A s=en na↓
B der is noch zu mir hochkumme un hat gesacht guck mol

B wie d/ die die fra beck üwwer disch do unne herzieht↓

A a:ch gott isch hab↑
B un am negschte morgen um ze"hn uhr war isch am

A wi/
B go"ngfenschter geschtanne- HOLT LUFT do hot se vazählt wenn

B des mei- * äh- * äh verwandte wüßte die däde se do"dschlache↓ *

A des=alles net wohr des is aus
B des hat se unne rumvazählt↓
C ja ja↓

A de luft gegriffe↓ sie greife alles aus de luft↓
B a"lso muß isch mir des a" gefalle losse↑ nä

A sie hawwe vorges johr-
B des greif isch ga"r net aus der luft↓
C so↓

A ja↓
C frau beck u"n frau kraft jetzt du mer mol langsam↓

A derf isch jetzt a"=mol zu wort kumme schließlisch bin jo
C jo: also isch geb ihne

A i"sch die- RÄUSPERT SICH
C isch geb ihne a fünf minute zeit gut↓

A sie" hot vorgs johr hot se war e frau im haus unne bei leut

A gestanne- zum erzählen↓ * ja gern↓ * zum
C wolle se ihrn mantel ausziehe-

A erzähle↓ un äh- ** dann später
B RÄUSPERT SICH
C is jo platz genug↓ LACHT

A is ihrn mann kumme- * un do hot se gesacht zu ihrm mann die

A frau hett üwwer sie geschennt↓ * un der mann- * is dann- *

A wut voller wut zu der frau gegange- * un hot geklingelt un die

A frau war zu der zeit im bad un hot se gerufe <ja wer is

A drauß> isch bin im bad↓ * un=hot derre ihrn mann- * gerufe du

A arschgesicht du drecksau isch weeß genau daß du net

A do bischt- des is gesacht worre un die bollizei"
B hawwe sie=s gehört↑ ja: was die leu"t
C ja:

Transkript: 03 Seite 8

A hot- * die bollizei hot=s jo schriftlisch uffgenumme↓
B sa:ge was die leut sage die leut sage viel↓
C (...) ** ja was gesacht werd gesacht werd viel↓

A dann hot sich die frau" des hawwe die leit im haus a" gehert
C gesacht werd viel↓

A unne↓ dann hat die
C äh frau beck jetz du mer mol langsam frau beck

A bollizei des uffgenumme-
C jetz loßen se misch- * >ja↓<

A un äh: is kumme die frau hat sisch dann bedroht gefühlt- *

A un so war de"s↓ +un sie" wolle jetz mit alles
C m/ frau beck-

A uff/ umdrehe un uffhänge isch hab- * isch
B ga"nz un ga"r nischt↓

A hab üwwerhau"pt nix gesacht wie sie sin=ne
B ga"nz un ga"r nischt↓

A bledi kuh↓ * nachde"m sie-
B doch des hawwe sie zu mir gesacht

A <nachde"m> sie hawwe jo gar nix here
B nachde"m isch mit ihne angefange hab↓

A kenne↓ * sie hawwe ja wie e maschinegewehrle- *

A üwwerhaupt nit unnerbroche bei ihre schimpfereie↓
B ja ja↓

A ha isch hab=s
B oh do wisse sie des awwer ganz genau daß sie so

A jo gehert un die annere hawwe=s a" gehert↓ *
B herzflattere kriegt hawwe↓

A nä"↑ sie sin raffiniert sie mäne weil isch
C so- LACHT so

A älder bin bin isch ihne unnerlege awwer so" is=es
B nä ganz un gar net vor

A net↓ ja: ja":-
B mir hot immer der ä/ äh alde vorrang

A >des< * ja:- * ja ja-
B awwer gege meine kinner lass isch mer net rumhetze↓ *

A sie hawwe e freschs mädl des wisse sie genau↓
B ganz un gar net↓ a"lle

A ja:- * also-
B kinner sin fresch liewer hab isch e fresches kind

Transkript: 03 **Seite 9**

A selbscht dann is=es kän grund
B wie e krankes kind↓

A wenn isch zu derre kläne saach des derfscht nit mache

A isch sag=s deim baba und wenn d=noch emol unner de

A wäsch durschschlubst geh isch uff die hausverwaldung↓ *

A selbsch da"s is kein grund- * misch wildsau drecksau un

A verga"sung- do"ch des hawwe
B des hawwe sie üwwerhaupt net gesacht vun

A sie gesacht↓ naja isch hab jo zeuge
B wege baba↓ nein-

A wo=s here↓ ne↑ öh:- sie" redde sisch
B ja:-
C mhm- frau beck so-

A nadierlisch jetzt raus↓ mäne
C ja ja- frau beck jetzt losse se

A sie isch hab zwee näschte uff=em bett gelege
C misch- * #frau beck# KLOPFT AUF TISCH fra beck jetz
K BRÜLLT

A isch hab gemänt isch hab n herzinfarkt↓
C loss=se misch mol misch redde↓ jetz

C jetz jetz bin isch emol am dranschde↓ * damit mer=l

C zum=me- * ergebnis komme↓ * also äns steht fescht daß=der

B ja↓
C streit gehabt habt↓ * ne↑ do herrscht kän zweifel dra:↓

A isch hab kä"n streit mit der fra gehabt
C ne↑ äh:-

A sie hot misch beleidischt so is=es↓
C ah ja also irgendwas- * ja- >ä/-< * also disput war

C uff alle fäll frau beck des steht eindeutisch fescht↓ *

C ne↑ * do gibt=s also:- * nix dran- * zu rütteln↓ * äh un

C die frau kraft gibt ja auch einen teil- * der beleidigungen- *

A mhm↓
C zu:↓ * un des rei"scht jo im grund ne- * HOLT LUFT

C äh:- * sie räumt allerdings ein↑ * daß auch sie:"- * sie

A isch ha"b se net beleidischt isch
C beleidischt hawwe un sie hawwe jo ewe selwa- sie

Transkript: 03 **Seite 10**

A kumm jo gar net dazu vor lauter die hot jo so
C hawwe jo ewe- ne-

A ruffgeschrien mit erhobenem finger als wenn isch e schulkind
C hm- awwer jetz- *

A wär↓
C jetz- * jetz is awwer mol folgendes ihr wohnt jo

A ja↑
C haus an haus newerenanner↓ ihr seht eisch jo im grund

A #isch# seh se üwwerhaupt nie↓ selde högstens
C jeden- * #tag↓#
K JEMAND NIEST

A im summer we=ma=im- * wenn se in de garde geht↓
C ah ja: awwer irgendwo- irgendwo

A nä
C sin jo doch berührungspunkt daß mer mol annenanner vorbeila:ft

A komisch kaum↓
C und so weiter↓ * äh un- ** glauben sie daß wonn sie

C mit dem fall- * zum gerischt kommen daß des gerischt sehr erfreut

C dodrüwwer is↓ mit sischerheit- * nischt↓ * äh denn die saachen

C auch mir hawwe annere sache zu tun als nur des- * äh: un die leut

C solle sisch doch im grunde- * vertragen↓ * äh- * frau kraft- **

C isch män sie gewwe jo sie räume ein daß sie also hier- * was

C gesacht hawwe ob=s jetz ganz wortwörtlisch des alles war was

B ja des geb isch zu warum nit↓
C uns die frau beck- * hier- * vorgibt- * äh is etwas

C anderes↓ * s ihne jo nadierlisch klar daß wenn die frau- *

C beck hier wenn wir hier net zu einer einischung kommen- * wenn die

C frau beck hier zum gerischt geht- * äh daß des fer sie- * net gut

C aussieht↓ net↑ * äh misch freut allerdings eines daß sie also

C hier- * äh- * sisch doch im wesentlischen zur wahrheit- *

C bekennen↓ * äh- ** isch mein- * ihr wohnt newerenanner irgendwo

C muß mer jo minanner au"skommen auch↓ * äh: un- * wenn wir hier

C net zum sch/ zum ergebnis ko/ zu einem ergebnis kommen- *

C kriggt von mir nadierlisch die frau beck- * antragsgemäß: isch

C kann=s gar net anders- * die bescheinigung daß wir hier

Transkript: 03 **Seite 11**

C erfolglos verhandelt ha"ben- * und dann könn sie also ein
C privatklage*verfahren- * gegen sie- * beim amtsgericht- *
B >mhm-<
C beantragen- * des wär also des resümee- * dieser- * sache↓ *
C äh:- * isch mein- * passiert is passiert↑ * s läßt sisch
C ni=mehr ungeschehe mache↑ * äh:- * isch würde- * die sache so
C sehen daß mer se aus der welt bringe- * wenn sie sisch für diese-
C * äh:- ** beleidigungen die se da ausgesproche hawwe- *
C entschuldigen↑ * äh uff der andern seite frau beck muß isch
C nadierlisch auch ihnen sagen- * äh:- * es wär vielleisch
C besser gewesen wenn sie sisch über die kinder aufgeregt hätten
C wenn se also zu der frau kraft gegangen wä"ren un hätte gesacht
A oh des wär hopfe un malz verlore↓
C frau kraft ihr kinder- * ihr kinner- * de/- * <des is jo
A is des schlimm wenn isch zum=me kind saach des
C a" kä oistellung>- * mer muß doch- * mer muß doch-
A derfsch nit mache↑ * die de stä an die wäsch schmeiße- *
A de=s doch kän grund daß die frau die hätt jo zu mir kumme
A känne un saache känne- * fra beck was war=n do los↓
B die klä war (...) uff de wiese-
C awwer isch
A doch die war im garde un hot den stä rausgeschmisse↓
B ja i"m garde awwer ni"scht
C halt=s halt doch- * frau-
A a des spielt jo kä roll- die
B hauße uff der wies↓ un außerdem
A wies is jo do" un de garde is do"↑
B we"nn=s so- isch war owwe am fenschder
A ja also↑ (...) isch hab jo gesacht der
B wenn wirklich der stä drokomme wär die hawwe mit steine
A stein is ni"scht drankomme↓ * awwer des hot jo mit dem nix
B gespielt is wahr des sa"ch isch↓
C >mhm-< >mhm-<
A zu du sie därf kä"n stä werfe↓
B sie hawwe awwer ogewwe der hot die stä äh wär die
A nei"n des haw isch ni"scht angewwe isch hab
B wäsch angetroffe↓

Transkript: 03 **Seite 12**

A geschriwwe- * daß #der st/ da/# daß der stei"n an die wäsch
K STOTTERT

A hieg/ äh isch sie hat an die wasch hingeschmisse aber
B weil isch-

A nischt getroffe↑ * das hab isch uff de sch/ bollizei"↑ *

A schriftlisch angewwe der bollizi"scht hot so mitgeschriwwe

A wie isch=s ogewwe hab↓ * un daß se saache sie hätte manches
C na ja aber frau beck frau beck

A net gesacht- * des wort schrubber- * des hawwe se owwe an de
C mol langsam↓

A eck gehert↓ * des hawwe mir die leut gesacht du alder
C >frau beck-< * frau beck mol

A schrubber↓
C langsam sie hawwe awwer auch hier bei un"s un des hawwe se

A ja↑
C underschri"wwe- un meine sekretärin hat=s also beglau"wischt↓

A ja↑
C da ham sie awwer au"ch- * angegewwe wie die to"chter der

B ja↑
C antragsgegnerin auf dem gemei"nsamen wäschetrockenplatz

A ja:-
B ja-
C einen stein auf die wäsche die dort hing warf↓

A ja des is so do is n garde un vielleisch n ha"lwe
C ne↑

A meder fonge die wäschseile o:↓ * also steht se im garde
C >mhm mhm-<

A drin und schmei"ßt↑ * n halwe meder weit↓ awwer sie hot

A nit getroffe↓ so is des bei uns↓
B ah sie war aber nischt
C ah do muß sie jo fascht treffe↓

A ha=s dreht sisch jo gar nit um d/ wo" se
B auf=m bedon sie war im garten↓

A gestanne hat s dreht sisch jo eg/ uff des daß sie d/
C haja wo" se war is eigentlisch wirklisch egal awwer- * wann se

A uff die wäsch geschriwwe ho/ äh geschmisse hot↓ *
C halt geschmisse hot hot se geschmisse↓ ne↑

A un die fra: war net do↑ nä=s
B un außerdem- * i"hr wäsch war=s net↓

Transkript: 03 **Seite 13**

```
A war nit moi wäsch awwer isch seh a nit oi daß
B     a"lla↓

A a"nnere leit ihr wäsch vun de"m standpunkt aus- * denn des
B                        un wenn=s noch wenn des kind noch gar

A wa:r i"s-
B net getroffe hot brauch mer des kind no net so zu

A des kind stellt so" viel o: die hängt sisch an die
B heeße↓              un unne des annere mädl-

A an die wäschelei/ äh stange- * die robbt im summer die

A sträuscher ab↓ die robbt    blume ab↓
B                SETZT AN kinner stelle a"lles

A oh die stellt jo alles nä:"-  * annere
B an mer kann se net feschtbinne↓

A kinner net↓ awwer ihrn↓
B                                  zwei:↓
C →ja wieviel wieviel kinner wieviel kinner hawwen sie↓

A                      un    wenn se was macht un sacht
B                                  acht un drei↓
C >zwee-< * wie alt sin se=n↑

A jemand dann schenne sie sie noch un heeße
C        >mhm< un welles war=n des die klä oder

A sie die leut alles zsamme↓
B        nä die größer↓      ja↓
C die große-       die größer↓   HOLT LUFT

A                                nä des kann mer nit awwer
C naja kinner ka=ma net immer abinne mer kann net immer <mer

A ma kann se erzie"he↓                                wenn se
C kann net immer n schutzmann dahinner herstelle->

A derre jetz was saache macht se=s in fünf minute selbsch

A der herr kellergeischt schennt immer mit erre↓
B ja wei"l se stur werre weil se stur werre      die kinner

A nä weil se nit erzoge       sin des isses↓
B weil se nur gescholte krigge         die krigge nur
C                                         ja- *

B geschunde↓
C basse se mol uff- * frau beck känne mir uns net

C so einigen↓ daß mir folgendes sagen↓ * äh- * die frau

A                               do hett se e
C kraft- * entschuldigt sisch fer des was se gesacht
```

Transkript: 03 **Seite 14**

A drei"vierteljohr zeit gehabt sisch zu entschuldische dann hett
C hot-

A isch es alles- * wenn sie" am annere dach kumme wer- * un het

A gesa here se mol frau beck isch war geschdern uffgeregt- *

A äh isch möscht misch entschul/ wer die sach unnerm disch

A gewese↓ * awwer so" hot se e ga"nzes dreivierteljahr zeit

A gehabt un i"sch ho/ i"sch war belastet isch bin jo ni=mehr

A so jung wie sie"↓ isch trag so was annersch
C ja des is klar des sieht mer des is klar-

A rum wie sie↓ un des was isch agewwe
C ja:" des des geht uns äldere leut geht

A un gesacht hab des stimmt mit de bollizei
C des e bissl mehr noch des is klar↓

A üwwerein↓ ne↑
C mhm↓ sie wolle also- * sie wolle wa/ hab isch sie

C jetzt so rischtisch verstanden frau beck- * daß sie also jetzt

C hier praktisch zum ausdruck bringen wollen- * daß sie nischt

A nä uff die" art nit mit
C bereit sind hier sisch zu einigen sondern-

A entschuldigung↓ * wenn se nit irgendwie äh: e strof oder was

A kriggt denn isch hab jo allä schun fuchzisch mark bezahlt
C →haja do

A damit- isch üwwerhaupt die sache
C drum dreht-← rischtisch rischtisch rischtisch rischtisch↓

A in gang bring↓ un un was isch=s ganze
C * des is klar↓ nä nä:↓ * isch würde-

A johr äh belastet war domit↑
C ja:↓ mhm- frau- * frau- * äh frau

C beck↓ * ←wir sind also kei"n gerischt→ des hab isch vorhin

A ja drum ewe drum ewe
C mit- mit ab/ au/ mit absicht zum ausdruck

A bin isch mit einer- * entschuldigung nach eme dreivierteljohr
C gebracht↓

A ni"scht mehr einverstande↓
C mh sie muß jo a die koschde vum verfahre

Transkript: 03 Seite 15

A wer i"sch↑
C üwwernemme↓ * wenn sie mit einverstanne is↓ * die frau kraft↓ *

A denn da"ß isch
C müßt ja auch die koschten vom verfahre üwwernemme↓ so is=es

A im rescht bin do zweifel isch kän mome"nt isch hab zeuge↓
C net↓ ne-

A un des beruht alles uff wahrheit-
C SEUFZT naja hehe des woll=mer erschd mol des woll

A un daß se lügt des hot se vorgs johr bewiese↓
C müß=mer erschd emol seh wie=s beim geri"scht is↓ * net↑

A do war nämlisch a" nix dro wohr↓
C äh:- wie des- ne wie des also beim

C gerischt ausgeht is eine andere frage wa"s do noch vun de zeuge

C üwerisch bleibt ha=mer schon zu oft- * erlebt↓ jetz mol e

C annere frag frau kraft↓ * wäre sie" mit dem vorschlag

C eiverstanden↓ * daß sie sisch entschuldigen- * übernehmen die

C kosten des verfahrens des #sin also die fünfzisch mark-# * äh
K PAPIERRASCHELN

C die die frau beck als vorschuß- * bezahlt hat↓ * äh:- * un daß

C dann die frau beck sisch verpflichtet ihren- * strafantrag

C zurückzunehmen- * un daß dann die geschischt ausgestanne is↓ *

C un daß mir uns noch einigen- * darauf: daß sie sisch: erkl/

C gegenseitig erklären- * in- * dieser urkunde daß bei- ** dingen

C die die kinder angeht- * daß die frau beck die kinder in ruh

A in ruh loßt isch=ab die k/ derre kin/ derre
C läßt und sisch mit ihnen in verbindung setzt↓ ne-

A ihre kinner noch nie was zu weh gedan↑
C wäre sie domit

A RÄUSPERT SICH
C eiverstanne↑ * <wann ne"t-> * muß isch der frau beck

C die bestätischung geben daß wir heute erfolglos verhandelt

C hawwe↑ * dann geht=s zum gerischt was dort rauskommt weeß

C isch nadierlisch net↓ ** vor allen dingen koscht=s mehr geld↓

A also isch brauch kä angschd zu hawwe↓
C des is des als erschdes schun emol↓

Transkript: 03 **Seite 16**

A des was isch geschriwwe hab un do des stimmt uff wahrheit un

A isch kann noch mehr erzähle↓
B ja un mei"ne entschuldigung↑ *

A ja die hawwe sie jo nit gebraucht↓ inwiefern↑
B isch bin dermaßen auch beleidischt worre↓
C ja sie" hawwe ja- * sie hawwe- * frau- * #ehe he# öh:-
K LACHT GEKÜNSTELT

A isch hab sie nischt beleidischt↓
C frau beck da muß isch- * frau beck jetz here se mol uff↓

A des änzische was- des änzische was isch
B isch soll immer nu:r↓ (...) mei mei
C frau be:ck- frau beck jetz basse se mol uff- * frau

A nunnergerufe hab sie sin jo e bledi kuh weil se üwwerhaupt
B (...)
C kraft- * jetz basse se >frau kraft< jetz-

A misch gar net zu wort kumme lasse hawwe↓ * ja-
B jetz fangt=s schun a: LACHT LEICHT
C frau-

A nä nä:" sunsch hab isch nix gesat was anneres
B un=s annere net↑
C ne- äh:-

A z/ is des hawwe sie in die welt gesetzt↓ des due sie jetz
C äh sehe se frau-

A sisch rausredde↓
C äh frau beck- * sie gewwe ewe jo selwer zu daß

A nachdem
B ja↓
C sie die frau kraft au"=beleidischt hawwe↓

A sie misch a"lles zusammegeheeße hot misch nischt zu wort kumme
C wisse se-

A losse hot↓ haw isch gsa ach sie sin e
C jetz basse se uff↓ sie gewwe- * sie

A bledi kuh un känne kä kinner erzieh un hab mei
C gewwe- sie gewwe des e":we-

A fenschder zugemacht↓
C sehe se↓ jetz hawwe mer folgende reschtslage

C frau beck jetz here se mol gut zu↓ * wenn se jetz zum gerischt

C gehe- * um- * die frau kraft- * anzeigen↓ * dann kommt die

C frau kraft↑ * un sacht- * der herr vorsitzende von der

C vergleichsbehörde↑ * hat des gehört↑ daß die frau- * beck

Transkript: 03 Seite 17

A ah höre se
C zugegeben ha"t↑ sie hat zu mir du blödi kuh gesa"cht↑

A mol wenn ihne dau"ernd jemand was in ä:ner dour zusammeheeßt-
C ne <dann hebe sisch- * dann hebe sisch nämlich- * dann hebe

A drecksau wildsau isch
C sisch nämlisch> die beleidischunge nach=em stra"fgesetz- *

A bin mei gonzes lebe ehrlisch- * isch wohn vierefünfzisch
C dann hebe sisch nämlisch die beleidischunge- * ah ja- *

A johr do draus↓
C dann hebe sisch die beleidischunge nämlisch gegenseitig

A awwer nischt- * e blödi kuh is kä wildsau un kä
C au"f↓ beim gerischt↓

A drecksau un kä ve"rgasung un kä aldersheim↓* da"s is n
C ja: LACHT frau äh-

A unnerschied↓ wa"s isch zu jemand sag↓
C des mag durschaus sein- frau beck des mag

C durschaus sein daß die frau kraft- * hier etwas massi"ver war

A etwas des war schun e ganz bissel viel↓
C in ihrer ausdrucksweise↓ net↑ LACHT des is

C klar↓ * net↑ * awwer- ** wie sie jetz selwer zugewwe- * ware sie

A awwer erschd nachdem-
C ja au"ch ni"scht ruisch auch wenn se <hinnerher-> *(...)*
K SETZT 4MAL AN

A * isch muß misch jo schließlisch a" wehre↓ wenn isch
C ja is klar↓ * okay:↓ is- * ja

A so viel schandtate ins gesischt geworfe grigg↓
C de/- * is- * is- * is geritzt awwer do

C sacht ewe die reschtssprechung wenn sie sisch gewehrt hawwe is

A isch konnt misch jo gar nit wehre↓
C des praktisch schon vergolten domit- * un domit

A rischtisch wehre↓
C ausgeschtanne↓ wä"r des net n weg gewese den isch ihne

C ewe vorschlage hab sisch domit eiverstanne zu erkläre↓ * sunsch

A also
C zieht er a do drüwwe vorm gerischt rum e ewischkeit↓

A isch weeß daß isch vorm gerischt kä ongschd zu hawwe brauch↓ *

A de"nn mei krankheit- ** wo i"sch mi"tgemacht hab isch muß leb/

Transkript: 03 **Seite 18**

A le"benslä"nglisch muß isch uff de"s hie tablette nemme↓
C ah uff de"s

A +do"ch do"ch isch hab=s ans herz kriggt here
C hie net frau beck ach jo komm-

A se mol des muß jo moin arzt besser wisse↓ * isch hab
C des mu"ß er wisse=s

A damols n herzgnaggs griggt- * in derre nacht-
C rischtisch↓ * net↑ derf isch-

A isch bin
C derf isch mol froge frau beck wie alt sie sin-

A siewweneseschzisch johr↓ isch wer de negschde monat

A siwweneseschzisch johr↓ awwer des hot mi=m al/ isch=ab
C >mhm-<

A vorher e gesu"ndes herz gehabt awwer des hot misch so"

A geschlaucht we=ma in de"m alder- * so" was an de kopf

A geschmisse griggt- isch wohn jetzt
C des is- frau beck des is mit sischerheit

A vie"rnfünfzisch jahr in der siedlung↓ mir kann nie"mand
C nischt schö:n↓ >mhm-<

A was schleschtes nochsage oder daß isch streit gehabt hab mit

A jemond↓ * awwer sie" wohnt-
B ja weil sie nie/ niemand mit sisch abgibt

A oh: bei mir sitze jo- mit
B weil sie- * weil sie mit je"dem krach afange des sacht

A we:m↑ des sacht hekschtens
B doch die ganze siedlung↑

A die fra kellergeischt↑ * we:r↑ kein
B driwwe die leut wo se vorher gewohnt hawwe↑ die

A mensch↓
K #a:ch# ENTRÜSTET
B saache mir sin froh daß mer die fra beck los hawwe↓

A dann saache sie- * saache sie mir ei"n name↓
B sage die leut drüwwe ja:- isch kenn se net

A dann is es geloge↓ zu
B mit name↓ * die fraue↓ awwer die wohne

A mir- * sie sehe jo selwer daß bei mir im garde die leit
B in dem haus wo sie vorher ware↓

A vun drüwwe- * je"den dag- * doch↓
B ja awwer alle nit↓ nur die wo gern

Transkript: 03 Seite 19

A kein mensch schennt üwwer misch isch
B schenne↓ * sitze do↓ * an de garage vorne↓

A kann an de siedlung vorbeigehe↓ awwer sie" hawwe in ihre acht

A johr↓ * schun mit zwee" familie krach gehabt mit=s

A ke"llergeischts↓ do hot ihrn mann- * m alde kellergeischt

A sogar hibb agedroht↓ ja↓ * un ihr habt eisch
B ach gott↓

A a"lles zammegeheeße un er hot- * hinne in de in de
C ja-

A hausverwaltung sin die äh- unnerschrifte vun de leit↓ blo"ß
C ja: frau frau beck- * ja:↓ frau beck

A weil se sisch jetz wie e schäfele hiestellt un mi"r
C des hot jetz awwer mit dem- * ja:↓ * nä↓ des hot jo mit dem

A ebbes in die schuh schiewe will↓
C fall- * des hot jo mit- des hot jo des macht

A isch find sie ste/ sie sch/ stehe mehr
C se jo net↓ →jetz muß isch ihne was sage-← * >fra fra<

A derre fra bei als wie mi"r↓
C frau beck isch will- * isch

A bloß weil se bissel läschle du:d↓ *
C isch steh gar niemand bei isch will- äh:

A awwer fer misch is die sach ernschder↓ * doch↑
B des hot mit läschle gar nix zu du des sacht die
C frau beck isch steh- * frau beck-

A die gonz- * sie känne mir kän äner nome
B gonz siedlung do kenne se- * jeden hieschicke-

A saache vun de siedlung↓ genauso kännt isch zu ihne
B jedes wo- wo hörsch nur-

A sage die go"nze siedlung kann sie" net leide↓
B genau wie die frau kellergeischt hot bei
C >ja:↓< * so"-

B de arbeiterwohlfahrt gesacht- * der fall jetz mit de frau
C wa/

B beck ne- oh heere se mer u"ff mit de:"r↓
C ah der indressiert misch doch gar net↓

A ah misch kennt doch gar niemand vun de wohlfahrt-
B de"s krigge se gesacht ja- * weil se
C →>moment-<← * also- (...)-

Transkript: 03 **Seite 20**

A ah wie kann=n die fra des saache wenn
B weil sie kä:ns wolle↓
C ja- ne-

A misch vun de w/ arbeiderwohlfahrt üwwerhaupt niemand kennt↑
B ja aber so is=es↑ so is es↑

A a=s konn isch konn doch nit üwwer jemond schenne wann isch
B mit niemond mit ihne will doch

A jemond üwwerhaupt no=nie gesehe hab↑ * a:ch gott
B sisch üwwerhau"pt niemond abgewwe↓

A lüge sie als- <sie" sin vielleisch verloge↓ *
B so is es awwer↓ +nei:n↑
C äh: frau beck- fra/ frau beck un frau kraft-

A denke sie an die geburt vun ihrm kind wie se do geloge

A hawwe↓> isch bring vor gerischt alles vor↓ kenn/
C <frau beck->

A de"s saach isch ihne↓ isch loß misch ←ni"scht- * von
C ehä-

A i"hnen- * profoziere↓→
B nä- * des nä des is awwer wohr↓ des is be/

A sie känne jo kän äner no"me sage isch kann ihne
B män isch jetz net bees↓

A wenigschens die nome- nä weil
B weil isch geb misch net mit de leit ab isch=ab n haushalt

A mit ihne niemond vun ihne niemond was wisse will↓
B zu versorge un zwee kinner↓ oh

A so is es↓ ja: ja zu ihne↓
B zu mir kumme arg vie"l↓ awwer jedes-

B des mä"n isch net bös↓
C <frau beck-> →jetz emol schluß mit diesem- * frau

C beck un frau kraft jetz hert emol uff↓← * jetz reischt=s emol↓

C ** isch stell jetz noch mol die frog- ** seht- ** kumme mer

C irgendwo klar- ** isch män mehr- * mehr als die fra do do d/

C isch kann vun de frau kraft net mehr verlange als daß sie sisch

A ja awwer des was sie jetz noch do
C entschuldischt frau beck↓ * mehr is- * mehr is-

A vorbringt mit mir ded niemand redde↑ des stimmt
B ja des sage
C net mir mehr is- mehr is-

Transkript: 03 **Seite 21**

A ja- ja sie- die ganze
B i"sch sag des net des saache die ganze leu"t-

A leut a sie müsse doch n na"me saache kenne↓ *
C a na-

A wenn se irgendwie was-
B die kann isch ihne a bringe wenn isch weeß was fer n name
C frau kraft- *

A a:ch- * wer dann↑
B daß se hawwe↓ des spielt doch kä roll
C eine frage were sie- * were- * were sie bereit sisch-

A des is bloß die fra kellergeischt wo hetzt-
B we"r des is große teil üwwerwiegend * nein↑ * nein- * des
C fra kraft- * jetz here se mol jetzt

A mit denne wo er n haushoher krach
B is ni"scht wahr↓
C hört mal uff fra kraft were sie bereit sisch zu entschuldische

A gehabt is jetz freundschaft↓
B ja warum net↑ wenn des
C un mein vorschlag uffzugreife ja oder nä↓ ne↑ *

B beideseitische entschuldisch=is- * is fer misch der fall
C >also↓<

A i"sch hab misch ni"t zu entschuldische <s werre sie
B erledischt↓

A nie" erlewe↓> nie:↓
C so fra beck- * sie hawwe ewe awwer selwer eingeräumt

A isch hab gesagt nachde"m se misch alles zsammegeheeße
C daß sie- okay:↑ *

A hot muß isch misch jo a" wehre isch reagier jo do a"↓ un
C gu:t↑ s wehre- *

A saach a du blödi ku↓ * du kannsch kä kind erziehe↓
C s wehre wär hier gewese↓ s wehre wär hie/ hier gewese↓

A un hab mei fenschder zugemacht↓ wei"l isch nit zu
C >ja↓< also sie s/

A wort kumme bin bei=ere↓
C okay↓ →also sie sin-← * sind sie

C mit einverstanden wenn sisch die frau kraft bei ihne

C entschuldischt daß sie sich au"ch entschuldische daß mer n

A ja m/
C vergleisch mache oder net↓ * ja oder nä frau beck-

A es kummt druff a was noch debei: was sie no"ch zu:

Transkript: 03 **Seite 22**

A irgendwie- * grad mit entschuldische do bin isch nit

A oiverstanne↓ sie muß jo
C <entschuldij=un=die fuffzisch mark koschde

A schließlich a:" fer de"s was se misch zammegeheeße hot
C üwwernemme ja↑ oder nä:↓>

A was i"sch ausgehalde hab- * irgendwie gestroft werre↓
C ä

A wenn sie" des nit mache muß isch=s halt
C strof kann isch net ausspreche frau beck↓

A do"ch vors gerischt bringe↓
B also sie will=s nischt↓
C also in ordnung↓ KLOPFT AUF DEN TISCH

A sie könne- * sie könne ihre en en betrag sage den sie dann

A äh- * bringt awwer ga"nz grad mit=erre entschuldischung nach

A eme dreivierteljohr ka"nn isch des jo net↓
C sie muß jo a sie muß jo a

C die koschde bei uns vorm gerischt üwernemme- ** also unser

C gerischtskoschde hier die fuffzisch mark die muß sie üwerne"mme↓

A ja un moi fuchzisch mark-
C des wäre die fuffzisch mark die krigge

A >na ja↓< *3*
C sie↓ ** die muß sie ihne ersetze↓ *3.5* die"

C muß sie ihne ersetze↓ * des is nadierlisch vorrau"ssetzung↓

A was misch am meischte noch lie/ is des was sie do alles

A uffdischt- * die leu"t däde alles saache un debei kann se kän-
C haja fra- * frau beck sie ware jo a

A debei- do"ch isch wa:r↑ isch wollt
C net grad zimberlisch↓ ha nä sie ware

A emol seh wenn i"hr fra- ** so" zsammegeschennt werre
C net grad zimberlisch↓ ne↑

A det ob die" nit irgendwie reagiert un sacht du blödi kuh

A kannsch kä kinner erziehe↓ * da"s möscht isch emol sehe↓

C >hn-< ** däde sie do mitmache wann isch also jetzt- ** wenn

C sisch die frau- * kraft entschuldischt übernimmt auch die

C kosten des verfahrens- * die fuffzisch mark die sie ihne

Transkript: 03 **Seite 23**

C ersetze mu"ß- * denn sie hawwe die koschte vorgelegt- * äh: daß

C dann die geschischt ausgeschtanne wär↓ ** also i"sch würd=s uff

C alle fäll fer vernünftischer halde als zum gerischt zu geh↓

A ah vun i"hrm standpunkt aus↓
C ←vun ihrm standpunkt↓→ *

C wann se beim gerischt ware däde se=s a" seh daß es vernünftischer

A nä des glaab isch net↓ isch ded mir nämlisch n a"walt nemme
C war↓

A dann käm mir nämlisch uffs geld üwwerhau"pt net a mir kummt=s

A a so" nit druff a↓ mir kummt=s lediglisch
C →dann nimmt dann nimmt sisch die f/← dann

A uff mei rescht-
C nimmt sich die fra kraft a"=n awalt- * wiss=se was des dann

A des is mir ega:l↓ i"sch
C koscht↑ wann die fra kraft a=n awalt nimmt un die

A kann mir des in dem moment- de"s
C gerischtskoschte dann hawwe se zweedausend mark am #bä↓#
K BEIN

A kann isch mir leischte↓ wenn=s um mei gesundheit un um

A mei rescht geht↓ * denn isch bin mir sischer un bin f/ un hab

A so" viel zeuge wo- * wo a"lle saache kenne daß sie" nischt

A beliebt is im haus un de"s dreht de"n stiel dreht sie jetz

A um↓ * un des kann se mit mi"r nit mache↓ isch war
C ATMET POINTIERT EIN UND AUS des is also-

A drei"ßisch johr berufstätisch bin do owwe nit beglobbt↓
C ja:-

A isch kenn a e bissel die gesetze↓
C des hot a niemand behauptet- * des hot au niemand behauptet↓

A awwer des nimmt sie" vielleisch a weil se-
B nä des nemm isch ganz

A weil sie jetz alles ufftische un grad den spieß
B un gar net a↓

A rumdrehe↓ sie hette zu mir
B isch sag nur was die leit saache frau beck↓
C naja ihr habt eisch alle zwee nix geschenkt↓

A kumme kenne un hette saache kenne here se mol- * was war=n
B #(...)# net↑
K KLINGT WIE "MEE"

Transkript: 03 **Seite 24**

A do dann hett isch zu ihne gesacht- * isch hab zu de petra gesacht

A die- * derf die wesch- * n=mit stäner schmeiße↓ * a wenn se nit

A trifft grad so gut hett se treffe känne des war so n stä wie moi

A hand↑ * un war ganz kandisch↓ * ne↑ * un nit #em=ä# als mutter- *
K STOTTERT LEICHT

A sisch unne hiestelle un in ä"ner dour ohne unnerbreschung- *

A so alle schandwörter raussage↓ isch hab misch
C →naja-← fra beck jetz mache mer mol

A geschämt vor de leit- * un weil isch runnergange
C folgendes fra beck- * jetz hern se mol uff-

A bin- * des war nu"r- * um die leit zu froche was se- * was sie

A alles gehert hawwe↓ nit weil isch geschennt hab isch war gar nit

A isch- * so uffgeregt isch war gar nit in de lag üwwer sie zu

A schenne↓ * un des wer a gar net agebrocht↓
B un daß isch dodgeschlare werd
C >naja↓<

B vun ihre verwandtschaft hawwe se unne de fra klamm a" net

A isch=ab- * vun do:dschlare isch=ab gesach moi
B vazählt↓ na:↑

A verwandte denne dürft isch des gar net saache die däde was
B oh ja↑

A ganz anneres mit erre mache des wort totschlage is
B die däde se dodschlache

A üwwerhau"pt nit gfalle die frau klamm hot des nit g/
B wortwörtlisch↓

A rischtisch gehert↓ * die red so un red so:↓
B wenn=s net wohr is dann sage se=s un

A ja wenn ich se seh werr ich=s=re sa:ge morje↓
B un un ja:↓
C des is- * ja- * un des is- * des is des is dann ihr

A isch genier misch nämlisch net vor de leit- * isch hab
C zeugin frau beck↓ <so- * jetz- *

A e reines gewisse↓
C frau #beck-# * jetz machen mer schluß- #*# jetz reischt=s↓> *
K SCHLÄGT AUF TISCH SCHLÄGT AUF TISCH

C äh isch- * diktier jetz emol- * einen #←vergleichsentwurf↓# *
K BETONT DEUTLICH

C sie hören zu↓→ * wenn se mit oiverstanne sind- * okay↑ * wenn

Transkript: 03 **Seite 25**

C ni"scht dann sage se=s glei↓ ** klar↑ * dann sage se mer=s
A RÄUSPERT SICH
C glei dann mache mer des buch zu- * dann müsse=sisch

C halt vorm rischter- * rumschlagen↓ #also ziffer eins- *3*
K DIKTIERT

C die antragsgegnerin- ** bedauert- ** ihr verhalten das am
K

C zehnten dritten neunzehnhundertdreiunachtzisch: dazu geführt
K

C hat- ** daß sie- * die antragstellerin- * beleidigte↓ *8*
K

C sie entschuldigt sisch hierfür↓ *7,5* ziffer zwo- ** äh- **
K

C die parteien- * versprechen- ** in zukunft- * alles zu
K

C vermeiden- * was: zu neuen streitischkeiten führen- **
K

C könnte↓ *4* die antrag*stellerin- ** erklärt sisch: bereit- *3*
K

C in fällen- * in denen es anlaß geben könnde- * sisch: über die
K

C kinder- * der antragsgegnerin- * zu ärgern oder zu beschweren-
K

C ** sisch mit den eldern- * der kinder- * in verbindung
K

C zu setzen↓ *2* ziffer drei-# * sind=soweit↑
D: #verzeihung↓# **
K DIKTATENDE ERSCHÖPFT SEUFZEND

C *13,5* #ja ziffer drei↓ ** die antragstellerin- * verzischtet
K DIKTIERT

C auf privatklage- ** und- *4* nimmt den- * beim amtsgerischt
K

C pfarrheim- ** erhobenen strafantrag- * zurück↓ *4* ziffer
K

C vier- * die antragsgegnerin- * erstattet der antragstellerin- **
K

C die in dieser sache- ** vorgelegte gebühr der vergleischsbehörde-
K

Transkript: 03 **Seite 26**

```
C * in höhe von fünfzisch d.m.↓# *12* so jetzt- ** oiverstanne ja
K                           DIKTATENDE

A          ja isch will jetz erscht mol here was sie" mache
C oder nä↓

A muß↓ * isch kann jo net grad uff mei" geschreibsel äh
C                  sind sie-

A äh:- * reagiern↓
B                            warum net↑
C sind sie- * mit oiverstanne↓          also sie wäre mit

A             ja sie is mit oiverstanne awwer vun entschuldische
C oiverstanne↓

A haw isch no nix gehert↑
C                         hab isch diktie"rt- * sie" entschuldischt

A                   ja sie entschuldischt sisch awwer bei mi"r
C sisch hierfür hab isch ganz eindeutisch-

A hot se sisch no nit sie" hawwe des a/ des wort
C                 da dö/                ja des

A entschuldischung bei mi"r hot se sisch no nit
C is rischtisch-

A entschuldischt↑           un vun fünf vun fünf
C moment-         frau beck↓            <frau beck> frau

A steht steht a" nix drin↓              vun dem was sie
C beck moment moment↓* des gibt- * bitte↑

A bezahle muß steht a" nix drin↓
C                              KLOPFT MIT AKTEN AUF DEN TISCH

A                         mir awwer nit↓ * isch män sie sin
C #jetz reischt=s awwer↓#
K GEHAUCHT, VERZWEIFELT, VERHALTENE WUT

A nit gerescht wenn se wenn se bloß mi"r des vorlese↓ *

A isch bin jo schließlisch die an/
C                              <isch hab- * moment frau beck

A                                                   ja: des is
C isch hab hier den ←vergleischsentwurf diktiert↓→>

A rischtisch↓
C so" wird es geschrieben so wird es von eusch bei"den

A                    ja:↑ aber sie hot noch nix gesacht vun
C unnerschrieben↓ **      des is also die vergleischs/- * des

A entschuldisch misch oder so↓
C is-                          #sie unnerschreibt hier diese
K                              WIRD IMMER INTENSIVER
```

Transkript: 03 **Seite 27**

```
A               un des is alles↓
C erklärung↑#                     un die wird #if/ schrif/#
K                                             STOTTERT LEICHT

C wird schriftlisch au"sgefertischt die kriegen sie bei"de

A                                                ja un vom geld
C zugestellt↑ ** <was wolle se=n dann #noch↑>#
K                                        SCHLÄGT AUF DEN TISCH

A hawwe se no=nix erwähnt ewe do:-        dann haw isch=s
B                         doch is  drin↓ *

A ewe üwerhört↓
C frau klarlack lese se=s noch emol vor- *
D:                                        ziffer vier- * die

D: antragsgegnerin erstattet der antragsstellerin die in dieser

D: sache- * vorgelegt/- * die in dieser sache de"n in dieser sache

D: vorgelegten gebührenvorschuß der vergleischsbehörde in höhe von

A                         >na-< ** hei"t weeß isch↓ * wenn des
D: fünfzisch d.mark↓ *4*

A noch emol is daß isch ga"r ni=mehr doher geh daß isch mer glei=n

A awa/ wenn se misch no"ch emol so irgendwie beschimpft oder

A beleidischt- * geh isch do"her nimmer- * sondern isch nemm
C                                         s bleibt ihne ga:"r

A mir en anwalt un geh glei" uffs gerischt↓
C nix anneres üwerisch frau beck↓ no kummt der

A                ja↓ * un der kann sisch-
C anwalt zu mir↓       des bleibt ihne ga:"r nix anneres

A   der find die bessere worte vielleisch wie isch↓
C üwerisch↓ als a" widder zu mir zu kumme↓

A awwer uff de"s geh isch dann ni"scht mehr ein des mach isch nur
C ne↑

A einmal↓ *
C           frau beck sie können hie"r noch erklären sie sin net

A                                        ja des weeß isch↓
C mit oiverstanne↓ * des steht ihne frei↓

C des steht ihne frei des könne se saache dann krigge se vun mir

A                 isch wollt jo domols no nit emol
C die bescheinischung- * dann gehe se zum amtsgerischt↓

A uffs gerischt gehe↑ * #isch bin erscht# uff die bollizei
                          HUSTEN
```

Transkript: 03 **Seite 28**

A un un un hab gesa=isch möscht anzeige mache↓ dann hot der
C mhm-

A bollizier/ zischt mir gesacht wie des alles vunstatten geht
C jawoll- *

A daß es üwwer de staatsanwalt- un so weiter↓ un=no haw
C s rischtisch- * genau- ja- ja-

A isch zu dem bollizischt gesacht höre se mol also- * isch

A möscht- * äh: die leut brauche ihr geld isch mö"scht des nit

A üwwer de staatsawalt gibt=s do noch e anneri möglischkeit- *
C nö →des is-←

A n=hot e"r zu mir gesacht ja↑ * äh mi"r könne äh rausfahre zu

A der frau- * un känne ihr die meinung saache- * un saache äh

A daß wenn se sisch nit in die ordnung fügt daß se dann äh
C ATMET LAUT

A s nägschte mol schlage mir zu↓ * un=na hab isch gesacht gut

A do bin isch mit einverstanne- * awwer gebe se mir äh bescheid

A ob des äh:- ** erledischt is↓ * un ent/ an/ isch bin dann nach

A haus es war samstags un=äh un=no is e"r- * zu der familie gefahre

A un hot se nit agetroffe↓ * un=na hab isch die anner woch druff

A gewartet- * un äh hab agerufe was war↓ un do hot er zu mir gesacht

A ja mir sin glei nachdem sie do ware zu der familie higefahre

A awwer- * s war niemand do↓ * mir versuche=s jetz die tache noch

A emol↓ * un des hot sisch so" in die länge gezoge- * un- * dann

A bin isch mal pers/ hot er gesacht ja sie känne kumme- * un=no

A bin isch noch emol hie:"- * un do hot er g/ grad widder fort

A gemüßt uff streife↓ * n=no war mir die sach zu dumm un hab gesacht

A isch kann doch nit jeden dach do her lafe oder arufe- * äh- *

A isch du jetz strofazeig mache↓ hätt des domols geglabbt wär isch

A nämlisch gar nit so weit gegange↓ wollt
C ne un sie sehe jo was hat de

A isch des gar nit hawwe↓
C staats/ frau beck un sie sehe jo was hat de

Transkript: 03 **Seite 29**

A awwer irgendwie muß sie jo wisse daß sie nit mit jedem
C staatsawalt aus de straf/-

A des grad ma"che kann was sie vorhot↓ die lei"t alles
C äh- frau beck was hot de

A zammeheeße↓
C staatsanwalt aus der geschischt gemacht- der hot wie isch=s

C erwartet hab glab oi"geschtellt un hot sie uff den weg der

A ah ja so sache werre jo (...)
C privatklage verwie"sen↓ sie sehe also die bollizei

A de=s net wohr↓
C hot net viel devu wisse wolle de staatsanwalt will net devu

A der mann hot kä zei"t gehabt↓ entweder er hot
C wisse- #ah ja↓#
K IRONISCH

A frei gehabt an dem dach oder er hot äh:- * streife gehabt↓ **
C >ja↓<

A awwer so is=es nit isch hab den zeddel vun de staatsanwalt

A nämlisch a" do↓ * daß isch zu jeder zeit äh- * den atrach

A stelle konn un im notfall daß die fra gestro"ft werd↓ * mit

A einer st/ geldstrafe↓ * so is=es nit wie sie mir des jetz so

A harmlos do hilege↓ ja isch
C den zeddel hab isch do:- * vun de

A a:"↓ ja:↑ (...)
C bollizei- * isch weeß was do rauskummt aber sie" net↓ * LACHT

A isch weeß awwer was- isch weeß
C de=s der unnerschied zwische u"ns zwee↓ * daß sie=s net

A es↓
C wisse↓ daß es awwer i"sch weeß↓ * ne- * äh frau beck es hot

C kän große sinn mehr- * do länger zu drüwwer zu diskudiere- *

C sin sie mit dem vorschlag oiverstanne- * ←o"der- * ni"scht↓→

A * isch bin oiverstanne awwer z/ RÄUSPERT SICH zur frau kraft

A möscht isch saache wenn se misch noch ei"nmal so beleidischt

A daß isch da"nn- * annere schritte unnernemm daß isch mir

A des e zwe"ttes mol ni"scht leide loß↓ * des känne se mir
B wenn sie- * wenn=s nicht stimmt wenn sie mir kän grund gewwe

Transkript: 03 **Seite 30**

A ohne- * isch hab ihne kän grund gewwe isch hab sie jo kaum
B oder wenn mei kinner wi"rklisch was astelle- * känne se zu mir

A gekennt↓ * genau wie sie- * genau wie sie
B kumme- * sie werre garantie"rt bestroft mei kinner↓

A saache doin bappalde wen mä"n=se=n domit↓
B isch ke"nn der monn net

A ja waru"m sage se=n dann doin bappalde des sin
B oder die männer wo mit ihne verkehre↓ isch ke"nn se net↓
C frau beck- äh- * nee-

A lauder so sache wo sie offe losse- sie
B so
C äh:- frau beck-

A hawwe kä zeuge sie känne mir nit saache was sie domit
B was hab isch awwer- * garantiert nischt gesacht↓

A gemänt hawwe↓
C äh:- * frau beck jetzt↓ * jetz hot=s

A sie redde sisch uff je"dem
C jetz mü/ irgendwann müsse mer e end hawwe↓

A aag raus↓
B (...)
C frau beck es reischt jetzt↓ frau beck irgendwann müsse mer e

C end hawwe es reischt jetz isch hab noch mehr arweit wie misch mit

A ja isch glaab=s:↓
C dem haffekees do zu beschäftische↓ * äh- ** die frau- * kraft- *

C underschreibt jetzt hier daß sie sisch entschuldischt↓ *

C in dieser erklärung hier bei uns↓ sie erklärt weiterhin- *

C daß sie ihnen die kosten vun fünfzisch mark ersetzt↓ * öh-

C *2,5* sin sie jetz domit oiverstanne ja oder nä <kä große

C erklärunge mehr isch mach do ne=mehr mit↓> * schunsch saach

A s is schwer fer misch
C isch frau beck gehe se zum gerischt↓ *3*

A glawe se des zu entscheide isch war f/ feschten felsen- * üwwer/

A äh- * daß isch uffs gerischt geh↓ *2*
C >frau beck-< * isch hi"nder

C se ne"t dra↓ * isch abbelier zwar an ihr vernu"nft- weil isch

A hm hm pf- * bringe se
C weeß wie so sache beim gerischt behandelt we"rden-

Transkript: 03 **Seite 31**

A des liewer de frau kraft bei isch bin vernünftisch↓
B also wenn se=s net-
C #→jetz
K BRÜLLT

B (...)
C muß isch ihne was saache die war bis jetz vernünftischer
K

A ja die hot allen grund ruisch zu sei↑
C wie sie←# net↑ <die war
K

A die hot allen grund ruisch zu
C bis jetz vernünftischer wie sie↓ des hab

A sei↓ ja:-
C isch bis jetz do hin noch nie no=nie erre partei saache misse

A ja:- * isch derf misch
C awwer ihne muß isch=s emol saache↓>

A bei ihne nit weh"re↓ * sie stehe jo mehr zu derre fra↑ *

A bloß weil se läschle dud- * un des kann isch nit da haw isch
C SCHNAUFT

A viel zu viel mitgemacht↓ *
C frau kra/ ** nä frau beck=sch bin

A doch sie känne sisch
C liewer ruisch↓ * schunsch kräge mer a noch krach s/ sunsch

A ruisch ausredde isch kann viel vertrage uff dem- * uff die
C krigge nä: nä: nä nä nä nä nä"nä nänä

A art↓ awwer so e schänes
C nänä nänä HOLT LUFT frau beck jetz zum ledschde mol #ja
K SEHR

A läschle kann isch halt nit uffsetze↓ isch
B ja isch muß jo zuhere
C oder- * ja-#
K ABGEHACKT

A bin a älder isch bin jo siwweneseschzisch ne↑
B was sie zu saache hawwe↓
C äh- * frau beck

C ja oder nä:↓ *1,5* mei ledschdes wort dann mache mer nämlisch

A >naja↓< ** isch versuch=s halt noch emol wenn nich
C schluß↓ *9* >ja-<

A un dann (...)
C * wie mache mer=s mit de fünfzisch mark wolle se se glei bezahle

B hn=jo is mir egal-
C oder- ja↓ →also← do schreiwe se noch noi
D ja↓

Transkript: 03 **Seite 32**

```
C äh: #die antragsgegnerin- * →äh die antragsstellerin← bestätigt
K      DIKTIERT

B                                                  muß isch jetz sofort bezahle↓
C den empfang des betrages↓# *3,5 *
K

B                                                        >is=gut↓< *3*
C da"nn müsse se sofort bezahle jawo"ll↓                            dann

B                                                                 könne si wexle↑
C bringe mer des glei in die #urkunde nei↓ *1,5*#
K                                     RASCHELN

A        s kummt mir vor wie n kuhhandel↓ **              wie n
B #*17*#
K HANTIERT MIT HANDTASCHE
C                                                     HOLT LUFT des mag ihne

A rischtischer kuhhandel↓
C vorkumme wie se wolle   sie kumme bei uns noch relativ gut weg

A                                      i"sch kumm bei ihne- ah isch
C gehe se mol zum amtsgerischt was dort rauskummt↑

A bin doch diejenische wo gelitte hot↓ **
C                                                  HOLT LUFT ach frau beck=s

A                          nä↓ * bei ihne kummt man do nit dursch↓ *
C hot kän sinn mehr↓

A des haw isch schun gemerkt↓ *5* s tut mer leid isch kann
C     >hot kän sinn mehr↓<

A ihne nit wexle↓
B                         >(...)<
C                         wie     mache mer=s dann- * schicke se=s

B                                      ja↑
C der frau- ** der frau beck-      was hawwe mer heit heit hawwe

C mer de: de siebzehnte elfte↑ * dann schreiwe se nei↑ * #die
K                                                                 DIKTIERT

C antragsgegnerin- ** verpflischtet sisch- ** diesen betrag bis
K

C spätestens- ** ersten zwölften- * neunzehnhundertvierundachtzig
K

C an die antragstellerin- * zu über*weisen↓ *3* wird der betrag- **
K

C oder ge"ht der betrag- *3* bis zu diesem termin↑ *1,5* der
K
```

Transkript: 03 Seite 33

C antragstellerin ni"scht zu↑ *10* >nischt zu< äh so verliert der
K

C vergleisch:- * seine gültischkeit- *4* und das verfahren- * ist
K

C als gescheitert- ** zu betrachten↓# ihne also klar wann se bis
K DIKTATENDE

C zum erschte zwölfte der frau beck des geld ne"t geschickt

B ja muß isch des per post
C hawwe- ** dann is des verfahre so"-

B schicke oder >äh< kondo überweise oder was-
C hawwe sie e bankkonto

A ja-
C wo se=s ihne überweise könnt frau beck-
D >oder per

C natürlisch könne=s a per poscht/ wie is=n
D poschtanweisung-<

A mir is des egal↓ * wie se=s macht
B oder persönlisch
C ihne liewer↓ per poschtaweisung↑

A vun mir aus kann se=s in de briefkaschde oder persönlisch
B gebe- des is

A gewwe↓ dann kann
B also-
C ah nä in de briefkaschde macht mer sowas net↓

A se mer=s persönlisch gewwe↓
B nä-
C ne↑ ** mache se des- *

B ja mache mir↓
C ihr persö"nlisch ne↑ losse sisch e quittung gewwe des is

C kla:r↓ net↑ * do wär=s so wär=s wär halt am äfachschte gewese

C do wär=s do dri"n geschtanne awwer isch hab jetz a" net soviel

C oischtecke um=s zu wechsle↓ * ne↑ *2,5* okay:"- * dann hätte

C mer=s↑ ** müss=sie noch die erklärung unnerschreiwe- *1,5* un

C do" steht drin daß sisch die frau- * kraft entschuldischt frau

C beck- #*14* # so" damit is des verfahre
D # >da drunder bitte-< *21*#
K BEIDE UNTERSCHREIBEN

C erledischt sie krigge jetz in de nächschten tagen von uns

Transkript: 03 **Seite 34**

```
C diese- * äh erklärung un sie- * kümmern sisch drum daß die

B                               ja↓
C frau beck ihr fuffzisch mark kriggt↓ * net daß die

A                           sin se gut devukumme↓ * känne
C geschischt- * do da dran scheitern sollt↓

A se unserm herrgott in de kirsch da"nke↓ *9*
B                                              widdersehn↓ GEHT

A                  >widdersehn↓< GEHT
C widdersehn↓ *14*                   >widdersehn< pff:
D                                    >widdersehn<

C huiuiui
D    LACHT * RÄUSPERT SICH ** d=s königlisch bayrische amtsgerischt

C do havve se avver a rescht↓ nä:" nix-
D nix dagege gell↑
```

Titel		Die Mopeds
Nummer		3001.08
Dauer		22 min
Ort		Vergleichsbehörde im Rathaus einer Großstadt in Baden-Württemberg
Sprecher	A1	Gerhard Heilmann (Antragsteller – wollte die ständigen verbalen Entgleisungen seines langjährigen Nachbarn Herrn Boos gegen sich und seine Familie nicht mehr hinnehmen und hat einen entsprechenden Vorfall auf Anraten seines Anwalts zum Anlaß genommen, die Vergleichsbehörde einzuschalten)
	A2	Herr Karg (Anwalt des Antragstellers)
	B	Konrad Boos (Antragsgegner – hat sich immer wieder über Lärmbelästigungen durch die Familie Heilmann, insbesondere durch die Mopeds des Neffen und seiner Freunde aufgeregt; bestreitet die Beleidigungen: er kann sich nicht erinnern; seine Sprache ist mit bayrischen Einfärbungen durchsetzt)
	C	Herr Kastner (Schlichter – Leiter der Vergleichsbehörde im Rechtsamt der Stadt)
	D	Frau Klarlack (Protokollführerin)

Transkript: 08 **Seite 1**

C so↓ * nachdem wir komplett sin eröffne isch die
C vergleichsverhandlung in der sache des herrn gerhard
A1 ja-
C heilmann des sind sie herr heilmann vertreten dursch
B ja-
C reschtsanwalt karg- * gegen herrn konrad- boos↓ *
C ja↓ * uns möscht isch auch vorstellen mein name is
C kastner- * protokollführerin is- * frau- * klarlack↓ *
C für die beiden parteien kurz etwas zur bedeutung der
C vergleischsbehörde also die vergleischsbehörde is kei"n
C gerischt- * äh: wir können also niemanden verurteilen äh:
C wir können auch keine beweisaufnahme- * durschführen- *
C die aufgabe die uns der gesetzgeber zugewiesen hat besteht
C also darin daß wir versuchen sollt/ sollen in solschen- *
C dingen in solschen fällen mit einem rescht/ kriminellen
C unreschtsgehalt äh:- ** nach möglischkeit diese dinge vom
C gerischt fernzuhalten↓ * äh aus verschiedenen gründen
C zunächst einmal- * äh is der gesetzgeber der auffassung
C daß die gerischte sisch mit schwerwiegerend/ mit
C schwerwiegenderen dingen zu beschäftigen ha"ben und dann- *
C ergeben sisch ja oft solsche- * fälle- * mal aus dem aus
C der unmittelbaren nachbarschaft un wenn des erscht vor d/
C gerischt kommt äh dann verhärten sisch die fronten in aller
C regel ja so daß: dann das zusammenleben doch ernsthaft
C gestört ist un- * des will man also damit vermei"den↓ *
C äh eine kostenfrage is auch noch- * mit verbunden bei uns
C hier sin die kosten noch ziemlisch zivil- * währendem im
C gerischtsverfahren- * wenn da noch ba/ zwei anwälte
C beteilischt sin- * hat man schnell so etwa zwotausend mark
C beisammen ne↑ * des freut zwar die anwälte aber ihne dud=s

Transkript: 08 **Seite 2**

A2 ha ja
B ja sou is=es↓ **
C weh ne↑ herr karg sie schmunzeln↑

A2 (...) selbständig↓
C #hähähä# äh herr boos äh sie haben ja äh zu der
K LACHT

C heudigen verhandlung öh mit der ladung ja auch den schriftsatz

B ja hier habe ich-
C vom herrn rechtsanwalt karg erhalten↑ haben sie

C ja hier↓ * äh- * was haben sie" dazu zu sagen denn sie sind

B ja-
C ja- * am dranschten am einfache isch sie saache s war so↓

B also ich han nur dazu san so die"se äißerungen- * do schwör

B ich bei gott do soll i auf de a"lle zwei augen blind wern

B wann de"s von mein munde gekommen is↓ mehr kann ich nicht
C a mache se=s net so arg↓ jo-

B dazu sagen↓ * un denn hett i eine frage an herrn heilmann↓ *

B wann=s erlaubt is↓ * mehr nicht↓ herr heilmann
C →ja bitte bitte bitte↓←

B mir kennen uns doch einundzwanzig jahre i hab haben mi"r

B schon mi ein auseinandersetzung gehot ouwer hab i"ch sie schon

B mui persönlich beleidigt- * ja oder nein- * mehr will ich

A1 dazu möcht ich folgendes sagen- herr
B nicht wissen-
C ja bittschön-

A1 boos hat äh- * in den laufenden jahren↓ * öfter- * des

A1 öfteren- * vor ich selbst gehört habe- * diese äußerungen die

A1 ich jetzt zur öh zur anschuldigung gegen ihn vorbringe hab ich

A1 selbst nich gehört sondern sechs andere zeugen↓ * äh ich war

A1 nicht abwe/ ein ich war abwesend ich war also nicht anwesend↓ *

A1 äh aber äh wenn er sagt er hat mich nie" oder ni"cht beschimpft

A1 dann muß ich folgendes dazu sagen des stimmt nicht↓ * äh wenn

A1 die kinder ich habe drei kinder↑ * und meinen neffen im hause- *

A1 der lebt bei mir weil mein bruder geschieden is- * un diese

Transkript: 08 Seite 3

A1 drei diese kinder die spielen als manchmol durch die beengtheit
A1 unsrer gärten manchmal- * tennis oder hupsen- * seilchen
A1 oder- * also- * was man da auf die- * straße schreibt mit
A1 kreide und so weiter nich wahr so kinderspiele↓
C higgels sacht mer
A1 ja higgel ja↓ also↓ * und äh herr
C do in pfarrheim dezu↓ #hä hä hä hä#
K LACHT
A1 boos hatte sich äh- ** also au eh gegenüber diesen spielen- *
A1 also au"ch belästigt gefühlt und hat dann des öfteren mal- *
A1 des hab ich selbst gehört ja↓ * mal auch diese äußerung von
A1 zigeuner- * und gesindel↓ * se"lbst ich habe
A2 ou ou ou ou-
A1 des gehört↓ er hat=s von seiner terasse aus- * herüber von
A1 diesem gesindel oder zigeunern hat man also gar keine ruhe↓ *
A1 de"s hat er also gesagt↓ * und i"ch hätte ihm↑ * ich hätte
A1 ihm die hand gereicht wieder↓ * we"nn er es zugegeben hätte
A1 und hätte eh sich entschuldigt bei mir↓ * aber unter die"sen
A1 umständen↓ * ein glattes ablügen und leugnen- * das kann ich
A1 u"nmöglich- * annehmen↓ * >das kann ich unmöglich
C HOLT TIEF LUFT
A1 annehmen↓<
C äh- * un- * sie sagen eben herr heilmann der herr
C boos hätte des ihnen nischt direkt gegenüwer geäußert wie ha"t
A1 diese äh also
C er=s=n geäußert wie hot=n sisch des abgespielt↓ *
A1 öh fo"rtwährende anschuldichungen jetzt die letzten jahre meinen
A1 sie da"s↑ <oder meinen sie des vom ostersamstag↓>
C ne ne ne ne ne=s geht um den
A1 um die"sen vorfall↑
C um de"n vorfall um den=s hier geht↓ >jawoll
A1 ja also ich war abwesend i wir sind se"hr aktiv in der
C jawoll jawoll↓<
A1 rosenstadt- * in der kirche- * und in den vereinen↓ *
C mhm-

Transkript: 08 **Seite 4**

A1 und äh durch diese aktivität bin ich halt öfter in meiner
A1 freizeit unterwegs↓ *
C ich war a mol so n vereinsnarr↓
A1 <u>ja↓ und äh:</u> ich komme am- * ostersamstag nach hause und
C <u>#ähähähä#</u>
A1 da is äh sin natürlich einige jugendliche- * meine kinder ham
A1 freunde- ** äh einige jugendliche stehn vorm haus und äh es
A1 is ein kleiner- * zwergenaufstand↓ * und ich komm da rein und
A1 sage ja was is=n da los↑ * ja also herr boos- * der hat sich:- *
A1 fu"rchtbar geäußert und hat geschrien und äh da hab ich gesagt ja
A1 warum↑ * ah ja er hätt sich belästigt gefühlt- * durch
A1 irgendwelche- * geräuschentwicklungen- * oder durch die↑ *
A1 lacherei oder durch die- * simplerei von diesen
NM #hähähä#
K LACHT
A1 jugendlichen und hat dann natürlich diese äußerungen gemacht↓ *
A1 des hat meine frau gesagt na hab ich die umstehenden jugendlichen
A1 gefragt ob des stimmt↓ * sacht er ja"↑ * der herr boos hat diese
A1 äußerungen gemacht↓ * na hab ich gesacht also- * diese
A1 fortwährenden äußerungen die ganze zei"t↑ * und de"s jetzt
A1 dazu des i"s mir zuvie"l↑ * des dulde ich nicht↓ * ich hab
A1 zu ich hab auch zu herr boos ga"r kein wort gesagt sonst wäre
A1 vielleicht i"ch aus/ auch außer kontrolle geraten und hätte
A1 vielleicht auch etwas gesagt was man nicht sagen so"llte↓ *
A1 deswegen hab ich geschwiegen↓ * und hab mich beraten lassen
A1 vom herr karg und er hat mir diesen weg vorgeschlagen↓
C HOLT
B ja- jou-
C TIEF LUFT öh herr boos- jetzt passen se mal auf↓
C der herr heilmann hot ewe so schön ausgeführt daß ihr also
A1 <u>zwei jahre</u> zwei jahre bitte
C schon über zwei jahrze"hnte <u>(...)</u>

Transkript: 08 **Seite 5**

A1 die letzten die letzten zwei jahre↓
C zwei jahre↑ nä über zwei jahr/ loss

A1 ja zwei jahrzehnte hinweg ja- ja- *
C sisch mo- daß sie üwwer zwei jahrzehnte

A1 ja- ja-
C nachbarn- sind↓ ne↑ * daß sie also hellerstädter weg

C also so groß is ja die- * die rosenstadt gar nischt net↑ äh:

C daß sie also schon üwwer zwei jahrzehnte- * nachbarn↓ * sind↓

A1 ja-
C äh un daß sie sisch eigendlisch in de vergangenheit doch- *

C wenigschens kän grund gehabt hawwe- * gegenseitisch bö"se zu

A1 nein↓ * muß ich zugeben↓ nur nur die letzten zwei
C sein nemm isch doch aus ihrm ding ne↑ so daß es also im grunde

A1 jahre war=s nicht-
C ne naja mit ausnahme der letzten zwei jahre

A1 ja-
C die klammern mer mal aus ne↑ * daß ja eigendlisch so ihr

C verhältnis doch eigendlisch recht rei"bungslos war↓ * bis vor

C zwei jahren↓ * und jetzt auf einmal- * geht dann plötzlich

C da- * e theater los↓ * äh sie sagen das wäre hier nicht diese

C ausdrücke die ihnen also hier zur last gelegt werden↓ * was der

C herr karg schreibt von dem lumpengesindel kann man nischts

B ja-
C anderes erwarten diese zigeuner- diese idioten idioten

B ohu
C sollten keine kinder machen dann noch des was weider

C hier geschriwwe is wenn das so weider geht stesche isch noch

B ja- ja↓
C einen ab- des sin jo- * dinge- * wenn die behauptet

C werden die werde jo im allgemeinen net grad aus de lu"ft

B sou" is=es↓
C gegriffen↓ äh die kommen ja irgendwo he"r↓ * äh die

C isch mein wenn da so viel zeuge zur verfügung stehe auch wenn=s

C noch jugendlische sind- * eh: dann sind die doch irgendwo die die

C ka=ma jo net grad erfi"nden um ihne nen strei"sch zu spiele oder

Transkript: 08 **Seite 6**

C so was↓ * äh:- ** isch mein- * herr boos isch verste"h sie
C sie sin nimmehr de jüngschte äh: sie wolle vielleisch als
B ja breicht ich breicht ich-
C manchmol ihr ruh hawwe un dann- * öh läuft do so e ganzi
B ja- ja-
C jugendgruppe rum ähä un beim herr heilmann äh un da
C wird ma vielleischt als manschmal etwas ungehalten un: schie"ßt
C vielleischt emol zugegewwenermaße auch üwwer- * s ziel naus
B ja- * ich sag es wie=s woar↓ *
C könnt=s net so gewesen sein↓
B vie"r stunden der herr heilmann die frau
C ja" des will isch höre↓
B heil/ i"mmer wann de furt sin↓ * kommen de ganze
C mhm↓
B jugendliche- * zusammen auwer nicht achte und zäini sondern
B zwanzig un mal is me no"ch mehr↓ * un dann ham=s weider nix
B als wie äh die- * mopeds eingestellt da die vergaser net↑
C mhm mhm-
B da nummer en äh der herr heilmann wohnt in numero fuchzehn↓ *
B un der junge mann von numero nein der die schraubezieher in
B der hand ghobt un hot dauernd eingestellt und denn sin=s immer
B rau"s rei" #rro rro rro ratatatatatata↓# * a wa ma sou wos
K AHMT MOTORGERÄUSCHE NACH
B vie"r stund in einen zug↓ * äh anhern muß ja da do muß man
B die nerven verliern do mu:ß ma sich vergessen↓ * des mians
B amui üwerleng do- * i hab i woar noh an einem herzschlag- *
B is nur a wunder daß ich noch leb i hab gesagt wann des so
B weidergeht- * dann kenna s=mi auf #heubach# führn↓ *
K SITZ EINER NERVENHEILANSTALT
B das k/ is ni"cht mehr zam aushalten↓ * un do kenne=s- *
B in herrn heilmann sein unmittelbaren nachbar- * den herrn- *
B oberamtsmann hans waller seine frau fragen die hot a"lles mit
B angehert und eb sie was weiß von messer un von de:s un von selles

Transkript: 08 **Seite 7**

B un von andern↓ * un des wüll i au"ch noch sagen ich mein mi
B kann=s jo net u"nedig aufregen- * ich bin z/ zäin joahr- *
B bin i am bahnhof hab ich geschafft bin ich alle dag um drei" uhr
B auf- * um halwer viere i hob immer eine schicht gehat um ha"lwer
B viere bin i furt↓ * i hob meine gara:ge aufgeschlossen hob sie
B aufgemacht bin rausgefohrn un=n modo:r abgestellt- * daß i mein
B nachbar gerhard heilmann der=s au"ch e schichtarweider un meine
B ga"nze nachbar jo" net störn↓ * die ham mich bestimmt nicht
B ei"nmal gehert furtfahrn ouwer sunstwas un dann um ein uhr haw
B i immer feieramd gehot bin i heimkomme- * na haw i weng mi
B niederled na braucht ma doch ruhe net↑ * wann ma middernacht
B aufsteht und schafft und des sechs dage in der woche- * ja:↓ *
B wann do sou kinder s:=sull i jetzt sage do für die kinder
B springe des un sölles↓ * ja↓ ** (...)
C also sie wolle jetzt saache-
B ja-
C fer des fer des kinderspielen- hedde se noch verständnis awwer
B ja- haw ich kei"ne verständnis u:nd
C fer die rebaraduraweide (...) un so un fer de krach den ma
B die abga:sen- ja↓ * mir kring no"rdwestwind ham=mer
C nu mol mitmacht- aha-
B immer die komme alle ich kann kein fenster aufmacha↑ * ich kann
B kein wo"hnzimmer aufmacha↑ * die sämdliche gasen die abgasen
B die die d/ * dö"dliche- * dioxin des ding do↓ * net↑ * die
B kumme alle bei mir=ei alle in der wohnung muß zuschließen olles
B dichtbleim- * i hob scho efter zua meiner frau gesagt komm frau
B mir halden=s do nimmer aus- * mir setzen uns ein ins auto un
B foahrn auf die autobahn auf der autobahn her i ne"t so viel
B lärm un ne"t so viel grach un ne"t so viel ding als wie vom
B herrn heilmann do drüwwe↓ * un wann ma sich i hab=n herr
B heilmann angesprochen sog i- * mir worn jo per du noch bis zu

Transkript: 08 **Seite 8**

B einem datum net↑ * so=i ja gerhard warum duldst=n du des den
B vü"le grach den vüle↓ * sogt er ja die mopedfahrer komme net
B zu mir komme net zu mir↓ * ja (sog=s=ich) zu wem kumme=s denn↑ *
B kumme=s zu deiner frau wann es net zu dir kumme↑ * du hat doch
B immer=s dor auf un die foahrn immer nei und raus bei dir↓ *
B und dann- * dann äh moped vie/ viel net↑ * das ri"chtig groß
B krach macht un lauder so sache↓ * ja↓ * un do kenna=s en (andern)
B nachbar befrong do hob i no"ch zeigen un meine- * inleit kenna=s
B befragen des kann ma alles feststellen↓
C ja awwer mal e anneri frag
B ja-
C he:rr boos↓ * hawwe se net schun die polizei" geholt wenn
C se sisch dursch den lärm un dursch den krach belästischt
B ja: herr kastner also-
C fühle- * wär doch besser gewese als do- *
B <ja> moment a mol↓ ich bin finfesechzig
C irgendwie die gegend voll zu:- * (...)↓
B jahre alt und hab nie:"mand in mein leben noch
B angezeigt nun sull i mein nachbar anzeigen wo mir per du
B sin aus und ei ganga sin↑ * ja"hrelang a so wos sou wos
C (...) a is eigentlich- *
B bring- * do ded i mi=n e:"rzboden eini schämen↓ *
C ein schöner zug von ihne↓
B wann i sou" wos macha de:d↓ * und-
C herr heilmann jetzt emol e
B ja↓ e"rdboden=ei ded
C frage an sie wie verhält=n sisch des mit denne moped-
B i mi schämen↓
C →n kläne moment← wie verhält=n sisch des mit
A1 das war doch ma"ßlos übertrieben↓ * es is
C denne mopeds-
NM ja↓
A1 nadürlich so daß heutzutach hin und wieder mal ein jugendlich=n
A1 moped hat- * logisch↓
C ja do kumme mer net drum rum als

Transkript: 08 **Seite 9**

A1 diese- die mopedsucht und die die
C väter des kenn isch ja↓

A1 belästichung- * die seu"che↓ * diese mopedseuche is natürlich

A1 nicht nu"r in der rosenstadt sondern die is allgegenwärtig

A1 überall↓ und eh daß man von sisch dann
C ja rischtig↑ werd net bestritte↓

A1 daß des äh keine- * keine wohltuende beethovenneunte is diese

A1 durchfahrerei von den mopeds- zu-
C ah fer misch is die neunt a net

A1 ja ja des geb ich natürlich zu↑ aber
C a net wohltuend↓ #hä hä hä hahahahahahahahahaha#
K LACHT

A1 äh-
B wann ma viere/ vierenvierzig johr geschafft hot-
C +ja ja-
NM +awwer

A1 herr boos- es is ja so- * daß diese mopedfahrer einschließlich
B ja↓
NM awwer (...) (...)

A1 alle rosenstädter und k/ eh buben #daß sie# nicht bei mir
K LACHT AUF

A1 quartier beziehen mit ihren mopeds des is da ganz logisch↓ *

A1 die treffen sich halt irgendwo mal da mal da mal da- * eh

A1 überall treffen sie sich in der in den ganzen ecken und

A1 stra"ßen in der rosenstadt- * und die fahrn natürlich auch

A1 emal durch den hellerstädter we"g↓ * aber wenn irgendjemand

A1 mal durch den hellerstädterweg mit dem moped fährt↓ * daß man

A1 das gleich auf den heilmann abstellt↓ * daß der gehört jetzt

A1 dorthin egal wo der in der rosenstadt fährt der gehert zum

A1 heilmann und des muß vom heilmann abgestempelt sein und der

A1 krach der der is auf heilmann zu beziehn↓ awwer
C +aha ←jetzt kommt

A1 (...)
C widder jetzt kommt widder des herr heilmann→ was ich

C vorhin em herrn boos gesagt hab i"rgendwo muß ja auch da"s

Transkript: 08 **Seite 10**

A1 ja↓ de: mein
C herkommen↓ wie alt sin=en ihr kinder↓ * und ihr: neffe↓

A1 großer bub der is zwanzig der hat noch nie ein moped besessen↓

A1 also der hat gar kein moped↓ * der hat e auto und äh
C >aha aha< ja ja↓

A1 >der hat also noch kein moped↓< * mein ne"ffe- * der is sechzehn↓
*

A1 der hat ein moped↓ * →meine tochter is vierunzwanzig die studiert

A1 in miesbach die is schon- * jahre nicht mehr zuhause-← * und mein

A1 kind mein jüngstes kind is vierzehn jahre alt- * die geht ins
C die derf jo

A1 gymnasium die hat erst ein fahrrad↓ also- * es is im hause-
C net die derf noch net fahre↓ #ähähä#
K LACHT

A1 nur ei"n einziges moped von meinem neffen vom anton↓ *
C ja↓

A1 und der hat natürlich- * si"cher hat er ein freund der

A1 ein moped hat↓
C nadirlisch klar der b/ der bildet schon en gewisse anziehungspunkt
NM LACHT

A1 ja diese anziehungspunkte
C daß des nadirlisch e bißche äh (...)

A1 bilden sich überall bei jedem freund- * die treffen
C aufgeblase- is doch

A1 sich mal dort mal da mal doa↑ * net des des wechselt sich
C klar↓

A1 ab ne↑
C ja: des ver/ des versteh ich schon des läßt sisch

C auch gar net gonz underbinden des is mir auch widder klar aber

C deswege d/ d/ s is jo gewöhnlisch so herr karg mir kenne=s

A2 ja↓
C jo wege kinderei"en↑ komme sisch mensche- * die also- *

C üwwer zwei jahrzehnte lang nebeneinander gewohnt hawwe die

C sogar per du waren die also bis dato sisch auch nischts zu

C schulden kommen- * lie"ßen wege so=me quatsch dann kommen- *

C die- * äh dann sisch da praktisch in die haare↓ * ne↑ * äh

C un herr heilmann isch mein isch understelle schon daß des

Transkript: 08 **Seite 11**

C rischtisch is was sie sagen daß sisch des ni"scht nur bei
C ihnen abspielt isch män man kennt des ja üwerall de=s ja
C üwerall=s gleische äh: awwer bissel was wird halt doch schon
C dran sein dodursch weil de neffe äh: so e moped hat un äh: herr
C boos hat ja auch gesacht es is ja hauptsäschlisch dann wenn
A1 ja↓ sou is es↓
C sie- * nischt da sind↓ * ne↑ un dann dann sehen sie=s
C ja auch nischt↓ * ne↑ * HOLT TIEF LUFT äh des is nadirlisch
A2 s reschtfertigt
C des unglücklische ne↑ * äh: isch mein so:-
A2 aber nicht die äußerungen↓
C <nein die reschtfertischt=s a
A2 ne↑
C widder net> ganz klar herr karg do drüwwer sin mer uns widder
C einisch↓ * ne↑ * äh darüwer sin mer uns widder einisch↓ *
A2 aber des is so- weil sie-
C aber mir widerstrebt=s eigendlisch herr karg in
C so=me fall- * daß mer jetzt zwee nachbarn do vor gerischt
C schleppt des trifft eigendlisch genau uff des zu was isch also
A2 naja sischer schon awwer isch
C vorhin da gesacht hab ne↑ ne↑
A2 män- sie hawwe gehört sie hawwe jo gehört daß der herr
C öh isch würde-
A2 heilmann gesacht hot hätte der herr d/ boos des eingestanden
A2 hätt sich entschuldigt dann wär er mit sicherheit net emal
A2 hier↓ * dann wär er noch net emal zu mir gekomme he↑
B ja herr karg i kann mi doch net wo/ ei/ was
C ja:↓ gut-
A2 haja (...)
B entschuldigen wo i net da gesagt hab↓ (...)
C <eh- * herr herr
A2 sechs leut sechs leut erfinne sowas doch net↓
B sechs leit↑
C boos→ ah- äh-
B i hob noch mehr wie sechsi↓ alles unmittelbare nachbarn↓
C eh herr boos-

Transkript: 08 **Seite 12**

B sie können- ja bitte
C ja herr boos- * jetzt basse se mal auf↓ herr

B sehr↓
C boos jetzt basse se mal auf↓ * äh- * sie haben mir

C ja vorhin- * geschildert- * äh wa"s sisch hier- *

C nach ihrem dafürhalten nach ihrer meinung halt abspielt

C als mal so wie sie" es sehn aus ihrer sischt is klar isch

B s ja logisch↓
C hab zwei pardeien- * jede pardei sieht=s aus ihrer sischt- *

C äh isch war net debei kann isch=s selbscht net beurdeile↓ *

C ne↑ * äh isch werd wohl hüwwe un drüwwe üwera:ll bissel was

C dezu un e bissel was abstreische misse dann werre mer

C wahrscheinlisch uns in der mitte treffen un das werd das

C rischtige sein↓ * äh- * sie hawwe mir des awwer vorhin

C so schön geschildert- * auch so plastisch un drastisch

C geschildert daß sie sisch also da net nur belästischt

C fühle sondern schon fascht- * äh gesundheitlisch

C angegriffen un so- * i"s es da net möglisch daß sie

C also in dieser erregung mit diesem affekt heraus daß

C sie dann doch des eine oder=s annere gesacht hawwe↓ *

C isch hab des also vorhin schon so als: bißsche eingeständnis

C und als naja als entschuldischung fürs verhalten- *

B also wirklich net↓ * des
C gesehe↓ war=s wirklisch net so↓

B hab ich nich gesagt↓ * ich wollt i woar gonz ohnmächtig

B vor lau"der abgasen sag ich jo i hob gor ni=mehr gewißt

B wou wou wous ich bin wous ich iwerhaupt bin- * entweder
C ja un kann=s

B sie glaum=s oder nicht-
C net grad in so=me zustand dann erscht rescht

C bassieren daß man über die stränge schlägt un daß ma also

C mal was sacht was mer vielleischt normalerweis net sagen

Transkript: 08 **Seite 13**

B ja des kann sei awer ich kann mi ni"cht erinnern
C würde-

B an sou was↓
C SEUFZT ah herr boos jetzt kummt die große

A2 ja des hat der bubi scholz auch noch↓
C erinnerungslücke #ehähä#
K LACHT

C #hähähähähähä jetzt kummt die große erinnerungslücke↓# *
K LACHT, LACHEND

C eh- * isch mein des is doch also- * i"sch meine mir

C widerstrebt=s hier zwei leude die also üwwer e jahr lang ah

C üwwer zwonzisch jahr lang nachbarn sin die sisch

C also- * ah zwanzisch jahr lang eigendlisch vertragen

C haben vielleisch habt er sogar monsches noch

B jawoll nicht wenig↓ ja-
C gemeinsam gemacht die rosenstadt- ne↑ also

B so is=es↓
C die rosenstadt is jo siedlungsgebiet- ne↑ äh: isch

C män isch kenn die rosenstadt net näher awwer isch hab schun

A +beim e.s.c.-
C fußball drunne gespielt- * äh ne↑ #ehe#
K LACHEND

A2 warm abgerisse-
C bevor die alt barack abgebrennt is net↑

A2 hot=s brenne misse↑
C warm abgerisse worre is ja #hahaha#
K LACHT

A2 nä isch
C #hahaha# awwer isch hab se net agesteckt (...) #hahahaha#
K LACHT LACHT

A2 hab se ja- * s möscht isch ihne net unnerstelle herr

A2 kastner↓
C #hehehe# un- * da weiß isch ja des sin
K LACHT

C siedlungsgebiete da hot doch früher des war doch früher

C die gemeinschaftsarweit is doch do eigentlisch gro"ß

C geschriwwe worre in- * so gebieten un jetzt uff einmal

Transkript: 08 **Seite 14**

C jetzt wo die kinder größer sind äh: wo se halt emol e
C eigenständisches lewe entwickeln un wa ma net sch/ o ma
C net ständisch wie n schutzmann äh dehinderstehen kann un:
C wege jedem wege jeder kleinischkeit äh gleisch da krawall
C mache kann jetzt uff einmal: äh steht des in- * gefahr
C daß hier äh: jetz plötzlisch des verhältnis hier gespannt
C wird oder sogar äh irgendwie en ernsthaften schaden erleidet↓ *
C äh wenn mir uns also hier- * nischt irgendwie einigen
B ja↓
C können herr boos- dann passiert folgendes- * dann muß
B ja↑
C i"sch- äh herrn heilmann vertreten dursch seinen
C anwalt die bestätischung geben daß wir also hier erfolglos
C verhandelt haben- * un dann treffe se sich am amtsgericht
B ja↓ mhm-
C drüwwe widder- * des is dann e stra"fverfahre un
C dann kommt folgendes dann wird- * herr heilmann wird
C sisch uff zeuge berufen- * sie werden sisch auch uff
C zeugen berufen- * äh: un was kommt am schluß raus↑ *
C die gonze nachbarschaft wird- * ausgehend vun einem-
B ja↓
C kinderkram möschte isch mal sagen wird dann in
C mitleidenschaft gezogen es kommt donn zu=ere pardeiebildung
C äh: un vielleischt gibt=s noch mehr streit un des sollte
C man doch also↓ * vermeiden↓ * äh- * isch würde doch
C vielleischt folgendes vorschlagen um beide pardeie da
C irgendwo reschnung zu tragen un um des einvernehmen↓ *
C äh fer die zukunft wiederherzustellen↓ * äh herr boos
C daß sie- * einräumen daß ihnen im- * eifer des gefeschts
C halt ewe- * möglisch sein kann daß ihne was: da herausgefahre
C is:" äh: daß sie widder alles bedauern un- * äh dem herr

Transkript: 08 **Seite 15**

C heilmann wär isch also dankbar wenn er uns hier verspreschen
C könnde daß er auf die jugendlische soweit=s in seiner macht
C steht etwas mäßigend einwirkt äh damit also hier äh der herr
C boos oder die familie boos un auch die übrische nachbarschaft
C nischt gar zu sehr- * oder im rahmen des erträglischen
A1 ja↓ * mäßigend einwirken
C belästischt werden↑ * herr heilmann↓
A1 das verspreche ich↓ * aber terrorisie"rn von den nachbarn
A1 wegen jeder kleinigkeit- da"s äh laß ich
C davon war keine rede↓
A1 nicht ne↑
C da"von war keine rede >herr heilmann↓ * ne↑< *
A2 er räumt=s ein- *
C wär des n vorschlag herr karg:↓
A2 bedauert=s- * entschuldigt sisch- * er- *3* okay gibt zu
A2 protokoll daß er auf die jugendlischen in zukunft- *
A2 mäßigend einwirkend- * mäßigend ei"nwirkt okay klar↓ *
A2 kosten↑ *2,5* is net viel angefalle↓
C herr boos hawwe sie hawwe sie
B ja↓
C mitkriggt was isch: vorgeschlache hab was saache sie dezu↓
B ja (...) mi entschuldigen net↑ * i ich bi"n fir a gude
B nachbarschaft↓ * mir ham- * anander i"mmer ausgeholfe die
B einanzwanzig johr er is bei mir einganga und aus und ich
B auch bei ihm↓ * wa=ma kleinigkeiten braucht hat
C (...)
B net↑ * also↓ * worum soll=mer jetz die letzte vielleicht i
B leb noch zwei joahr oder drei oder fimfi warum soll ma si do-
C a: isch wünsch isch
B nei"n ich sag nur ja↑
C wünsch ihne daß se (...) alt werre↓ #ähähä# un
K LACHT
B des will a jeder mensch↓ * va den abgesehe net↑ *
C noch älder↓ #ähähähä#
K LACHT

Transkript: 08 **Seite 16**

B awwer a bissel frieden und a bissel a rescht steht mer auch zu

B ne↑ ich will nu"r a bissele an frieden weider ga"r
C a des werd au"ch nur- äh:-

B nix↓ * und an le/ modorenlärm den kann ich schon
C äh-

B nicht mehr here weil ich woar zwa"nzig joahr eisenbiejer und

B hob an der eisenbiejemaschin geschafft- * sie wern wissen was

B des is↓
C a ja daher daher werd des wahrscheinlisch auch komme daß

B ja↓ ja↓ ja↓
C sie mit dem gehör bisselschwierischkeiten hawwe is mir

C schon klar↓ * äh: neuerdings stellt ma des jo fescht vor

C fuffzig jahr hot ma des noch net feschtgestellt awwer

C neuerdings weiß ma des ja↓ * net↑ * äh es is nur so- *

C herr boos↓ * äh ga"nz werden sie diesen- * des is halt

C emol in unserm lewe drin ganz werden sie des also net eh

C werd des auch der herr heilmann ne"t ganz abstellen können↓ *

C un- * öh er kann- * versu:chen schon im intresse der

C nachbarschaft äh des öh so gering wie möglisch zu halten

C awwer irgendwo hawwe auch die jungen leude auch wieder- *

B ja is klar↓
C ein- * rescht auf ihre- * wie ma heut so schön sacht auf

B sou is=es↓
C ihre freie entfaltung awwer- vielleischt is es

C ihm möglisch donn- * irgendwo die- * jugendlische uff en

C freie blatz zu bringe daß es net daß sisch net alles

C u"nmittelbar- * in- * der wohnung in der wohngegend abspielt

C öh do besteht jo eigentlisch in de rosenstadt noch blatz defür

C ne↑ * der=s jo do unne noch vorhanden net↑ * äh un- * äh wie

C sieht=s donn mit- * der kostenfrage aus↑ * sch mein der herr

C heilmann is hier- * der beleidigte un auch der ontragsteller- *

C äh: üwwer die kostenfrage müsse mer uns nadirlisch au"ch

Transkript: 08 **Seite 17**

C einigen↓ * #öh: da er de beleidischte# is:- * öh wäre es
K PAPIERRASCHELN

C also oder ist es so üblisch und so wird=s beim gerischt auch

C gehandhabt selbsch wenn der rischter des verfahren einstellen

C sollte- * bekommt im e regelfall der antragsgegner die kosten

C auferle"gt- * öh=s wär also so üblisch herr boos daß sie

C #die kosten übernähmen müßten- * des wäre also- *
K PAPIERRASCHELN

C zweehunnertfüfzisch mark anwaltsgebühren# äh plus fünfzisch
K

C mark vorschuß der vergleichsbehörde- * äh also gerischtskosten

C praktisch wenn mer zum=me vergleisch kommen- * lass ich=s bei

C den fünfzisch mark un: will also den gebührenrahmen der mir

C zusteht nischt völlig ausschöpfen↑ * wäre sie also berei"t die

C dreihunnert mark zu überne"hmen↑ * dann ham wer=s avver lo"s-

B ja also- * warum deil/ i habe=n herr heilmann doch no nie

B beläidigt worum deil=ma des net↓ * geht des nicht↑ * weil

B de=s kei wenigkeit↓ * für für als n guder nachbar
C ja:-

B weider zusammenleben is des nicht so viel wert als wie=n herr

A2 nä des geht net↓ äh herr boos
B heilmann↑ er hätt mi ja net braucht anzeigen↓

A2 herr boos es is also es is ja folgendes- wenn wir wir uns
B ja herr karg- ja-

A2 hier ni"cht einigen und kommen dazu-
C <herr karg könnte sie könnte sie bissel

A2 ja↓ ja↓ und komm und komm dann zum amtsgericht- * un
B ja ich versteh↓
C lauder spresche>

A2 des amtsgericht äh- * würde entweder das verfahren einstellen↓ *

A2 oder- * sie verurteilen wegen beleidigung dann wär es ein

A2 vie"lfaches was an kosten auf sie zukommt↓
C dann were=s dau"send

Transkript: 08 **Seite 18**

A2 o"hne die strafe die eventuell kommen würde- *
B ja ja↓
C ma:k↓

A2 ja ja↓
C ←isch hab nur von ko/ hab nur von koschte geschbroche↓→

A2 ja ja nur von kosten ne↑ * und äh ich meine- * pf äh- * da"ß
B ja ja-

A2 sie=s gesacht haben is fer mich an sich klar und pf: mit

A2 dreihunnert mark komme se an sich net schlescht weg mein

A2 isch↓ * →ich seh keine veranlassung dafür daß der hei"lmann
B ja↓

A2 hier (...)←
B sie woarn doch net dabei sie kenne des net behaupten

B daß des klar is i hob ja auch ge"genzeigen de u"nmittelbare

B nachbarin da ouwe un da undi un der herr de"r un der herr söll

A2 un die sollen behaupten daß sie des ni"scht
B un der andi- ja-

A2 behaupten daß sie des ni"scht gesagt haben↓
B ja↓ * de we"rn des

A2 ha ja- naja gut isch
B behaupten↓ daß des wort ni"cht gefallen is↓

A2 mein- * des alte- * thema mit dem negativzeuge des kenne
B ja↓

A2 ma ja↓ * hatte mer auch grad letscht widder↓
B na und bei de

B jugendliche nicht ne↑ * mi=m moped kommen abend↓ * wos is=n

B do↑ * de=s genauso wann mi kopf- * mein kopf in an bienenstock

B neisteck ne↑ was kummt do dabei raus ne↑
C haja eh herr boos- äh-

B geschwollener kopf ne↑ #hehe# des is klar↓
K LACHT
C ja äh herr boos äh sie müssen ja

B ja↓
C auch eines bedenken schauen sie- * der herr heilmann is ja

C hier auch so fair er hat=s: zwar net unmittelbar zugegewwen

C awwer isch kann net immer erwarte daß hier alles zugegeben wird

C äh er is ja auch so fair- * hier einzuräumen und hier auch

Transkript: 08 **Seite 19**

C zu verspre"schen↓ * äh und wie er mh äh vorhin zum ausdruck
C gebracht hat is er ja kirschlisch- * tätig un bei solschen
C leuten glaube isch immer noch daß da doch noch ein ehrgefühl da
C ist daß sie zu de"m was sie hier versprechen dann letztlisch
B ja ja↓
C auch stehen↓ net↑ * öh er is ja dann auch öh hier bereit
C zu erklären daß er auf die jugendlischen mäßigend einwirkt un
C versucht sie aus=m wohngebiet- * öh soweit fernzuhalten soweit
C sie also einen übermäßigen äh über den üblischen rahmen
C hinausgehenden lärm verursachen↓ * de=s ja au"ch e zugeständnis↓
B hajo- awwer-
C net↑ un des was un die un das was sie hier wa un die
C kosten um die=s hier geht- * is keine stra:fe oder keine
B ja-
C geldbu:ße↑ des: so is es also net zu sehen- * sondern sin
C schlischt un einfach die kosten die halt eben mal mit einem
C solschen verfahren verbunden sind↓ * s kann ihne also niemand
B ja ja↓
C saren sie sin hier bestraft worre↓ des is net wahr↓ net↑ *
A1 >herr kastner↓< noch eine frage
C des gibt=s net↓ *3* bidde↓ herr heilmann
A1 herr boos hat gesacht ich hätt=n angezeigt↓ des stimmt
A1 ni"cht↓ * herr karg hat gesagt ich hätte des bei der
A1 polizei"- * e"rst die erste inschtanz wär die polizeibehörde
A1 gewesen↓ hab ich ni"cht
C ja des is rischtisch↓
A1 sondern ich hab einen anwalt als berater aufgesucht↓ * und
A1 ich hab lediglich hier ein vergleichsverfahren angestrebt↓ *
A1 ich hab kei"nen angezeigt↓
A2 →awwer um des-← * um zu
NM (...)
A2 dem vergleichsverfahren zu kommen mußten wer natürlisch
A2 erscht äh- * üwwer d/ den umweg üwwer die staatsanwaltschaft

Transkript: 08 **Seite 20**

```
A1                         des hat der anwalt gemacht↓
A2 nehmen de=s ja klar↓
C                              ja-    de=s mir klar

A1                                 ja↓        nur um         >nur um
C  isch kenn des vorverfahren-        ne↑ *  schun klar ne↑

A1 des klarzustellen↓<                                    so is es↓
C                         net↑ äh schunsch verjährt=s ja↓

A1    jo-      so is es↓
C  ne nach drei monaten is ja die verjährung weg↓ * ne↑

A1 ich hab auch keinerlei intresse an einem dauerkonflikt↓ **

A1 kei"nerlei intresse↓ **
C                              ah ja des deswegen sind wer ja auch hier

A1             ja↓
C  herr heilmann daß und isch glaub dem herr boos- * liegt=s aufgru/

C  schon aufgrund seines hohen alders er möschte doch- * die letzten

C  jahre die er noch hat er billischt sisch jo wänischer zu als isch

C  ihm zubillische ne↑ * #ähähä# aber die letzten jahre die er noch
K                         LACHT

C  hat- * äh möschte er eigentlisch au"ch äh net daß es also hier- *

C  zu einer- * zu einem eklat- * →(...) eklat ham=wer schon gehabt←

C  aber daß es der der eklat zum dauerzustand werd werd er doch au"ch

B                                                        ja-
C  net wolle↓ äh- * herr boos isch würde also saachen des war doch

C  en gude vorschlag den isch gemacht hab und so schaue se der herr-

C  * heilmann is mit einverstanden- * der herr karg wird misch späder

B                         #hä#
K                         LACHT
C  widder beschimpfe↑ *        äh weil isch em #ähä=s# attest net
K                                                LACHEND

C  gegewwe hab fers gerischt- * awwer des ertrag widder i"sch

C  sehe se so #bin isch widder hähä# net↑ * äh: un- * des wär
K             LACHEND, LACHT

C  doch also n weg en gangbarer weg wie mer diese sache hier diese

B                              ja- * auf ei"nmal konn i des net
C  kuh vom eis bringen↓ **
```

Transkript: 08 **Seite 21**

A2 dodrüwwer kä=mer rede↓
B bezahlen (...)
C ah ja dodrüwwer känne mer re:de↓

A2 des is net schlimm↓
C dodrüwwer kä=mer rede↓ ne↑ des is wie känne

B tjo- tjo
C se=s=n bezahle↑ was känne=s=n im monat hunnert ma:k↑

B ach de"s zu vill- *3*
C mhm na so en armer oidruck mache se mer

B hajo↓ i i krig e kleini rente- *
C net grad widder- äh- ah sie

B ja selbstverständlich i
C ware doch ihr lewe lang tätisch ne↑

B (...) ich hab in a"chtunsechzig
C sie sin jo n arweitsamer mensch↓

B hab i en schwerer unfall gehat am bau- un dann woar i so
C aha↓

B dumm- * und hob a leichte arweit eingenomme a ebe am bau↓ und

B dadurch hot si mei rende immer vermindert↓ * statt=s höher
C ah ja-

B gange ne↑ s war mei mei" pech ne↑ * dafür kann
C ja ja aha↓

B mei nachbar ja nix dafür ne↑
C nä sischerlisch net↑ des hot er

C ihne bestimmt auch net gewünscht des kann isch mer net

B ja eben↓
C vorstelle- * ne↑ * äh ja↓ * dreihunnert mark äh=sch mein- * äh

C daß mer ihne mit radezahlunge schon entgegek/ oder radezahlunge

C einräumt is jo schon e entgegekomme äh awwer- * äh so ewisch

C sollte sisch des net hinziehe denn des macht ja auch

A2 +vier mol fünfesiebzisch- **
C verwaldungskoschde des zu üwwerwache↓

A2 mhm↓
B naja- * des kunnt mer
C fünfesiebzisch im monat↑ des wär drin

B mache↓ * des ja↓
C ne↑ gut in ordnung↓ * also- * frau klarlack

Transkript: 08 **Seite 22**

C #ziffer eins:- *5* der antragsgegner- ** räumt in der
K DIKTIERT

C sühneverhandlung ein- *5* daß: nischt auszuschließen ist- *4*
K

C daß er- *4* im übereifer- ** die im schriftsatz:- ** der
K JEMAND BE-

A1 tach↓
C reschtsanwälte huber# kleine moment noch- #huber und
K TRITT RAUM,DIKTATENDE DIKTIERT WEITER

C kollegen vom zwölften sechsten vierunachtzisch- zwölften
D vom↑
K

C sechsten vierunachtzisch: aufgeführten- *3* äußerungen- **
D jau-
K

C getan hat↓ *5* er bedauert dies- ** und- * entschuldischt
K

C sisch hierfür↓ *4* ziffer zwo- * der antragste"ller↓ *
K

C verspriseht- *3* auf seinen- * neffen und- * äh- * dessen
K

C freundeskreis- *3* insoweit mäßigend einzuwirken- *7* daß
K

C diese- ** den motorenlärm- *4* äh- * von- * kraftfahrzeugen
K

C kraft und zweifa/ und zweiradfahrzeugen- *5* aus: der
K

C wohngegend- * heraushalten- * soweit- * es den üblischen
K

C rahmen überschreitet↓ * z/ ziffer vier ziffer
K
D mhm↓ *7*

C drei- * der antragsteller- * verzischtet- * auf privatklage- **
K

C und nimmt den bei der staatsanwaltschaft pfarrheim erhobenen
K

C strafantrag zurück↓ *7* ziffer vier- * äh der antragsgegner
K

C übernimmt die kosten dieses verfahrens und zwar- * a.- *
K

Transkript: 08 Seite 23

```
C   gebühr der vergleischsbehörde- * fünfzisch d.m. b.- *
K

C   kosten der inanspruchnahme- ** der reschtsanwälte huber
K

C   und karg- ** äh zwohunnertfünfefünfzisch fünfundseschzisch- **
K

C   insgesamt sin=s dreihunnert- *3*      dreihunnertfünf mark
K
D                                   dreihunnertfünf-

C   fünfunseschzisch- *6* er verpflischtet sisch diesen betrag
K

C   in monatlischen raten- ** von fünfunsiebzisch d.m.- *
K

C   beginnend- ** am- *# wann woll=mer=n wann soll=mer=s=n
K             DIKTATENDE

C   zahlbar mache wann sie krigge ihre rente immer am erschde
A2                                                     >erschde
B   ja↓ immer am erschden↓
C   ne↑                     immer am erschde↓ * bidde↑

A2  september↓<
C               #beginnend am ersten neunten erschte september
K               DIKTIERT

C   neunzehnhundertvierundachtzisch an die reschtsanwälte huber
K

A2                                                       nemm mer=s
C   und karg auf deren konto# wo volle se=s=n hiehawwe-
K                  DIKTATENDE

A2  uff (...)                         ma=mer postscheck↓
C       postscheck oder- * oder bank↓                        postscheck

A2                    ja ja↓
C   is am äfachschte↓        #auf deren kondo beim postgiroamt
K                            DIKTIERT

C   wiesenbach- * nummer elf dreizehn achtunneunzisch gedankenstrisch
K

C   dreihundertsieben- ** öh zu überweisen↓# *6* s wär=s
K                                 DIKTATENDE

A2               ja↑                                    ga"r nix
C   eigentlisch↓     hawwe sie noch was herr karg↑ * nix↑

A2  do↓
B                                                      ha ja muß
C       ja- * herr boos- * sin sie damit einverstande↑
```

Transkript: 08 **Seite 24**

B wohl net↑
C ah müsse net awwer isch halt=s für vernünftisch

B ja↓ auch ich- auch ich-
C auch in euerm beide intresse ne↑ auch isch

C de=s erfreulisch- * klar↓ * sie hawwe mitkriggt was isch

B ja↓ nein
C digtiert hab↑ misse mer=s nochmol widderhole↑

A1 nein↓
B danke- * s reischt↓
C nein herr heilmann↓ alles klar↓ dann bitt isch sie

B aber herr heilmann ich reich ihne die hand wann sie sie
C um (...)

B mögen- * mir san weider gude nachbarn wia mer woarn bisher↓
C des wünsch isch also

B mir müssen uns schon zusammenringen ne↑
C auch- ** he↑ haja hä (...) do

B (...) #
C #hähähä# #unnerschreiwe misse=s unnerschreiwe
K LACHT
D bekomm #isch noch- * ein audogramm von ihnen↑
K ALLGEMEINES STIMMENGEWIRR

B # ja mach ich noch↓
C misse=s noch herr boos↓# brauche jo
D # ne↑
K

A2 so dankeschön↓
B (...)
C e unnerschri"ft↓ ehehe
D von ihn u"nd dem herrn↓

A1 antragsteller↑ isch muß awwer
C mir brauche noch e unnerschrift↓
D hier bitte (...)

A1 net unnerschreiwe↓
C nei"n sie müsse net unnerschreiwe↓

K ENDE DER TRANSKRIPTION; A1 UND C UNTERHALTEN SICH NOCH ÜBER INTERNE VORGÄNGE IN DER KANZLEI VON A1.

Titel Götz-Zitat

Nummer 3002.32

Dauer 16 min

Ort Verwaltungsraum einer Schule in einer Großstadt in Nordrhein-Westfalen, der auch für andere kommunale Amtsgeschäfte des Bezirks zur Verfügung steht

Sprecher

A Frau Blank (Antragstellerin – hatte sich eingemischt, als Herr Herrmann seinen Motor unnötig lange laufen ließ; Herr Herrmann hatte diese Einmischung mit dem Götz-Zitat beantwortet; das will Frau Blank sich nicht gefallen lassen)

B Herr Herrmann (Antragsgegner – steht zu seiner Äußerung und macht geltend, von Frau Blank provoziert worden zu sein)

C Der Schiedsmann des Bezirks

Z Frau Stuhlbein (Zeugin – Freundin Frau Blanks, 'die alles mit angehört hat')

X Dr. Klein (aufnehmender Projektmitarbeiter)

Transkript: 32 **Seite 1**

C herr #doktor klei"n →muß ich ihnen nochmal sagen← ist von der
K VERWECHSELT HIER ZWEI INFORMATIONEN: KOOPERATION DES PRO-

C →universität← bochum- * spra"chforschungsinstitut# und die
K JEKTS MIT BOCHUM UND ZUGEHÖRIGKEIT VON DR. KLEIN ZUM IDS MANNHEIM

C sind ab und zu bei uns mal gast um- ** äh- * hier etwas- * zu

C le"rnen↓ * un au"szuprobieren↓
X ja es geht nur um die sprachliche-

C +die sprachliche seite↓ * hat überhaupt
X * seite- weiter nichts↓

C nichts mit uns zu tun↓ ** sind sie dann fertig jetzt- hoher
X ja↓

C meister- * nehmen sie bitte da platz herr doktor- ** so"- * ich
X ja↓

C begrüße sie- * frau blank un herr herrmann- * ich darf sie darauf

C aufmerksam machen- ** daß ich kein richter bin- * sondern ein

C schli"chter- * und daß sie das vergnügen haben hier bei uns- *

C bei mir- * daß es eine nichtöffentliche sitzung ist- * so daß

C also a"lles was hier geschieht unter uns bleibt- * und #keinem
K ABGEHACKT

C andern mehr- *# äh was zu ohren kommt↓ ** so"↓ nun #darf ich sie
K QUIETSCHEN

C bitten# herr herrmann sie sind ja nun- * sie haben das ja
K

B ←mhm-→
C gelesen was- * frau blank ihnen vorwirft- * wenn sie sich

C bitte mal mit frau b/ unterhalten wolln wie das zustandegekommen

B gu:t↑ * kann ich machen↓ *
C ist- * und wie und was- * bitte schön↓ *

B äh #sieben uhr fümunfünfzig bin ich auf den parkplatz
K KLINGT WIE ABGELESEN

B jegangen da ich regelmäßig um acht uhr einf/ einkaufen fahre↓ *#
K

B #und hab ich mein wagen gestartet und dabei stellt ich
K ERZÄHLTON
C ja:-

B fest daß die regen die: w/ schei"ben alle voller wasser warn- *
K

Transkript: 32 **Seite 2**

B HOLT LUFT UND RÄUSPERT SICH und da bin ich au"sgestiegen hab
K

B mit=em leder die scheiben abputzen wollen↑ darauf #kam# frau
K SAGT KIAM
C mhm-

B blank wutentbrannt auf=en par/ auf den auf ihre veranda- *
K

B und sachte mach den motor aus du umweltverschmutzer ich zeige
K

B dich a"n↓ * und da ist mir der kragen geplatzt↓#
K ENDE DES ERZÄHLTONS
C >ja-< ** und

B <jawohl↑>
C da haben se diesen berühmten ausdruck von götz von berlichingen

B jawohl-
C gesagt- naja gut schön- * äh:↑ ** na ja daß man äh- *

C hie"r- * steht ja zwar drin daß sie um acht uhr drei"ßig- *

B →das ist nicht wahr↓←
C so:- * gibt frau blank an- * äh und da

B auch nicht wahr↓
C ließen sie ihren wagen ungefähr →fünf minuten mit laufendem

B auch nicht wahr↓
C motor hinter d/ auf dem parkplatz hinterm haus stehn und

C dann ist sie auf sie zugekomm hat gesacht- * mache oder mach oder

B +und vor allem mit einem to"n- *
C machen se bitte den wagen aus↓←

C ja- * gut- ** sicher der ton macht immer die musik- ** aber

B da wir sowieso" mehrere differenzen mitnander haben↓ *
C äh:-

B gut- * das- *
C ja- * gut- * die i"ch hier nicht prüfen kann↓ und auch nich

B spielt auch nix zur sache jetzt↓
C und auch nich wi"ll- ** und äh als zeu"gin hat

C denn frau blank ja noch- * eine dame hier mitgebracht- * wie

C war ihr →werter na/ frau-← * frau stuhlbein- * die
Z stuh"lbein↓

C das auch mitgehö"rt hat- * deswegen hab ich auch geschrieben- *

C äh: unter zeugen- * daß das unter zeugen festgestellt worden

Transkript: 32 **Seite 3**

C ist↓ * #herr <he"rrmann-># * bei allem was passiert is↓ * #mach
K KLINGT WIE AUFRUF GENU-

C möglich sein-# * aber- * dieser berühmte satz- * den sie dort
K SCHELT

C gegenüber frau blank- * haben laut werden lassen- * das- *

C ist natürlich ne bel/- * ne beleidigung↓ ** und beleidigungen

C #gehn ja- * werden ja nach dem strafgesetzbuch verfolcht- *#
K PAPIERRASCHELN

C und zwar- * nach dem paragraph hundertfünfundachtzig bis

C hundertsiebenundachtzig a. und hundertneunundachtzig- * nach

C dem strafgesetzbuch↓ * wenn wir hier #heute- *# wenn sie
K QUIETSCHEN

C heute- * sich dieses vorfalls auch entschu"ldigen- ** dann

C entsteht hier ein vergleich- * und dann ist der fall erledigt- *

C und äh: völ/ völlig aus der welt geschaffen- * und sie haben

C geringe kosten- * das verfahren kostet vierzig mark und

C die kosten- * hab ich mal ausgerechnet das verfahren

C schreibgebühren- * das sind äh: äh:- * insgesamt- * elf mark

C achtzig so daß sie also- * ei"nundfünfzig mark und

C achtzig für dieses verfahren zu zahlen hätten- * während wenn

B das ist teuer↓(...)
C sie vor gericht gehen- * sie wissen ja selbst- * daß sich

C das geri"cht schon die anwälte- * viel viel mehr geld kosten↓ **

C und dann is=es auch noch ne frage ob nachher überhaupt das

C gericht- * diese geschichte annimmt denn de"swegen sind wir

C hier eingeschaltet↓ *1* sie geben also zu das gesacht zu

B #hab ich eben ganz laut und deutlich gesacht↓#
K KLINGT LEICHT VERÄRGERT
C haben- ja: gut ich frage

B ich ha"b=s gesagt↓ aufgrund de"ssen-
C nur nochmal der ordnung halber- * und sie sind auch

B * >natürlich-<
C bereit- * das zurückzunehmen↓ ** denn darf ich das- *

Transkript: 32 Seite 4

```
B                          ja↓                 ist das
C  so zu protokoll nehmen↑      +ja↑ #(...)#          haben sie noch
K                                       QUIETSCHEN

A                                            ja: ich hab insofern
C  irgendetwas da zu sagen frau blank↑

A  etwas da zu  sagen daß die: äh ausführungen die äh herr
C  bitte schön↓

A  herrmann äh nun getätigt hat- * effektiv ni"cht stimmen↑

A  effektiv inso"fern nicht- * äh- * als seine äußerungen- *

A  #daß ich# also wutentbrannt- * →zeitangaben stimmt auch
K  PAPIERRASCHELN

A  nicht- * aber das is auch vielleicht nicht so relevant-← *
C                hm-

A       äh- * daß also die äh äußerung- * ich wär also wutentbrannt
C  >nä-< *

A  da #rausgegangen und ich hätte- * in diesem to"n wie er ihn da
K     PAPIERRASCHELN

A  eben dargelegt hat das stimmt nicht ich bin rausgegangen und
K

A  habe ga"nz bewußt- * und aufgrund verschiedener differenzen↓#
K

A       ganz be/ äh bewußt äh- * ihn hö"flich gebeten er möchte bitte
C  >ja↓<

A  seinen mo"tor abstellen die fünf minuten      stimmen- * das
NM                                 RÄUSPERT SICH

A  kann ne nachbarin- * die kann das bestätigen wäre auch bereit

A  dazu- *     und äh- ** habe ihm gesacht er möchte bitte seinen
C          hm-

A  motor ausstellen da*rauf hat er nicht reagiert und da hab ich

A  gesacht stell bitte deinen mo"tor aus #du-# * das ist
K                                         ALS WOLLTE SIE "DU

A  umweltverschmutzung sonst zei"ge ich dich a"n↓ und daraufhin
K  UMWELTVERSCHMUTZER" SAGEN

A  hat er diesen- * berühmten götz  von berli/ das berühmte
C                             >hm-<

A  götz von berlichingen zitat von sich gegeben↓ * da"s
C           na ja- * gut-                          er
```

Transkript: 32 **Seite 5**

A war tatsache↓
C hat- da"s warn die tatsachen gu"t- * äh entscheidend

C ist natürlich dabei daß herr herrmann das nun einsieht und das

C zurücknimmt und das- * genücht ihnen dann nech↑ in diesem falle↓

A +ja:↑ * wenn das schriftlich fixiert wird und er die
C nech↑ das wird

A unkosten beseitigt dann is das in ordnung↓
C schriftlich fixiert- * jawoh"l- alles

C #klar# danke schön- * dann werd ich eben mal hier zu papier
K RÜCKT SCHREIBMASCHINE ZURECHT

C bringen- ** und dann- #*11min,9sec*# so"↓ * ich darf ihnen
K TIPPT

C das bi"tte eben mal vorlesen- *2* →antrachsteller frau ursula

C blank- * geboren neunten neunten sechsunvierzig wohnhaft

C lessingstraße acht müllerberg eins↑ stellte am vierzehnten

C september vierundachtzig antrag auf durchführung einer

C güteverhandlung↓ ** antrachsgegner herr peter herrmann

C geboren am einundzwanzigsten sechsten einundvierzig wohnhaft

C lessingstraße acht müllerberg eins↓ * der verhandlungsverlauf↓ *

C es erschienen die antrachsstellerin ausgewiesen durch

C personalausweis- * und der antrachsgegner ausgewiesen durch

C personalausweis↓ * zwischen den parteien wird folgender vergleich

C geschlossen↓ * erstens↓ * herr he"rrmann bedauert den vorfall

C vom zwölften september vierundachzig und entschudigt sich- * äh

C für die äh beleidigenden äußerungen gegenüber frau- * bla"nk↓ *

C zwotens herr herrmann übernimmt die ko"sten vor dem schiedsmann-

C * in höhe von einundfünfzig achtzig↓ * drittens herr herrmann

C verpflichtet sich die entstandenen kosten- * bis zum

C fünfzehnten oktober neunzehnhundertvierundachtzig zu

C erstatten- * viertens- * frau blank nimmt die entschuldigung

C an und verzichtet auf weitere geschrichtliche <geri"chtliche>

C schritte- * wegen des oben- * angeführten vorfalls↓← *

Transkript: 32 **Seite 6**

```
A           >korrekt↓<
C  korrekt↑            so↓ dann bitt ich- #** um ihre unterschriften
K                                         STÜHLERÜCKEN

C  hier- ** ich hab alles hier-# #*3*# da"zwischen nich↑
K                                STIMMEN

A  hier- **      ja↓                 mhm-
C           da"-      über ihren namen bitte ja- *6* danke herr

A                                       >danke-<
C  herrmann bitte hierhin ja↑ * >bitte-<

A                              (...)
C  so"- ** ich bedanke mich- * erstens für ihr erscheinen- *

C  zweitens für ihre schnelle abwendung dieser geschichte und hoffe

B  +kann ich ihnen das geld nicht gleich geben↑ *
C                  daß sie-                       es s/ wenn sie=s

B                  aber ja" doch dann ist das doch aus der we"lt↓
C  bezahlen wollen ja-

C  RÄUSPERT SICH #na ja gu"t also- * äh sie können=s gleich bezahlen#
K                MÜNZKLIMPERN UND SCHEINERASCHELN

B        →sie haben gesacht← ei"nundfünfzig achtzig ne↑
C  dann-

C  einundfünfzig achtzig krieg ich von ihnen ja"- * dann geb ich

B                                   ja natü"rlich mei"n ich
C  gleich weiter dann brauchen wer-

B  doch dann is-                          ja ja:- *
C  ich hab=s      da nur reingeschrieben-           ich lasse sonst

B                                            a"lles- * krieg ich
C  immer eine gewisse fri"st- * alles klar↓ wunderbar↓ alles

B  da irgendwie ne quittung drüber↑
C  erledigt↓                        ja:- * muß ich ihn/ hab

B                schicken sie mir einfach eine zu" (...) *
C  ich nicht hier aber- * >äh:-<                    unter

B  ja:↓                          #        oder schicken
C  zeugen hier nech- aber- * ich #schicke ihnen
K                                A UND Z LACHEN, AUSGELÖST WOHL

B               sie mir irgendwie eine zu-
C  noch eine zu↓                    ich schicke ihnen noch eine zu-
K  DURCH VORSTELLUNG, SIE MÜSSTEN ALS ZEUGINNEN FÜR B AUFTRETEN
```

Transkript: 32 **Seite 7**

```
01 B  ja↑#                  #ich bedanke mich-# *                auf
   K                        LACHENDER UNTERTON
   C     # ja- * mach ich-                          bitte schön↓
   K

   B  wiedersehn-
   C             #wiedersehn herr herrmann- * aber ich hoffe daß sie
   K             B STEHT AUF / SCHRITTE / TÜRSCHLIESSEN / C ZÄHLT GELD

05 C  sich nun wieder vertra"gen das ist ja der sinn der sache↓ **
   K

   C  gut-# ** #>guckt so brummig↓<# warten se mal↓
   K           WIE ZU SICH SELBST, WÄHREND ER WEITER GELD ZÄHLT

   A  sie ham ja ne menge    auszuwerten näch↑
   C  ich geb ihnen glei"ch-

   K  IN DEN 20 SEKUNDEN BIS ZUM ABBRUCH DER AUFNAHME STARTET C
      MEHRERE ANLÄUFE, UM A SCHLIESSLICH ZU ERKLÄREN, DASS ER IHR DIE
      VORGESTRECKTEN VERFAHRENSKOSTEN DER EINFACHHEIT HALBER VOM GELD
      DES B GLEICH ERSTATTET, WÄHREND A MIT IHRER BEMERKUNG ZUR
      AUSWERTUNG BEREITS EIN GESPRÄCH ÜBER DIE SITUATION UND DAS
      INTERESSE DES AUFNEHMENDEN X AN DER SITUATION INITIIERT HAT, AN
      DEM SICH AUCH Z BETEILIGT.
```

Titel	Ich schlag dich tot
Nummer	3002.43
Dauer	30 min
Ort	Verwaltungsraum einer Schule in einer Großstadt in Nordrhein-Westfalen, der auch für andere kommunale Amtsgeschäfte des Bezirks zur Verfügung steht
Sprecher	A Frau Scheer (Antragstellerin – eine ältere alleinstehende Frau, die sich durch Äußerungen des langjährigen Nachbarn Herrn Borg bedroht fühlt)
	B Franz Borg (Antragsgegner – der jüngere Nachbar Frau Scheers, der bestreitet, Frau Scheer bedroht zu haben, und seinerseits Frau Scheer so einiges vorzuwerfen hat)
	C Schiedsmann des Bezirks

Transkript: 43 **Seite 1**

```
A                                                                      ja↑
C  sie in ruhe lassen↓ das hat er mir am telefon gesacht-

A                                ja-        * ja is in o"rdnung↓
C  +ich hab ihm gesacht- * ganz klar-

A                       tja-                 solln sie denn beweisen
C  daß es so" nicht geht- * und äh:-

A  was ich gemacht habe ich hab doch nichts gema"cht- * und das

A  is   nur nei"d↓ * ne↑
C  ich-                     gehe davon aus daß e"r sich heute

A                                              ja↓
C  hier entschuldigt bei ihnen und daß dann die sache

A  ja↓                      ist der fall erledigt-
C  erledigt ist und die verfahrenskosten

A            ich mache ich sch/ ich sehe das überhaupt nicht- **
C  übernimmt-                                           nicht↑

A  ja↑ * das is do=in ordnung↓ ich will doch meine ruhe haben↓
C                              ich habe das:- *

C  schon protokolliert hier (so) vorbereitet so n bißchen ne↑

A  ja- * ja-
C            da: muß er ja auch zum ausdruck bringen daß er

A                                           ja↓ * ja-     (gut)-
C  bedauert sie verängstigt zu haben nech↑            und hier

A                                             ja↓ * ja-
C  daß er gesacht hat ich schlaach dich tot-           und soll sich

A                           so is=set in o"rdnung↓
C  dafür entschu"ldigen-   und die verfahrenskosten übernehmen↓

A  ist doch in ordnung↓ * mehr brauchen wer nich↓ ** hat ja kein

A  mensch was geta:"n im ge"genteil↓
C                                      jaja wenn we/ jetz ruhe-

A  joa-                                                 also das hätt
C      is dann haben wir ja doch schon- * etwas erreicht frau

A  ich ni=geda"cht↓ * ja:-
C  scheer-                 äh:- * er war davon ausgegangen

C  daß der schiedsmann seinen beschluß aufhebt und das hab ich

A                   ja ja- * ja ja-
C  ni"cht getan↓            ich hab ihm also kla"r gemacht daß hier
```

Transkript: 43 **Seite 2**

C das eine gerichtsverhandlung ist und daß ich nicht zum
A ja↓ ja ja-
C privatvergnügen hier sitze↓ dann fiel er- * mir ins
C wort ja wir kennen uns doch und dies und das du weißt doch wer
C ich bi"n und dies- * un jenes- * ich sach es intressiert mich
C a"lles nich- * ich sitz hier auch nich zum vergnügen- * es
A ja↓ ja↓ ja↓
C ist eine gerichtsverhandlung wenn jemand jeladen
A >ja so sollte es sein↓<
C wird- * hat er zu erschei"nen↓ und bei nichterscheinen- *
A >ja-< * ←alles muß- * sein: recht ha"ben↓→ *
C (...)
A is ja klar↓ * das sind natürlich kleinigkeiten ich bin ja
A sonst wir sind ja sonst nich kleinlich gewesen-
C nee-
A könn=se reden was se wollen (...)-
C wir wollen ja auch hier- *
A ba/ aber- aber da
C den- frieden unter nachbarn wieder herstellen-
A lebte noch mein ma"nn↑ * ni- * da hat ik wenigstens noch ne
A stü"tze gehabt denk och nimmt denn niemand och wa"s ham wir denn
A diese klein/ alles abgearbeitet aber jetzt wo ich allei"ne bin
A ist man irgendwie so ä"ngstlicher nech↑ * was kann einer da so
A bedro:"hen↓ * was hat er da zu drohen überhaupt↓ * bin doch
A genau so ein mieter wie jeder a"ndere da weiter ma"ch ich doch
A nix↓ * im ge"genteil↓ * früher für jede kleinigkeit noch ne
A flasche bier hat man geschenkt↓ * hier hast no=ne mark da kannst
A no=ne flasche bier ma kaufen vielleicht↓ * der war noch gu"t
A der hat au gute seiten kann auch was gutes tu:n- *
A nit↑ er hat auch was geholfen das stimmt- *
C ja der macht ja ja-
A nich↑ der hat au seine gute
C er hat auch seine guten seiten auch-
A sei"te ja:↑
C →mit den schlechten seiten← is ja mei"stens auch

Transkript: 43 **Seite 3**

```
A                                   ja:↓ * aber wegen so"was
C  so wenn se saufen dann kommen se auf: >dumme gedanken<

A  ich denke weil ich bin allei":ne jetzt geblieben und

A  da (hab ich kein)-                  <ja↓> * ja
C  er käme mit=em moped heute nech↑ * ne-

A  hoffentlich↓
C         is    noch fünfe vo:r↑ ** werd ich mal en bischen vor

C  die tür gehen und mal kucken was is↓ * #so heiß↓# * könn wir
K                                         GESEUFZT

C  hier noch en büschen lü"ften- * dann is das nich so warm↓

A  #*10* diese hier geht nit vor↓# #*3*#                 ja:-
C                                         hat er jesehn↓      mhm-
K  TÜRÖFFNEN / TURMUHR SCHLÄGT    KLOPFEN

A  das waren sie" (woll)↓ * die wollten mich damit ärgern↓ * kaum

A  bin i am auto in der garage za"ck da sind sie gleich am zaun↓ *

A  und richtig stelle sich davor und gucke sie mir zu also- * das

A  ist richtig auffällig↓
C                          die straße heißt ←am wonneberg↓→

A  jo am wonneberg drei ne↑       so was würd ich gar nich
C                          mhm- *

A  fe"rtigbringen↓ ** kuck ma ja: jeder mensch is ja

A  neugierig guckt ma einfach um die ecke is doch kla"r aber

A  einfach sich davorstellen↓ * geht=s hier wieder lo"s- * jo- *

A  das kö"nnen wir gar nich mehr↓ **
C                                      an der wohnungstür befestigt↓

C  *3* oh was schreibt der gut hier der postbote↓ ** befestigt mit

A                        das sind immer schöne ausreden↓ LACHT AUF >keinen
C  ä.:↓ * LACHT *8*

A  brief bekommen keinen briefkasten ne↑< *6*
C                                             tja↓ * ich fang mal

B                                          grüß gott↓ ** tja↓ *
C  an- #*13* hä- * n=geh mal gleich rein↓#
K     SCHLÜSSELBUNDGERÄUSCHE / SCHRITTE / C EMPFÄNGT B VOR DER TÜR

B  kuck einer an↓ **                                     ja- *
C                       dann bitt ich einmal platz zu nehmen-
```

Transkript: 43 **Seite 4**

B ja j/ hier hier irgendwohin ne↑ *
C jo↓ **11** →ich eröffne
K STÜHLERÜCKEN

C hiermit - * die verhandlung- * vor dem schiedsmann in sachen

C scheer gegen franz borg↑ * stelle fest daß die parteien zum

C heutigen termin ordnungsjemäß geladen sind-← **3**
K PAPIERRASCHELN

C folgende sachlage↑ ** frau scheer- ** fühlt sich- * zu recht- *

C verängstigt- * durch schikanierung- ** und dadurch daß ihr

C gesacht worden ist- * ich schlaach dich tot↓ ** ich glaube wir

C sind uns darüber einig- * daß man ältere bürger- * nicht

C verängstigt- * oder- ** geschweige denn- * so etwas- *

B was↑ nei"n so was mach ich nich↓ LACHT
C sagt↓ ja es is nur gesagt

B es- ja des-
C worden- * da sind also zeugen für da:- *

B ja↑ nein↑
C nich- * sonst sä/ sonst säßen wir hier ja nicht-

C es gäbe ja keine ver/ gerichtsverhandlung vorm schiedsmann

B ja d/-
C wenn da nichts jewe"sen wäre nich↑ * nich sonst sä"ßen

C wir hier nicht nech↑ ** darüber sind wer uns wohl- * klar↓ *

B ich schlage sie tot↓
C nei:n- * das ist gesa"cht worden nich↑ *

C vielleicht habt=er einen gefeiert da unten was weiß ich und

C denn äh- * das gesagt frau scheer↑ * sagt hier also zu re"cht↑ *

C daß- * sie also schikaniert worden ist in der vergangenheit- *

C und daß unter anderem- * öh:- * zu ihr gesagt worden ist- * i"ch

C schlaach dich tot↓ * oder wie ist das jewesen frau scheer- * in

A ja si"cher↓ * hast=e ja gesacht- * hast
C welcher formulierung↑

A schon vergessen↑
B hab ich gesagt- * du" seit*dem onkel gustav tot ist↓

A ja↓
B da drehst du um du hast vor tante gerda ausje"spuckt↓

Transkript: 43 **Seite 5**

```
A  psch:                   <mensch verdre"h doch nich
B  hast jesacht (...)↓                            komm

A  alles red doch nich->                                  →<ja
B  nein nein- * tante gerda die kommt hier au"ch hin-

A  soll se doch kommen- * was damals                    gewesen ist
B  wir gehen vor jeri"cht- * wir gehen vor jericht↑

A  ist gewesen wir ham ihm (...) doch gesagt-
B                          dann nee nich was  jewesen

A  das hat mit die"ser sache nix zu tu:"n↓>←          du bist
B  is hör auf↑                              hör ich-

A  ja viel schli"mmer geworden dadurch↓  hat damit   ga"r
B                                      ja ja hör auf↓

A  nichts zu tun was ich-              wir ham unsre
B                    hab ich- * zu dir gesacht ich schlag

A  meinung   gesa"gt↑ ** wir haben unsere meinung gesagt
B  dich tot↓

A  was habt ihr die ganze zeit immer gema"cht mit uns↓
C                                                     auf

A  nur schikaniert↓
B                      wir haben mit- * mit   ihnen ga"r
C  jeden fall- * äh * wenn ich so- * so hör-

A                   haha haha →auf einmal gar nix↓← mensch- *
B  nix gemacht↓

A  tu doch nich so unschuldig↓
C            auf jeden fall wird es doch so gewesen sein daß

C  hier so meinungsverschiedenheiten unternander gewesen sind- *
C  und dann ist es so: da brauchen wir uns gar nicht also um
C  streiten- * es ergibt schon mal ein wort das andere und dann
C  mach also durchaus dieser ausdruck hier gefa"llen sein- * so
C  daß frau scheer hier- * hm verängstigt ist↑ und sie: ist ja
C  nicht umso"nst hier zum schiedsmann gekommen um die sache aus
C  der we"lt zu schaffen↓ * →ich darf also einmal darauf
C  hinweisen daß das verfahren vorm schiedsmann a." das
C  kostengünstigste ist↑ * und b."↑ * äh wenn- * vorm
C  schiedsmann keine ei"nigung erzielt wird und wegen solch
```

Transkript: 43 **Seite 6**

B   dann geh ich vor gericht-   sofort↓
C einer situa/-←   äh:-   ni"cht der

C antragsge"gner geht vor gericht sondern die antragste"llerin

C und der antragsgegner ist der beschu"ldigte und der wird

B und dann mach ich also einen auf so"↓ *
C mit sicherheit↑

A   (wieso) das ist ja
B weil se soviel lü"cht das is das eben↓
C   da ist nix mit-

A keine lü"ge (...) du hast   mir gedro:ht↓
C   da ist nix mit auf-   da ist nix mit

A   <schrei #mal genau wie
B <ich hab di"ch nicht bedroht↓> * wo"↓
C auf-   (...)
K   KLOPFEN

A je"tzt wie du"# mich angeschrien hast↓> wie=er stein hingeworfen
K

A #<mensch mach das nochmal ich schlag dich tot↓># * das hast du
K VERSTELLTE STIMME: ERREGT

A doch gesacht↓ * oder nich↓ * ach nee↓   was hast du mir
B   o:ch↓ * isolde-   isolde das hast-

A gesa"cht↑ *   ja   mach doch mal so"
B   macht das die sonne oder was-

A was↓ * (mal schaun) ob du mir das gesa"cht hast↓
C   ich würde also noch n bi"schen-

A   ja:↓   ja:
B ich- * ich äh- ich äh erzähl mir noch andere verse
C   ich würde hier bißchen vorsichtiger sein↓

A andere verse-   ja: jou: jou:
B von #(...)# schreiber-   da wird wird findst=e ganz
K   KÖNNTE VORNAME SEIN

A jou:↓   du verdrehst ja alles schon so↓
B genau ruhe du↓
C   ich würde hier also

A das kennt man ja↓   jo:↓
C vor gericht n bischen vorsichtig sein mit der formulierung-

C fest steht- * daß frau scheer- * sich verängstigt fühlt- *

C und das muß →aus der welt geschaffen werden↓← * das ge"ht

C nicht↓ ** ja↑ * darüber sind wir uns doch wohl im kla"rn↓

Transkript: 43 **Seite 7**

B →ja sicher↓←
C +und daß man nachbarn zufrieden läßt- * →darüber

B ich hab sie doch gar nicht
C sind wir uns auch im klaren↓ wir wollen-←

A mensch red doch ne hast du doch
B bedro:ht-
C wir wolln- * >wir wollen uns-<

A gesa:gt-
B ich hab (...) aber #zeu"gen# da↓
K KLOPFT AUF TISCH
C >wir wollen uns hier-<

A ja hö:r mal↓ zeu:"gen↑ auf einmal zeugen brauchst du↓ * guck mal
B <ha">
C so↓

A einer an↓ * <aber schrein kannst du ja so laut ne↑>
B ja

A du bist doch <kein genera"l> so was macht
B ich hab keine zeugen↑
C und

A no=nich mal bei der bu"ndeswehr↓
B wenn ich im garten bin kann ich mit den hühnern
C hier- (...)

A im garten ja:- * was hast du jedes jahr in-
B auch was anfangen↓ joa↓
C hier

A jaja" hör auf ja: aber
B isolde hö"r auf mensch-
C vorm schiedsmann- >ja↑<

A du:" du:" hör auf- * wir brauchen nicht aufzuhören↓
B ja:- ** du- * du du willst du willst
C hier hier vorm schiedsmann wird also

A ich brauche nichts zu verdrehen↓ ich
B ja was erreichen was du nie" packst- das packst
C nicht geschrien sondern sachlich-

A ich brauche nichts zu verdrehen aber du" du verdrehst
B du nie↓

A alles↓ * ich brau"che das nicht↓ ja:- *
B was hast du geschrien da↓

A <das hast du verge"ssen↓ * das hast du verge"ssen↓>
B nur weil man n eigenes haus hat nech↑ deswegen hat
C wir wollen-

B er große schnauze hast du gesacht↓ * ja wenn ich

Transkript: 43 **Seite 8**

A →ist ja gar nicht wa:"hr↑ * ist ja gar nicht
B da im garten bin und du- und

A wa:hr-← stei"ne
B du- * schmeißt die steine da rein auf n acker-

A <hahaha> ich hab nur ei"nen stein aufgeho"ben-
B ja isolde #hahaha jetzt#
K IMITIERT A / KLOPFT

A ich hab einen stein aufgehoben da kamst
B kommt=s schon wieder↓

A du grad (...) #<mach das noch einmal
K VERSTELLTE STIMME / SCHREIEND
B ja da haben aber die ju:ngs-

A da schlag ich dich tot># und was machst du"↑
K
B →noch ei"nmal

A <je"den tag schmeißt du die↓ was↑> *
B da schlag ich dich tot ist überhaupt nicht wahr-←

A da sind meine reifen kaputtgeschlagen↓ jawohl
B isolde bleib- * bleib bei der wahrheit isolde-

A das ma"chst du↓ ja: wenn das der
B ja↓ * och- * ich schlag dich tot↓

A hau"sbesitzer wär wärt ihr schon lä"ngst schon

A lä"ngst angeklagt↓ * aber wir wohnen ja in einer bau"gesellschaft

A ja da können sie nix gegen die beantragen↓
B ja da kann ich doch nix für daß du da

A →ja da brauchst du deine sachen nich hinschmei"ßen↓ *
B wohnst↓

A du schmeißt jeden tach was dahin↓← ja das war
B ja wieso du" hast ja den stein rübergeschmissen↓ *

A ei"n stein↓
B hab ich aber nie" ge/ behauptet

A aber du schmeißt jeden- * na si"cher hast du gesagt
B <ich schlag dich to:t>

A und auch noch so lau:"t mensch↓ verdreh doch nicht↓ *
B ja: (auch dat noch)↓

A jawo"hl- du bedro"hst mich
B hast=e- * hast=e auf tonband aufgenomm↑

A jeden ta"ch du↓ * ja aber jetzt in letz/
B ich be/ ich bedroh dich jeden tach-

Transkript: 43 **Seite 9**

```
A  die letzte zeit bist du     ruhig geworden ja:↑
B             doch- * wenn ich-               *(...)*
K                                             KLINGT WIE VORNAME

A                                  ja ja:-
B  schreiber wir haben gesprochen↓ * nech↑   wir hatten am montach

A        →und wenn die leute vorbeikommen← dann machst du mir
B  mittag ne beerdigung kommt er auch mit-

A  schle"cht ne"↑ * was hast du dann mit leute über mich zu
B                                        ja mach-

A  re"den↓ * was bin ich denn für en mensch↓ * was hab ich

A  schreckliches gemacht↑ * was ham wir denn verbrochen irgendwo-

A        warum hast=e mich da schlecht gemacht↓
B  vor gerda ausgespuckt und da: und vor        vadder auch noch↑

A  ←da:s wa:r oh: verdreh nich verdreh nich↓→
C             wollen wir mal hier die sache beenden ja↑ *

A                                               ja:-
B     ja- * sofort         aber schnell↓
C  ich möch/ ich möchte aber-                       ich möchte aber nich

A  verdreh nich↓
C  sofort sondern und schnell↑ * sondern hier vorm schiedsmann

A                                              >ja sicher soll er uns in
C  wird sachlich in aller form und ruhe- * ru"hig verhandelt ja↑ *

A  frieden lassen↓<
C  →darauf möcht  ich einmal hinweisen die verhandlungsführung

C  liegt hier bei mi"r und nicht bei den partei"en↓ * das erstmal

C  vora"b- ** herr borg- * darf einmal herr sagen obwohl wir uns

B               ja:↓
C  kennen franz↓←    hier eine- * ältere- * bü"rgerin↓ * oder

B                                                   ja↓
C  wenn=s auch na"chbarin wie in diesem fall ist- *    die belästigt

C  man ni"cht durch- * äußerungen sondern läßt sie: in ru"he↓ *

C  egal was unter nachbarn auch immer vorfällt und was da i"st↓ *

C  man läßt einen älteren bürger in ru"he↓ * und meine empfehlung

C  ist die: daß hier heute zu protokoll genommen wird- ** daß- *

C  der antrachsgegner in diesem fall herr borg bedauert- * wir

B                                                   nein nei:n
C  wollen uns nicht auf formalitäten hier festlegen von wegen
```

Transkript: 43 **Seite 10**

B nein↓
C ich schlag dich tot oder sonst was- ** auf jeden fall
C wollen wir hier protokollieren und das müssen wir- * sonst bin
C i"ch gezwungen die sache der polizei- * weiterzuleiten- *
C herr borg bedauert durch- * äu"ßerungen↓ * da legen wir uns
C nicht fest mit formulierungen- * durch äußerungen- * frau
C scheer verängstigt zu haben↓ * das ist hier sache- * das ist
B schreib das da rein (...)
C die sachlage →darum geht es-← * wir wollen uns also nich
C hier um kleinigkeiten- * äh- ** hier- * verengen und hier die
C sache komplizie"rt machen fe"st steht denn hier is was jesagt
C worden sonst säßen wir hier nicht↓ ** und frau scheer hat durch
C äu"ßerungen die hier gefallen sind a"ngst bekommen- * und hat
C zu recht den schiedsmann anjerufen↓ * →und meine aufgabe ist
C es-← * hier den- * frie"den unter nachbarn wiederherzustellen
B (...) ja das is auch richtig- * das seh ich
C und es sollte mit=em deubel zugehen wenn mir das nicht gelingen
B (...) ja↓
C würde↓ ja↑ * also:- * sonst muß ich nämlich mal mit der
B nei"n- * bloß nicht↓ *
C faust auf den tisch schlagen a"lso-
A >ich habe nur gesagt- * ja↓<
B geht ja der tisch kaputt↓
C also↓ * erstens↓
C mein vergleichsvorschlag↓ * an die parteien- * der
C antrachsge"gner↓ ** bedauert- * durch äußerungen- ** frau
C scheer- * verängstigt zu haben↓ * da legen wir uns also nicht
C fest mit formulierungen ich schlage dich tot oder sonst was↑
B ach:-
C durch äußerungen frau scheer- * verängstigt zu haben↓ *
C →das ist hier sache und das muß aus der we"lt↓← ** er
C entschuldigt sich für sein verhalten- ** und dann ist die sache
B ja↓ * (...)↓
C vom ti"sch↓ und die kosten des verfahrens müßten

Transkript: 43 **Seite 11**

A >ja- * das ist doch normal-<
C hie"r übernommen werden↓ ich weise sie darauf hin- *

C daß die verfahrenskosten vorm <schiedsmann sehr gering sind↓> *

C die liegen ←u"nter siebzig ma"rk↓→ * wenn man zum geri"cht

B ja:-
C geht↓ * dann könn=wer also ne null dahinter hängen- * dann wird

B ja das sowieso↓
C es nämlich teurer↓ äh wenn hier ein vergleich

C geschlossen wird kost=die vergleichsgebühr vierzig mark

C hinzu kommen die portoauslagen- * in etwa pendelt man sich um die

C siebzig #mark rum ein↓# * das ist mein vergleichsvorschlag- *
K STAKKATO

C frage- * an die parteien- * wird dieser vergleichsvorschlag

C in dieser weise angenommen- * und akzeptiert und- * versprechen

C sich die parteien- * künftig miteinander- ** auszukommen- *

C dann will ich das hier gerne zu protokoll nehmen- * #wi"r- * die
K WIE DIKTIERT

C parteien- * wollen- * versuchen- * künftig- * wieder- *
K GESPROCHEN

C miteinander- * auszukommen↓# * diese erklärung →muß hier
K

C heut natürlich abgegeben werden↓ * sonst wär=s kein vergleich

B machen wer↓
C vorm schiedsmann-← * sondern es wäre eine- * sache

B ja von meiner
C die also nicht- * wert wäre hier verhandelt worden zu sein↓

A (ja:?schön)-
B seite aus machen mer↓
C gut↓ * ich geh davon aus daß auch

A >(...)< ach so" will er=s machen
B (...) (...)
C künftig ruhe- * i"st↑ ja↑

A #LACHT# ja:-
K GEKÜNSTELT
C ich g/ geh davon aus daß künftig ruhe i"st-

A hoffentlich verspricht=s e"r↓ ne↑
B ja:" nehm ich auch an↓ nehm ich an↓
C und- jut-

Transkript: 43 **Seite 12**

```
A                    >ja↓<
C   →dann wern-← * wir   das so zu protokoll bringen

A                                    ja is so gu:t↓ wenn
C   wird dieser vergleichsvorschlag so akzeptiert↑ gut↓

A   er mich in ruhe läßt ich hab nix gegen i"hn soll er
C                        denn möcht ich jetzt- *

A   mich in frieden lassen↓               >jo↓<
C   denn möcht ich jetzt    auch über die janze

A                                 >ja↓<
C   sache- * kein wort mehr hören wir   bringen das jetzt zu

A              >ja:-<
C   protokoll↑        und dann ist die sache damit erledigt↓ **

A   das liegt an di"r daß du dann-            (...)
B                               an mi"r- * seitdem daß gustav

A                                               #ho ho ho ho# was tu
K                                               GESPIELTES LACHEN
B   tot ist da spielst du" doch wohl verrückt↓
C                                                      also bitte

A   ich denn↓        ja was tu ich denn↓
B   ach so     ja ja ja-
C   vorsichtig                 bitte      vorsichtig mit

A   wenn ich rausfahr mit=n wagen dann mußt du da stehn-
B                                                       hab ich↓ *
C   äußerungen hier↓

A   und deine bemerkungen machen↑ * wie (leider) immer↑ ja ja
B   isol/ ja <isolde isolde> das ist dat ist doch jetz-

A   weil ihr nei:"disch seid- * nei:"disch↓ * ihr hab=do=eure

A   häuser habt i=mmer no=ni=genuch↑              habt
B                              ja    das hast=e zu gerda

A   ihr no=ni=genuch↑            ja↑ * wenn ich     im auto fahr
B   gesa:gt↓ * ja:-   hast=e vor gerda ausjespuckt↓

A   von meinem mann war hab ich #hier da/ da/ gönnt# mir das
K                               STOTTERT
B                                                    das war zu

A   mal ne↑       geht das schon wieder los geht  schon wieder
B   teu/    #wenn wenn# wir das au"to denn sehen-
K           STOTTERT

A   lo"s >mann<↓ * <ach ihr habt doch me"hr als i"ch↓

A           #nich↑# * ihr habt doch eure sachen↓> * und braucht nicht
K           SCHLAG MIT LINEAL(?) AUF TISCH
B   mensch-
C                                                   ich möchte beide
```

Transkript: 43 **Seite 13**

```
A   schikanieren mich↓                            ja-
C   parteien bitten sich jetzt zu mäßigen- #*# um die
K                                         ZWEI SCHLÄGE

A                                             ja: ich tu a" nix
B                    würd ich auch sagen↓
C   sache hier zu- * beenden-           wir wollen- * ruhe

A   mehr↓
C   haben unter nachbarn und ich möchte nichts #mehr-# ** weder
K                                              SCHLAG

C   von dem einen- * noch- * von der anderen seite- ** hö"ren- *

C   wir werden das jetzt zu protokoll bringen- * es muß aber auch

C   a"bsolut dann ruhe sein↓ * auch hier auf dieser seite↓ * als

C   jüngerer mensch- * muß man n büschen zurückstecken nich↑ *

A                           ja ni"cht einig↓
B                                     ja" das- * das stimmt ja↓
C   darüber sind wir uns ja wohl einig↓                  so-

A   we"r ist einig- * weiß gar nicht (...)         >ja↓<
B                         ja-
C   und das mein ich doch↓ *  wenn wir mal alt sind-      nicht

B                            wär=s doch auch merkwürdig
C   denn- * erwarten wir auch von der jugend- *

B   nech↑
C        un=dann erwarten wir auch von der jugend daß sie uns

A                                               ja   genau >genau↓<
C   auch- * akzeptiert- * guten tach sagt und uns als-

A                                                    dann schmeißt
C   älteren bürger achtet und nicht uns äh- * irgendwie belästigt oder

A   du nicht (...) machst meine reifen kaputt (...)
B                (...) ich sehe das (...)
C   sonst was macht↓                  so↓ * →dann ist das jetzt

C   in ordnung un=dann wolln wir das ga"nz schnell #vergessen↓← *
K                                                  SCHREIBMASCHINEN-

B       mach ich auch↓
C   und dann ge"h ich davon aus daß unter nachbarn hier auch
K   GERÄUSCHE: BOGENEINSPANNEN UND BEGINN VON TIPPEN

B                                                  aber von bei"den
C   wieder- ** ru"he herrscht↓ ** sollte das ni"cht der fall sein-
K

A                 von   beiden seiten- als wenn
B   seiten dann aber↓
C                         von bei"den seiten↓
K
```

Transkript: 43 **Seite 14**

```
A  ich was tue- * da geh ich immer stumm vorbei"- * ich
K

A  ku"ck=ja gar nich wo ich gar nicht ich spre"che doch gar nicht
K

A  mit euch↓ * ja was heißt von beiden sei"ten↓ * was tu ich denn
K

A  eigentlich↓ * ga"r nichts↓ * aber du" mit allen nachbarn- *
K

A  quatschst du machst mich da schle"cht-          (...)
B                                           i"ch hab dich schlecht↑
K

A  ja: haben die leute mir wieder erzählt↓ * was
K

A  hast du da gequa"tscht wieder↓ * >ja↑< * ich darf gar nicht
K

A  rau"sfahren mit auto ja↑ * geht=s schon wieder los ja was geht
K

A  <eu"ch das> an wollt ich dich fragen↓ * das geht euch doch gar
K

A  nit an↓ *  ich leb auch mein le:ben und nicht euer leben↓ *
B            #wer-#
K            SETZT AN

A  nech↑                             na a"lso↓ * dann laß du doch
B       ja hast=e auch recht isolde↓ (aber)-
K

A  eben mal zufrie:"den↓(...)
B            ja wieso hab ich denn gesagt du fährst mit=en
K

A  ja du qua"tschst ja immer mit leuten↓ * du quatschst du machst
B  au"to raus↓                                         #(...)#
K                                                      SCHEINT

A  mich doch schle"cht-
B  wenn ich            morgens früh im garten bin und seh daß du
K  NAMEN ZU NENNEN

B  mit=n auto rausfährst↓ * was intressiert mi"ch wo du" hinfährst↓
K

A  +ja das mein ich doch au:"ch dann laß mich doch (...)
K

A  zufrieden↓                                    aber du"
B    ja aber  du:" hast doch →mit=en ganzen #(...)#←
K                                           KLINGT WIE GEDÖSE
```

Transkript: 43 **Seite 15**

```
A  (...)        naja is ja gu:t mensch↓ **              #
B  angefangen↓                             na is j/ gu:"t#
K             ENDE DES TIPPENS: C HOLT BLATT AUS MASCHINE

A  (...)          ja gut is dat ne=also was-
B  is das ni"cht↓
C                                        also

C  ich erwarte hier- * daß künftig- * frau scheer in ruhe

A                 genau↓
B                          ach so →se wur/←
C  gelassen wird-                 sollte       das nicht der fall

B         die wurde immer in ruhe gelassen- * >(so)↓<
C  sein-                                      #müssen wir- *
K                                             STAKKATO

C  hier- *# nochmal ein neues verfahren anstrengen- * und dann
K

B                                     so↓ >mhm< da
C  geht=s zur staatsanwaltschaft↓ und dann

B  ge"hn wer denn hin-
C  ist also-         * nich da gehn wer hi"n- *

C  dann sieht es sehr böse aus↓ * ich gehe davon aus daß mer als

C  junger mensch- * ältere personen in ruhe läßt↓ * un selbst

A                                            oh joi ja ja↓
B                ich hab doch gar nix jema"cht (...)
C  wenn=s n nachbar is- * ob man sich mag oder ni"cht mag-

A                                  (...) >stimmt (...)<
B  (...)
C         ob man sich ma:g oder nicht ma:g↓ * einen älteren bürger

B  des doch art verwandt/       am verwandschaft hier
C  hat man in ruhe zu      lassen↓

A  →verwandtschaft ach nee auf eima bin ich verwandtschaft← sonst
B  nich↑

A  kennen sie mich ga"r nicht↓ * das verwandschaft-
B                                   was-

A  #sonst will/ können sie mi=gar ni=anerkennen als
K  TIPPEN

A  verwandtschaft↓                          jo: # ah ja
B                   (...) (reg mich nich auf)-#
K

A  siehst du↓ siehst du↓                die gehört ja gar nicht zu
B                  vadder hat morgen geburtstag ne↑

A  uns ne↑ * ja aber jetz auf einmal verwandtschaft↓ * jo:-
B                                                   meinst
```

Transkript: 43 **Seite 16**

A <ja:" onkel
B doch onkel gustav das sind doch wohl cousins↓ * vadder und

A gustav <ja" ja" ja"> aber mich ham sie nich
B gustav- <das ist kei"ne

A anerkannt↓ aber mich #haben sie ni=anerkannt↓> *
B verwandschaft nech↑>
K TIPPEN

A ne↑ jo:- aber jetzt möchs=du mi=anerkennen
B →ach-← * dich nicht anerkannt-
K

A guck mal einer an↓
B +i"ch will dich anerkennen↑ *
K

A >(...)<↑ +na a"lso na a"lso- * laß das
B nie" im leben >ne↑<
K

A sei:"n↓ oh:↓ * will #i=mit eu=au#
K MEINT: ICH MIT EUCH AUCH
B nei:n nie im leben↓
K

A nix zu tun haben↓ *3*
B aber wenn=s um gemüseholen geht nech↑ *
K

A #ha ha ha# wann war da"s
K GESPIELT
B →petersi/ dann bist du immer da ne↑←
K

A gewesen- * vor drei jahren↓ * un=was hab i=mmer dir gegeben↑ *
B vo/
K

A immer n paar mark gegeben für ne flasche bier↓ * und sonst haben
K

A wir nie" was gekriegt↓ * lüg doch nich mensch↓ * haben nicht mal
K

A dafür was gutes getan↓ * das ist die dankbarkeit dafür↓ *
K

A umsonst wollten wir nie" was haben↓ jo: wart=s mal ab-
B mach weiter so: lüg weiter so↓
K UNTERBRECHUNG

A jo: lüg/ >du"# lügst jetzt↓<
C also# ich möchte jetzt absolut daß hier
K DES TIPPENS

B ja↓ * genau↓
C ruhe herrscht↓ die verhandlungsführung

Transkript: 43 **Seite 17**

C die liegt bei mir und nicht bei den parteien↓ * ich sacht=es
C e"ben schon↓ * und mein hinweis nochmal hier- * ältere leute
C läßt man zufrieden- * und ich: geh davon aus daß das künftig der
A eben↓
C fall ist↓ * →und damit wollen wir das hier beenden ich
C bring das jetzt zu protokoll↑← * wir werden das so
C protokollieren- ** und dann ist die sache aus der welt hier↓ *
C worum es ging↓ #*46*# was darf ich als beruf aufnehmen↑ **
K C TIPPT
B heizungsmonteur↓ #*20*# ja:- #*3min,13sec*#
C # # am wonnenberg zwo ne↑ # #
K C TIPPT C TIPPT
C so↓ * folgendes protokoll wird von dem schiedsmann angefertigt
C #protokollnummer dreiundsechzig seite einundsechzig- **
K LIEST VOR
C siebenundsechzig müllerberg sechzehn den zweiten juni
K
C neunzehnhundertvierundachtzig wilfersberg acht neunzehn uhr
K
C nebenstelle des bezirksamts litzen↓ * antragsteller frau isolde
K
C scheer geboren schmidt hausfrau wohnhaft siebenundsechzig
K
C müllerberg sechzehn lichtstraße dreizehn- * stellte am
K
C sechsundzwanzigsten april neunzehnhundertvierundachtzig
K
C antrag auf durchführung einer güteverhandlung wegen belästigung
K
C o. a.↓ * antrachsgegner herr franz borg- * heizungs*monteur-
K
C *4* wohnhaft siebenundsechzig müllerberg sechzehn am
K
C wonnenberg zwo- * verhandlungsverlauf↓ * es erschienen e"rstens
K
C die antragstellerin↑ zweitens der antragsgegner↓ ** beide
K

Transkript: 43 **Seite 18**

C parteien sind dem schiedsmann vom personen bekannt↓ * zwischen
K

C den parteien wird folgender vergleich geschlossen↓ * erstens
K

C der antragsge"gner bedauert↑ * frau scheer durch äußerungen
K

C verängstigt zu haben und entschuldigt sich für sein verhalten↓ *#
K UNTERBRECHUNG DES VORLESENS

C ja↑ * ist klar ne↑ * #zweitens die parteien wollen versu"chen- *
K #LIEST WEITER VOR

C beide- ** künftig wieder miteinander auszukommen↓ *# unter
K ENDE DES VORLESENS

C nachbarn sollte man das versuchen sonst wär das kein vergleich

B ja ja:↓
C vorm schiedsmann↓ daß von bei"den seiten- * sich- *

B von meiner seite sofo"rt↓ (...)
C ein ruck gegeben- * wird- * von bei"den seiten sich ein

C ruck gegeben wird- ** und wenn es schlecht und recht ist- * man

C muß nicht- * miteinander- * unbedingt ka"ffee trinken frau scheer-

A >das doch kla:r-<
C * aber man sollte zumindestens versu"chen- ö:

C zumindestens die tageszeit zu sajen wenn man sich übern weech

A das is klar wir sind gar nich so stu:r↓
C läuft↓ wie- * das:-

A MURMELT
C das muß aber auch von bei"den seiten kommen frau scheer

A ja"↑ * ja ja (...)
C sondern und nicht nur von der- ei"nen seite hier- *

A >(...)<
C also von beiden seiten muß versucht werden- * äh miteinander

A >das ja wohl klar↓<
C wieder- * au"szukommen und es- * das ist klar

C daß man nicht denn- * sich gegenseitig besucht und morgens

B och- da"s nicht↓
C schon ne tasse- * ka"ffee mitnander trinkt↑ *

C aber im laufe der zeit sollte man zumindest versuchen doch- *

C wenigstens miteinander mal- * ein wort zu wechseln und wenn es

Transkript: 43 **Seite 19**

```
C  über- * äh ereignisse ist die da oben am wonnenberg passieren

B                    kann ja guten morgen sagen- * isolde↑
C  und was weiß ich-                                        nicht↑

A  ja↓ * kannst du ja sagen-
C                  *<drittens> * die kosten des verfahrens
K                  LIEST VOR

C  vor dem schiedsmann übernimmt der antrachsgegner↓ * →vorgelesen
K

C  genehmigt und unterschrieben-←* * das darf ich einmal
K

C  bitten um die unterschrift↓ **6** >hierhin- * einmal- * da↓<
K                              STÜHLERÜCKEN

A  mhm- *6* geborene auch↑ (...)
C                          nein- * braucht nicht braucht nicht↓ **

A           RÄUSPERT SICH
B                                     ach hierher↓ *5*
C  einmal da-              (...) *3*                 (die da)-

C  **7** da"mit schließ ich die verhandlung- * und
K  GERÄUSCHE VON UNTERLAGEN / SCHREIBGESCHÄUSCHE

C  die sache ist damit erledigt- * ich hoffe daß künftig versucht

C  wird- ** doch n bischen- * freundlicher- * sich zu bege"gnen

A                              (...)↓ * von meiner seite aus wie
B      von mei"ner seite aus ja↓
C  und nicht-                             äh- * wenn ich- * wenn

A  redest du↑
B                              (...)
C  ich anders <wir wollen jetzt auch nicht mehr über- * das

A                       LACHT
C  was gewesen ist reden-      sondern wollen- * der- ** zukunft

C  ins auge schauen- * ich betrachte die angelegenheit> hiermit- *

B                              wer trägt die kosten jetzt↓
C  als erledigt↓ * und schließe die verhandlung-

A  >das in ordnung↓<
B                            <i"ch↑>
C        ihr↓      * nicht↑         +ja- * ich schick ne rechnung

B                                         na das geht
C  zu" ne"ch↑ das ist also sache- * ganz klar da brauchen wer uns

B  aber so ni"cht       denn gehn wer vor jericht↓
C  nicht drüber streiten-                           mit den kosten↑
```

Transkript: 43 **Seite 20**

B ja:- was↑
C das gibt kein- * das gibt kein ding↑ * die wer/ * die

B ja da geh ich
C kosten werden vollstreckt nech↑ * da kommt der vollstrecker

B aber hin dann↓ ja die kosten die trage
C (...) >wohin-<

B i"ch nich↓ wo soll ich das geld her
C ja selbstverstä"ndlich↓

B wegnehmen↓ * ich krie"g kein geld↓ * ich bin nicht bei der
C ja-

B a"rbeitslosenversich/ äh bin=nich- * arbeitslos-
C wo man das herkricht- *

C ganz ei"nfach↓ * n bißchen a"rbeiten- * und sich bei eim:-

B arbeiten hab ich zuhause genuch im garten↓
C si"ch- * bei einem bekannten- *

C das geld was- * das verfahren vorm schiedsmann kostet borgen

C und dem das in zwei raten zurü"ckzahlen↓ * dann ist die sache

C vom ti"sch oder ist es ihnen lieber wenn mer mit=m gericht zu

B nei:n da geh ich vor
C tun haben mit dem geri"chtsvollzieher↓ na

B gericht- * da geh ich vor gericht↓
C bitte↓ ja hie"r gibt=s nich

B →was↑←
C vor jericht↓ * dieses äh- dies sind verfahrenskosten

C des geri"chts↓ * des schie"dsmanns↓ * und das bin i"ch in diesem

B ja: das wei"ß ich↓ ja:-
C falle↓ ich bin gerichtsperson und ich hab

C die möchlichkeit- * den vollstreckungswagen loszuschicken↓ *

B <ja:-> ja dann kann er
C und da/ * und das dreißig ja"hre lang↓ und

B kommen↓ und dann muß er dreißig jahre stunden das
C ich ich habe (...)

B sag ich jedem mann↓ LACHT
C der muß nich dreißig jahre stunden- *

C #also äh ich-# * habe scho"n möglichkeiten an die äh
K STOCKEND

Transkript: 43 **Seite 21**

B <ja↓>
C gerichtsverfahrenskosten zu ko"mmen nich↑ da brauchen

B aber ich ha"b doch kein geld
C wir uns gar nich rüber-

B →>was soll ich denn machen-<←
C zu streiten diskutieren denn brauchen wir

C auch nich sagen ich ha"be kein geld↑ * ich sacht=es ja↓ * ich

C geh davon aus- * daß ich- * die- * verfahrenskosten- * daß man-

C * bei einem- * freund oder nachbarn zunächst ein- * darlehen

B ja↓ * und ausgerechnet
C aufnimmt- * über diese höhe- und dem das in

B die nachbarn die leihen- * die leihen mir noch geld >ne jo-<
C zwei raten zurückzahlen↓

C chä:" dann muß man eben mal a"rbeiten muß=mal arbeiten

C gehn↓ * das ist doch wohl kein problem hier die fünfzig ma"rk↑ *

B ja was hast=e
C die äh hier zusammenkommen oder sechzig- * äh-

B denn jeschrieben↑ * hundert*undsiebzehn oder was hast=enn-

C die verfahrenskosten vorm schiedsmann belaufen sich wie folgt↓

B ja↓
C der vergleich kostet vierzig mark↓ das ist die

C gerichtskostenjebühr↓ * hinzu kommen die portokosten- *

B ja↓
C und schreibauslagen des schiedsmanns↓ +im hö"chstfall- *

C bis siebzig ma"rk↓ * es dürfte doch wohl möglich sein- *

B dann muß ich
C siebzig ma"rk zu beschaffen↓ * man kann doch-

B schwarzarbeit machen↓
C ja das ist doch wohl kein proble"m- *

B ja↓ bei sch/ bei schwarzarbeit da scheiß
C das geld hier zu besorgen↓

B ich mich nur a"n nich↑ LACHT >LACHT<
C ich geh davon aus daß- * die kosten-

B ja vo"rher das bußgeld
C * bei eingang der postrechnung >an den schiedsmann-<

Transkript: 43 **Seite 22**

B schon↓ * wo da war ich doch in mu"ßler- was ist da"s für n
C da:-

B blödsinn überhaupt↓
C es ist sa"che- * wenn ich da mal etwas zu

B >den hast=e doch noch da den zettel↓<
C sagen darf- * la"ß-

C es ist sache- * in diesem falle wie"derum↑ ** und das könnte

C böse folgen für den hau"swirt haben↑ ** es ist kein briefkasten

C am hauf↑ * am haus↑ und der- * postbote hat hier wiederum↑ *

C geschrieben↑ * daß durch die zustellung durch anheftung einer

C entsprechenden mitteilung an der haustür erfolgt ist↑ **

C wenn also am: haus kein briefkasten vorhanden ist da hat das

C o"rdnungsamt↑ * die möglichkeit hier tätig zu werden gegen

B ja↑
C den hau"sbesitzer und das wird teu"er nich↑ ja:- * se"hr

B ah:- * muß
C teuer sogar↓ ** ich würde also mir so n- * so n pappding

B ich mir (noch) du"rchlesen↓
C von- so n pappding von der neuen

B ah ich hab ja bei
C tagespresse gibt=s ja aus nem kunststoff die:- oder

B der neuen tagespresse jearbeitet ja ich hab dat noch↓
C abendkurier↑ ja- * nich↑ *

C da gibt=s ja so was das kann man do=an=ne haustür

C nageln mit zwei nägeln und dat- * doppt der briefträger die

C briefe da rein↓ * dann ha"t sich das↓ * man muß nich deswegen

C für hundertfuffzig mark en teuren briefka"sten kaufen↓ * aber

C der postbote muß die möglichkeit haben die po"st loszuwerden

B ja sicher↓ dat na
C ordnungsgemäß↓ * das hat also der schiedsmann nicht zu

B nee das sti"mmt auch↓
C vertreten↓ in de"r sache würd

C ich also ratenzahlung beantragen das ist mö"glich↑ * wegen der

C fuffzig mark die kriege i"ch nicht- * sondern die kriegt die

Transkript: 43 **Seite 23**

C stadt↑ * da kann man also sagen gut- * ich möchte ratenzahlung
C haben in monatlich- * zehn ma"rk↓ ** ja↑ * dem wird die stadt
C also durchaus äh- * entsprechen↑ ** da ist also nichts gegen
C ei"nzuwenden↓ * das ge"ht↓ aber die verfahrenskosten vorm
B erklär erst mal den schrieb nech↑
C schie"dsmann hier↓ ja↓ *
B (...)
C die müssen also u"mgehend bezahlt werden↑ * und ich geh
C davon aus daß das der fall ist nech↑ ** ja da- * muß man sich
B möglich is das so↓ *
C also mal- dann muß man sich eben mal
B darlehen aufnehmen- *
C en: darlehen aufnehmen- * beim freund oder bekannten-
B für fünfzig mark-
C oder- * das besorgen- * in der heutigen zeit dürfte
C es eigentlich kein problem sein solch einen klackerbetrach- *
C äh:m sich- #**# zusammen*zu*arbeiten oder so #sich# zu
K KLOPFEN KLOPFEN
C zu besorgen↓ * das ist ja ein betrach- * den- * ü"berwiegend- *
C jeder bürger in der tasche hat- * sei es ob er zu=m: fest geht
B (ja gut in die) knei"pe
C oder in ne kneipe- * so viel geld müßte man also besorgen-
B und zum fest ge"h ich nicht ich bin nur auf=em acker zu
B hause und zur arbeit-
C ja das spielt keine rolle aber so viel geld hat
B ob- nee
C man in der regel immer fürn lebensunterhalt daß
B hab ich aber nich- (...)
C man also- dies: äh bezahlen kann sonst
C muß man zum sozialamt gehen und sozialhilfe beantragen nich↑
B ja↑ * schreibst du den zettel auf↑
C nich↑ * die möglichkeit
C gibt=s↓ * mußt du mal hi"nfahren nich↑ * >(...)<
B LACHT ja↓ * fahr ich hin↓ * die fünfzig mark hol ich mir dann↓

Transkript: 43 **Seite 24**

B du da krieg ich kein arbeitslosengeld ich bi"n
C ja jedenfalls-

B nicht arbeits/ äh arbeitslos jemeldet↓ bin nur
C ja das kann ich *

B so zum-
C zu diesem rechtsfall kann ich also nichts sa"gen- *

C muß man zum amt (...) gehen- * zu dem zuständigen

B dann sag doch mir-
C sachbearbeiter im sozialamt der wird also genau- * sagen

C was sache ist wenn jemand keine- * äh mittel hat↑ * zum

B ich lebe von meiner
C lebensunterhalt der kann also zur stadt gehn-

B ta"nte↓
C +und- * hilfe zum lebensunterhalt äh ver*langen bei

C der stadt↓ * die frage ist nu"r↑ * ist ein angehöriger dort- *

C vorhanden der unter umständen unterhaltspflichtig ist↓ * das

C könnte passiern↓ * dann kann man natürlich kei"n geld

C kriegen nich↑ * die stadt holt sich das dann wie"der↓ **

C aber in diesem falle brauchen wer gar nich diskutieren↑

B nee brauchen mer nich↓ +>hast schon recht<
C die gerichtskosten-

B (...)
C erwarte ich daß die also umgehend bezahlt werden- *

C und in der anderen sache- * gibt=s die möglichkeit zu sagen

C bitte ich möchte ratenzahlung- * beantragen- * dem wird mit

B ja könn=wer machen↓
C sicherheit stattgegeben werden↓ ** +so"↓ *

B ja↓ also- <tschüß ne↑>
C und die sache ist damit hier erledigt ja↑ ne↑ *

C jut↓ #*15* >klein moment noch↓< ** (müssen meine
K HANTIEREN MIT AKTENKOFFER UND UNTERLAGEN / B GEHT /

C unterlagen noch rein)↓ *21* >(was ist das)↓ *3* da- *
K WEITERES LEISERES HANTIEREN / VOGELGEZWITSCHER UND SIRENE

C sirenen gehn↓ *5* →(hab ich vorher gesa"cht)↓←<#
K

K KURZE UNTERBRECHUNG DER AUFNAHME

Transkript: 43 **Seite 25**

```
A                                          schönen dank-
C  gerichtskostenvorschuß zurück ne"↑                    jo↓ *

A  (...) (...)                                       (also wirklich)
C  alles klar- * zumindestens haben wir das erst ma aus der

A  schönen dank↓
C  welt jetzt-   * de"r-       belästigt sie nicht mehr↓
NM                         ja- *

A  ja↓ * schönen dank auch- * schönen dank↓
C        da können sie also von ausgehen↓   * nich↑

A  ja↓ wiedersehn-
C  jo↓ * tschüß↓   schön wiedersehn↓
```

Titel	Üble Nachrede
Nummer	3002.46
Dauer	65 min
Ort	Verwaltungsraum einer Schule in einer Großstadt in Nordrhein-Westfalen, der auch für andere kommunale Amtsgeschäfte des Bezirks zur Verfügung steht
Sprecher	A Frau Ritzbecker (Antragstellerin – Arzthelferin, die gesehen haben will, wie der Sohn Frau Schades vor der Praxis einen Geldschein aufgehoben und eingesteckt hat; beschuldigt Frau Schade der üblen Nachrede, weil diese die Möglichkeit, Frau Ritzbecker selbst könnte den Schein eingesteckt haben, ins Spiel gebracht hat)
	B Frau Schade (Antragsgegnerin – nimmt ihren Sohn in Schutz und beschuldigt ihrerseits Frau Ritzbecker, ihn zu Unrecht zum Dieb gestempelt zu haben)
	C Schiedsmann des Bezirks

Transkript: 46 **Seite 1**

C ich eröffne hiermit ordnungsgemäß die verhandlung vor dem
C schiedsmann- * in sachen der frau claudia ritzbecker
C gejen frau schade↓ * darf zunächst einmal bitten sich
C hier au"szuweisen vor dem schiedsmann↑ * denn ich mu"ß
C feststellen daß auch ta"tsächlich die genannten personen
C hier- * erschienen sind↓ *2,5* vorab darf ich sagen sie
C werden es festjestellt ham eingangs- ** hie"r- * vor dem
C schiedsmann↓ * wird entgegen- * verhandlungen bei
C geri"cht↓ ** in ni"chtöffentlicher verhandlung- * verhandelt↓
C das heißt also↓ ** bei gericht sitzen hinten jede menge
NW >mhm<
C zuhörer↑ * da sitzen schulklassen da sitzt die presse- *
C alles was da" gesprochen wird steht morgen in der zeitung↓ *
C #äh speziell im privatklageverfahren-# * deswegen hat man
K ABGEHACKT
C hier- * das amt des schiedsmannes einjeführt↑ * u"m- * im
C vo"rverfahren zur entlastung (der?dieser) jerichte↑ * die
C parteien einmal anzuhören und- * zu versu"chen einen
C bestehenden- * rechts*streit oder bestehende meinungsverhältnisse
C oder unklarheiten- * in aller ruhe und sachlichkeit oh:"ne
C öffentlichkeit- ** zu- ** erörtern↑ * und- * zu versuchen die
C angelegenheit aus der- * welt zu schaffen↓ ** ich darf also
C zunächst feststellen daß frau ritzbecker- * sich ordnungsgemäß
C durch personalausweis ausweist den geb ich hiermit zurück-
A mhm↓
C und ebenfalls- * frau schade ihr vorname ist franziska↑ *11*
C jawoll↑ * bitteschön- ** ich stelle fest daß die parteien zum
C heutigen termin- * ordnungsgemäß geladen sind↑ ** frau schade
C mit postzustellungsurkunde ausjehändigt am achtenzwanzigsten
C zwölften↓ ** frau ritzbecker ham sie" ihrm antrach no=etwas

Transkript: 46 **Seite 2**

A >nein↓<
C hinzuzufügen nein↓ frau schade ihnen habe ich eine
C ladung zum heutigen termin übersandt- *2* und als a"nlage- * das
C antragsschreiben der frau ritzbecker von sechsunzwanzigsten
C elften neunzehnhundert fümunachtzig beijefücht↓ ** ich gehe
C davon aus↓ * daß es uns gelingen wird heute hier- * die sache
C aus der welt zu schaffen und in aller ruhe und sachlichkeit
C oh"ne dabei laut zu werden oder unsachlich- ** hier über den
C vorfall- * zu- * sprechen↑ ** zunächst müßte ich be/ doch
C selber einige worte dazu sagen- * ih"nen frau schade↑ * ist
C also- ** hier mitgeteilt worden daß- * frau ritzbecker geseh"en
C hat und es hier vor dem schiedsmann durch unterschrift
C glaubwürdig versichert hat↑ das ist eine beurkundung die ich
B das wolln wir sehn↓
C hier aufgenommen habe- * äh daß- * ih"r sohn- * vor der
C haustür der arztpraxis- * in der frau ritzbecker als artzhelferin
C tätig ist einen- * hu"ndertmarkschein au"fgenommen hat und in
C die ta"sche gesteckt hat↓ * und daß da"rüber hinaus kurz
C darauf- * eine frau- * in die praxis gekommen is und hat jesacht
C ach gottogott jetzt hab ich- * noch mein geld verlorn↓ *
C und- ** da"s hat ihnen frau ritzbecker auch mitjeteilt daß sie
C das ge"sehen hat was ich auch nicht in abrede stelle- * sie"
C hingegen sagen das stimmt nich daß mein kind das gemacht hat- *
B ja↓ >ganz sicher<
C und bestreiten das↓ und da" geb ich ihnen
C jetzt- * gelegenheit sich zu der sache zu äußern↑ * durch diesen
C sachverhalt ist darüber hinau"s- * ein streit unter ihnen
C beiden entstanden da"hingehend und da müßte ich hier frau
C ritzbecker beipflichten daß es so" natürlich nicht geht↑ *
C wenn sie als arzthelferin in der praxis doktor ketzer tätig
C ist- * daß sie" dann da rum*tönen oder rumöhöhöhwirbeln

Transkript: 46 **Seite 3**

C und sagen hier dies und jenes- * und bringen hier die frau
C ritzbecker bei anderen leuten in mißkredit↓ * äh frau
C ritzbecker ist nicht gewillt- * derartige üble nachreden- *
C hinzunehmen und erwartet deswegen heute abend hier- * daß sie
B das verlang
C sich für dieses fehlverhalten entschuldigen↓ da" geb ich jetzt
B i"ch- also von frau ritzbecker au"ch↓ *
C jelegenheit zur äußerung↓
B ja↑
C da können wer gerne drüber sprechen aber zunächst- * geb ich
C ih"nen doch äh gelegenheit zur stellungnahme↓ fe"st steht doch
C ei"nes↓ frau- ** schade↓ * da"ß- * frau ritzbecker gesehen hat- *
C daß ih"r kind- * diesen geldschein↓ * un=wir wollen nicht darüber
C uns streiten ob=s n hundertmarkschein jewesen ist das kann von
C mir aus auch n fünfmarkschein oder n zehnmarkschein gewesen
C sein↓ ** da"rum geht=s ja >nich↓< * es geht darum daß- * frau
C ritzbecker gesehn hat daß ihr sohn ta"tsächlich vor dem haus
C einen geldschein aufjenommen hat und in die ta"sche gesteckt
C hat↓ und da- ** werden wir nich drum rumkommen ihr das
C abzunehmen↓ und sie sagen nun dat stimmt nich ich weiß nich
C ob sie ihren sohn diesbezüglich zur rede jestellt ham aber- *
C ich gebe ihnen nun mal jelegenheit dazu- * sich zu äußern un
C ich bitte darum das in aller ruhe und sachlichkeit zu tun wir
C ham hier zeit genu"ch- * entgegen- * verhandlungen vor gericht- *
C die- * für solche- * fälle natürlich ni"cht so viel zeit
B erstmal hat man gesagt es is um acht
C haben↓ * bitteschön↓ **
B uhr passiert- * dann is es viertel vor neun passiert obwohl
B ich gesagt habe mein kind is aber um halb neun aus=m haus
B gegangen is das alles um ha"lb neun passiert mit dem geld↓ *
B da sind schon mei"ner meinung nach widersprüche↓ * frau

Transkript: 46 **Seite 4**

B ritzbecker hat mi"r gesagt sie hätte den jungen is hinter
B dem jungen hergelaufen hätte ihn festgehalten↑ * und hat
B gesaacht gib mir die hundert mark sofort her↓ * und wo ich sie
B zur rede gestellt habe hat sie zugegeben daß sie den jungen
B gar nicht festgehalten hat- * denn der junge hat gesagt
B sie kam mit der zigarette aus der praxis raus da is noch=n
B vorflur- * und hat ihm zugerufen- * hast du hier geld gefunden
B ich habe hundert mark verlorn das is au"ch schon nich richtig
B denn sie" hat die hundert mark nicht verlorn↓ *
C nö das

B ja-
C spielt auch keine roll we"r das geld verlorn hat- * sie" hat
C ja auch nur gesehn↑ * und das steht hier auch nur drin im
C antrach- * daß ihr sohn- * äh: ei"nen- * geldschein↑ * wir wolln
C uns nicht da festlegen- * in die ta"sche gesteckt hat↓ * und
C das- * behauptet sie und im nachhinein ist eine kundin jekomm
C hat jesat bitteschön ich habe geld verloren- * das sind zwei

B +ja ja↓
C dinge die also zusammenpassen- +und äh ich nehme das

B ja kann
C durchaus der frau ritzbecker ab daß das so gewe"sen is↓

B ja sein↓
C meine kinder- * wir kennen das- * die sajen- * weiß ich nix von

B >(...)<
C bestreiten das streiten das a"b- * und sagen bin ich ni=jewesen

B doch ich müßte das geld ja
C sie" könn=s nich nachprüfen äh wenn sie nich dabeiwarn↓

B gefunden haben zuhause ja↑
C ja ähm- * gut↓ * ha"m se denn geld

B ich habe kei"n geld gefunden↓ * mein geld äh
C jefunden bei ihrm kind↓ gut↓

B mein sohn hatte also auch keine zeit irgendwie geld zu
B verstecken und sonst was↓ * ich habe mit-
C sind sie=n dabeijewesen als er

Transkript: 46 **Seite 5**

B nein dann hätt ich-
C vor der praxis war↑ sehn sie da hat er doch

C zeit jenuch gehabt auf dem nachhausewege das irgenwo zu

B ja ich weiß in de schulklasse↓ * >so wie man immer
C deponieren↓

B behauptet hat↓< * wir ham auch die klassenlehrerin hinzugezogen- *

B und mit ihr dadrüber gesprochen↓ * und die hat uns auch
C mhm↑

B gesagt also sie glaubt ihr das nich aber ni"cht der junge↓

B nein↓
C ja jesehn hat se=s aber auch nich oder↑ aber hier da ham wer aber

B ja ich kann- * auch viel
C eine zeujin die=s jesehn hat nich↑

B sagen als zeugin ja↑ ich kann auch n-
C ja aber- es stimmt aber

B en eid schwörn↓
C überein- +die aussage der äh frau ritzbecker mit der

B ja und ich-
C angabe der- * äh- kundin der arztpraxis- * die also

C übereinstimmend sagen a. der eine- * ich habe geld verlorn und der

B ja↓
C andere sacht b. ich hab es gesehn- * äh daß der sohn das in de

B ja ich kann- wie
C tasche gesteckt hat↓ * da sehn sie also vor

B gesagt↑ ja↓
C jericht ga"nz alt aus wenn zwei leute sagen das is sache↓

B ich habe kein beweis
C das: sind unwiderlegbare tatbestände nich↑

B daß mei"n sohn lügt↓ mein sohn hat kei"ne möglichkeit das geld

B auszugeben↓ ja↑
C ich meine wie"viel das gewesen ist- wa"s für n

B denn mein sohn da kann ich- * zeugen bringen-
C markschein- * das jewesen ist das wird frau äh ritzbecker auch

B mein sohn geht nie" alleine irgendwie in läden
C nich äh sehen können so unmittelbar↓

B wie man uns unterstellt hat daß er mit dem geld in=n marktkauf
C mhm↓

Transkript: 46 **Seite 6**

B geht und sich n großes teil kauft↓ das kann er gar nicht↓ *
C mhm↓

B weil er nu"r mit uns in lä/ so=ne läden geht↓ +und er is
C jut↓

B nachmittags auch nich draußen wie andre kinder↓ daß
C sie bestreiten

B also- * ja ich bestreite das↓ *
C also- daß- * ihr sohn- * äh:

B weil ich der
C einen- * jeldschein in die tasche jesteckt hat↓

B meinung bin ich hätt=es finden müssen↓ *2* das geld↓ ** und wir

B ham unsre pflicht getan wir sind auch zur klassenlehrerin

B gegangen- * und alles↓ *
C auf befragen hat ihr sohn- * äh- **

B mein sohn hat mir also sofort
C das auch ihnen jegenüber glaubwürdig versichert↓

B gesacht wenn ich das geld gefunden hätte ich hätt es dir auch

B gegeben was soll ich mit dem geld ich kann es nich ohne euer

B wissen ausgeben↓ * es würde wieso rauskommen↓ * und das kann

B er auch nich ausgeben weil mein kind namittachs nie weggeht wie

B andere kinder er spielt immer zuhause↓
C jut↓ klammern mer des

C mal aus↓ ** aber we=mer=s jetz wei"terverfolgen geht es

C natürlich ni"cht an- * daß sie" dann- ** in die praxis doktor

B äh darf ich sie bitte einmal
C ketzer gehn↑ * und hier einen- * streit vom

B nein darf ich sie einmal bitte unterbrechen wo das
C zaune brechen↑ ja↑

B passiert is den tach bin ich nachmittachs runtergegang weil ich

B noch zwei fragen hatte↓ * und ich war auch nich alleine in der

B praxis↑ * und es hat no=nich mal fünf minuten gedauert wir ham

B nu"r das gefragt was wer noch fragen wollten und wir ham

B auch ni"ch rumgeschrien↓ * dafür hab ich ne zeugin↓ * ich

B krichte besuch und habe gebeten daß sie mit mir runterkommt↓ *

Transkript: 46 **Seite 7**

B um sich selber n eindruck zu machen von frau ritzbeck↓ * und
B das hat sie wohl vergessen daß ich nich alleine in der praxis
B war↓ * das zweite mal bin ich laut geworden ja das stimmt↓
B ja↓
C mhm ja↓ * sehn se sie sollen aber zum beispiel jesacht haben↑ *
C un das is eine böse äh- * behauptung und die würd ich auch nich
C so hinnehmen- ** frau ritzbecker hätte es gerade nötig↓
B ich habe gesacht es könnte genau"so sein daß sie" sich
C sie würde ja nich
B das- ein moment↓
C genuch als arzthelferin bei doktor ketzer verdienen↓
B ich habe gesacht es könnte genau"so sein daß sie sich das se"lber
B eingesteckt ham↓ und das is n großer unterschied ob ich sage
B es könnte oder sie ha"m sich das eingesteckt↓ * jedenfalls
B für mi"ch is das n großer unterschied↓ * und ich lasse
B mich auch nich mit fäusten bedrohn↓
C sehn se und das durften sie
B ne↑
C zum beispiel schon mal nicht sagen↓ ** es könnte
B ←ja sie hat mein kind aber auch als dieb
C genauso sein daß sie das geld selber einjesteckt haben wissen
B bezeichnet ne↑→
C se- * wissen se was da"s ist↑ * wissen se was das ist wenn=so
C etwas sagen es könnte genauso sein daß sie das geld habe↑ *
B ja mein ←kind is:-→
C das ist ein bö"se unterstellung↓ das is eine unterstellung
B kein dieb er hat nix gestohlen↓
C des glatten betruges↓ jut
B ja↓
C ich nehme ihrem sohn ich nehme ihnen das ab wenn sie ihren
C sohn gefraacht haben- * vielleicht hat er=s geld öh weggeschmissen
C vielleicht hat er=s jemand anders jegeben ihr sohn hatt=es
C jedenfalls nich bei sich↓ * das nehm ich ihnen auch glaubwürdig
C ab↓ * darüber wolln wer uns auch gar nich streiten↓ mir geht es

Transkript: 46 Seite 8

C nur darum daß frau- * ritzbecker ihren ruf als arzthelferin zu
B ich-
C re"cht- * hie"r- * anjegriffen sieht wenn sie wie sie ja
C se"lber saren jesagt haben- * es könnte jenauso sein daß
B es kö"nnte sein↓ * daß sie sich das selber eingesteckt
C sie" das selb/↓ sehn sie da"s war
B haben↓ ja↓
C schon zu viel jesacht↓ * da"s durften sie nich sagen↓ un
C diese äußerung das erwartet frau ritzbecker↑ * darum geht es
C einzig un allein die dürfen sie nicht au"frechterhalten↑ weil
C sie das nämlich au"ch nicht beweisen können↑ * so etwas↑ *
C sowas können sie nur beweisen wenn sie=s jesehn ham↑ und frau
C ritzbecker erwartet↑ * daß sie diesbezüglich sich für diese
C äußerung entschuldijen↓ * un das is nich mehr- * wie ihr
C gutes recht↑ * ich bin gerne bereit hier zu protokollieren
C wenn sie dieses hier erklären↑ * daß wir ihren sohn hier etwas
C in äh:- ** aus der sache herausholen indem wir also uns
C dahingehend einijen- * äh daß sie also ihren sohn zur rede
C gestellt ham und er auf befragen erklärt hat daß er=s geld
B ich war auch bei der klassenlehrerin↓
C nicht einjesteckt hat und daß frau ritzbecker das zur
B ja: äh ich bin
C kenntnis nimmt↓ * das will ich gerne protokollieren↓
B mit fäusten bedroht worn von frau ritzbecker und nein↓ *
C nich↑ ja dem is
B tut mir leid↓
C doch sicherlich etwas vorausjegangen ich kann mir also
B jedes wort hat das andere gegeben ja↑
C vorstellen- wenn mi"r also jemand etwas sagt↑
C frau schade wenn mir jemand sagt es könnte genauso sein- *
C daß du" das geld in die tasche jesteckt hast↑ * das würd ich
B ja- * was soll ich denn- *
C also au"ch nich sitzen lassen↓

Transkript: 46 **Seite 9**

```
B   zwei frauen        stehen vor mein kind und nennen mein kind
C   sie hätten besser-             sie hätten besser das nicht

B   lügner↑       und dieb und er sollte das geld rausrücken er hätte
C   sagen sollen↓

B   das geld↑ * ja-                          ne↑
C              sie hätten das besser nicht sagen solln↑

B   sie können aber mein kind nich seelisch zugrunde richten die

B   beiden frauen tut mir leid↓                              doch-
C                              das hat mit ihrem kind jetz nichts

C   zu tun- * äh sie haben ja hier erklärt↑ * daß sie also öh

C   bestreiten daß ihr sohn das geld einjesteckt hat daß er- * es

C   ihnen auf befragen- * versichert hat das geld nich in=ne tasche

C   jesteckt zu ham ich bin gerne bereit zu protokollieren daß

C   frau ritzbecker- * diese erklärung zur kenntnis nimmt↓ *

C   #da"s ist ganz klar# ich nehme ihnen das ab wenn sie als
K   ABGEHACKT

C   mutter das sagen sie ham ihren sohn jefragt- * sagen noch sie

C   ham die lehrerin hinzujezojen- * ihr sohn hatte das geld nich- *

C   es war nich da"- * folglich könn wer das nich beweisen- * wir

C   müssen aber zur kenntnis nehmen daß die mutter- * das kind

C   jefraacht hat- * und es zur rede gestellt hat↓      das nimmt
NW                                                 mhm↓

C   frau ritzbecker ja auch gerne zur kenntnis aber das ändert

C   ni"chts daran- * daß die"se- ** bö"se- ** nachrede im raum steht

C   die vielleicht sogar unter zeugen im der praxis jefallen ist↑

C   es könnte jenauso sein- * daß sie das geld eingesteckt haben

B                                        ja↓
C   und das ham sie ja eben selbst jesacht-   daß sie im zuge

C   dieser- * aufrejung ich versteh das wenn ne mutter aufgeregt

C   is wenn ihr kind da irgenwie in im jespräch ist das is ein

C   normaler vorgang- * man muß aber trotzdem wissen was man sagt↑ *

C   die"s hätten sie besser ni"cht sagen sollen sehn se und das is

C   mei"ne aufgabe↑ * die"se äußerung hier aus der welt zu schaffen
```

Transkript: 46 **Seite 10**

B na- +nein also das-
C un wenn uns das heute abend gelingt- dann sind

B gelingt uns also nicht
C wir n ganz großes stück weiter↓

B nein denn ich bin mit fäusten bedroht worn und sie hat mich
C ja ich äh:-

B genauso angeschrien und a/ auch angeschrien- * äh sie würde den
C ich bin gerne

B jungen bei der polizei anzeigen und mich auch↑ gegen
C bereit frau äh- frau ritzbecker↓

B diebstahl und bitte ja↑ * und ich gebe meine sache denn eemt

B weiter n rechtsanwalt↓ * ja↑
C äh=es nützt ihnen äh fürchterlich

C wenig wenn sie äh mir sagen- * sie nehmen sich einen rechtsanwalt↓

B ja↓
C zunächst ist der schiedsmann hier einmal gefordert

C die sache aus der welt zu schaffen↓ * ich bin gerne

C bereit hier zu protokollieren↓ sollten im der zuge auseinander/

C im zuge der auseinandersetzungen- * #äh ←gegen**einander↓ *
K ARTIKULIERT DIE WÖRTER

C persönliche- * worte gefallen- * sein↑ * die- * geeignet- *
K ISOLIERT UND OHNE DURCHGÄNGIGE SATZINTONATION, ALS WÜRDE ER SIE

C waren- ** sich gegenseitig- * zu- * beleidijen- ** so- **
K MITSCHREIBEN: KLINGT ABGEHACKT / GEGEN ENDE DER PASSAGE

C nehmen bei"de- * parteien- ** nech↑ **
K PAPIERGERÄUSCHE

C dies mit dem ausdruck- * des bedauerns- ** zurück↓→# *
K

B mhm-
C wenn sie bei"de was gesacht haben↓ ei/ wir wissen das↓ *

C im jespräch↓ * ergibt ei"n wort das andere↓ * wenn einer laut

C wird wird der andere auch laut↓ * ei"n wort ergibt das andere

C da brauchen wer uns ga"r nichts vormachen↓ * ich bin also

C berei"t- * zu protokollieren↓ sollten im zuge dieser

C auseinandersetzung- * gegenseitige- * worte jefallen sein

C die also: geeichnet warn- * >als< beleidigung aufgefaßt zu

Transkript: 46 Seite 11

C werden >so< nehmen wir das bei"de mit dem ausdruck des bedauerns
C zurück das sollten sie auch frau ritzbecker hier äh getrost
C erklärn damit machen sie beide keinen fehler↓ * aber es bringt
C doch nichts wenn sie↑ * hier heute abend↓ * keine einigung
C erzielen würden↓ sie würden vor gericht gehn würden da n
C rechtsanwalt nehm was mein=se was das kostet↓ * wenn hie"r
C nur heute abend↓ ei"ner- * der antragssteller mit rechtsanwalt
C jekomm wäre- * wäre dat schon ein unkostenapparat von fünfhundert
B ich weiß das was das kostet↓
C mark gewesen↓ un wenn das zum jericht geht was meinen
C sie wie viele leute mir hier sagen- * äh ja herr schiedsmann
C ich bin in einer rechtsschutzversicherung mi"r is das ejal was
C dabei rauskommt↓ * die gehn zum jericht da kommt nichts bei rau"s
C das geht aus wie=s hornberger schießen im nachhinein sagen se- *
C hä"tten wir doch ihren vergleichsvorschlach anjenommen- * und
C wärn wir doch so vernünftig jewesen uns vor dem schiedsmann zu
C einijen- * das wäre be"sser jewesen↓ * frau"- * ritzbecker↓ *
C ich darf- * abschließend einmal saren↓ * jeben sie" sich
C einen ruck und sajen- * #bitteschön# sollte hier was jesacht
K KLOPFT AUF DEN TISCH
C sein- * was jeeignet war eine jegenseitige beleidijung- ** äh
C SEUFZT herbeizuführen so nehmen bei"de parteien das mit dem
C ausdruck des bedauerns zurück↓ * dann ist das aus der welt↓ *
C aber sie" müßten auch erklären daß also ich hab ich wörtlich
C mitje/ jeschriem es könnte jenauso sein daß- * frau- *
C ri"tzbecker das geld in die tasche jesteckt habe da"s is ne
C unterstellung↓ un das haben sie nich jesehn- * folglich dürfen
B nein- und man kann doch auch nicht
C se=s aber nich behaupten das müssen sie doch einsehn daß
B sagen mein kind is n dieb mein kind hat ni"x
C man das- * das hätte besser nicht- äh-

Transkript: 46 **Seite 12**

B gestohlen↓ ja-
C wir ham es ja eingangs protokolliert↑ ich bin also bereit

C hier- * äh das- * zur ehrenrettung des kindes aufzunehmen↑ *

C hier äh bitteschön- ** die äh ausführungen der

C antragsstellerin die nimmt frau ritzbecker zur

C zur kenntnis aber auf der a"ndern seite möcht ich do"ch äh

C protokolliern daß sie also künftig in der praxis m/ derartige

B ich wär den tach ja nicht
C gespräche bitte vermeiden nich↑

B reingegangen und äh-
C nich es jeht jetzt nich um den tach es jeht

C auch um künftije dinge sehn se mal in einer arztpraxis der

C doktor ketzer das is also ein müllerberger arzt der also

B ja das weiß ich↓
C äh eine spitzenqualität ist auf seinem sektor- * der kann

C es sich auch nich erlauben daß da in seiner praxis da äh äh:- *

B ich wollt- äh- bei
C dinge erzählt werden was was nich sache is und

B frau-
C das- * sollten wir hier heute abend deswegen aus der welt

C schaffen das is auch mit sicherheit im sinne von herrn doktor

B das erste mal hab ich ganz vernünftig nur n paar fragen
C ketzer-

B gehabt und ordentlich und anständig ja↑ * und da war ich wie

B gesacht nicht alleine↓ *3*
C nich ich bin also jerne bereit

B und wenn frau ritzbeck mich denn nich gesehen
C weitergehend zu protokollieren-

B hätte und vor mir weggelaufen wäre so schnell wie möglich- *

A mhm↓
B sie sind ganz gemütlich die straße runtergekomm mit der

B zigarette und wo sie mi"ch sahen ham sie die weggeschmissen

A +mhm↓
B und sind in=ne praxis gelaufen- +dann wär ich nämlich
C ja sie

Transkript: 46 **Seite 13**

A >mhm↓<
B nicht reingekommen↓
C wollte sie wollte weiteren ärger aus=em wege gehn gut
C wir wollen ich bin also gerne bereit zu protokollieren als
C abschließenden satz wir wolln versuchen künftig wieder
C miteinander auszukomm- * nich wenn sie in der praxis sitzt
C als arzthelferin- * dann is jeder kunde glei"ch dann wird jeder
C gleich behandelt und sie wolln erwarten wenn sie in die praxis
C gehn- * daß sie jenau wie jeder andere dort begrüßt und behandelt
C werden das könn wir aber nur erreichen- * wenn wir hier heute
C abend protokollieren- * wi"r wolln versuchen nämlich bei"de- **
C künftig wieder miteinander auszukomm- * dann wär die sache
C aus der welt sehn se mal hier ein verfahren vor dem
C schiedsmann frau- * äh schade das kostet vierzig mark- * di/
C diese äußerung die sie ja hier jemacht haben↓ * die steht
B die bestreit ich-
C ja zweifelsohne fest↓ * selbst wenn das gericht alles
C andere ausklammern würde so wie ich es jetz auch mache- * es
C protokollieren würde in ihrem sinne in ihrem sinne↓ * bleibt
C diese gro"be und diese bö"se üble nachrede daß sie sajen es
B ja aber
C könnte sein daß sie das geld in die tasche jesteckt hat <i"mmer
B mein kind darf man dieb nennen↓ stehln
C übrig↓> wir ham i/ nein wir-
B is für mich was andres↓
C wir ham ihr kind ja nun hier auch zu ihrer
C ehrenrettung aus dem schneider jeholt indem wir das zur
C kenntnis nehm was sie uns jesacht haben↓ * aber da"s muß
C vom ti"sch was sie hier- * äh jesacht haben sie ich hab es
B ich entschuldije mich nicht weil ich das gleiche
C mitprotokolliert↓
B verlangen kann↓ unser name is auch in=n
C ich hab es ja eben jesacht↓ * ich hab ich

Transkript: 46 **Seite 14**

B schmutz gezogen worden ja-
C hab es ich hab es ihnen ja jesacht ich bin- * gerne bereit
C und das öh wird mit sicherheit auch frau ritzbecker wird
C dem zustimmen- * äh daß wir also hier sajen sollten im zuge
C der auseinandersetzung- * ge:"genseitige persönliche ge/ worte
C gefallen sein die geeichnet waren- * eine beleidijung öh als
C beleidijung aufjefaßt zu wern nich wahr so nehm wir bei"de
C dies mit dem ausdruck des bedauerns zurück dann si"nd se
C aus=em schneider- * frau schade also das is äh: n a/ ein
C anjebot mehr kann ich ihnen wirklich hier nich machen↓ *
C wenn sie mit dieser sache zum jericht gehn glauben se sicher
C sie fa"lln au"fs kreu"z↓ * allein wejen dieser einen äußerung↓
C * selbst der richter wird es genauso machen wie ich der wird
C also die be/- * nebensächlichkeiten hier- * äh herausnehm↓ aber
C zum schutze der- * perso:"n der arzthelferin und zum schutze
C einer- * a"rztpraxis- * die ich jetzt auch mal hier n bischen
C in den vordergrund stellen- * will- * mu"ß man und sollte
C man doch versuchen- * die sache auf gütlichem wege hier äh zu
C bereinijen↓ es bringt doch nichts es bringt ihnen nur ärger- *
C man sitzt aams zuhause grübelt darüber na"ch- * mensch wat is da
C bloß jewesen- * sehn se ma ein verfahren hier vor dem schiedsmann↓
C * das kostet sage und schreibe- * vierzig mark↓ ** und
C wenn se zum jericht gehn↓ * dann könn se ne null dahinterhängen↓
C plus rechtsanwaltkosten- * das is schon die zweite
C gerichtsinstanz die beratung in der ersten instanz kommt dazu
C dann sind se schon unter umständen zweitausend mark los↓ *
C wollen sie" das risiko eingehn- * daß sie wejen dieses satzes
C es könnte sein- * daß sie das geld in die tasche einjeste/
C einjesteckt hätte äh vielleicht auf diesen janzen kosten
C hängenbleiben also ich würd das risiko nich eingehn↓ * ich

Transkript: 46 **Seite 15**

B wir ham auch ne
C bin gerne bereit zu ihrer äh- ** äh- genuchtuung

B existenz zu verlieren↓ noch mehr als die frau
C äh- ich bin bin also gerne bereit

B ritzbecker ja↑
C frau äh frau schade zu ihrer äh genuchtuung das in diesem

C sinne zu protokollieren ich glaube da machen wer nichts

C verkehrt- * ich bin sogar der ansicht- * daß das im beiderseitigen

C interesse geschieht- * aber die sache als solches frau schade- *

C die- * sollten wir doch heute abend hier aus der welt schaffen es

C bringt nix wenn hier große prozesse um nix- * äh: jeführt

C werden- * es is besser- * hier vor dem schiedsmann die sache

C zu bereinijen- * und hier einen vergleich zu schließen- * als äh:

C hier äh: die gerichte zu bemühen wegen solch einer- *

C angelegenheit- * wo im grunde jenommen doch nicht viel bei

C rauskommt nämlich nur- * da"s daß einer der parteien nach hause

C geht- * mit- * einem urteilsspruch und vielleicht noch einer- *

C öffentlichen entschuldijung↓ und diese- * öffentliche entschuldijung

C die bliebe mit sicherhei"t bezüchlich des jeldes in die tasche

C stecken bei ihnen hängen↓ * und deswegen- * hie"r wird nicht

C öffentlich verhandelt vor dem schiedsmann- * und in aller ruhe

C und sachlichkeit- * äh bei jericht wird mit etwas- * härteren

C bandagen gekämpft das wissen sie ja auch selber da brauch

C ich nich- * äh näher drauf eingehn↓ * mei"n vergleichvorschlach

C also abschließend nochma"l- ** sie frau ritzbecker nehmen zur

C kenntnis- * daß- * frau schade- * hier- * glaubwürdig

C geäußert hat ihr kind befraacht- * zu haben und daß das kind

C versichert hat- * das geld nicht- * bei sich zu haben und nicht

A mhm↓
C in der tasche zu haben↓ * müssen wir frau schade abnehm↓

A mhm hab ich ihr auch von vornherein abgenomm hatt ich
C gut↓

Transkript: 46 **Seite 16**

A niemals bestritten↓
C äh- +desweiteren kommt dann hie"r aber
C die erklärung- * daß sie bezüglich dieses äh daß sie
C diesen- * äh au"sspruch woll ma so saren mit dem ausdruck des
C bedauerns- * zurücknehmen↓ * sie brauchen es- * nicht zu frau- *
C ritzbecker sajen es jenücht wenn sie=s mir als schiedsmann
B unterschreim tu ich aber hier ga"r
C sajen↓ * ich bin also äh als amtsperson berechtigt das
B nix nein↓
C entgejenzunehm und es an frau- * äh ritzbecker weiterzuleiten↓
C ich mein sie ham=s ja selber jesacht daß ihnen das
C rausjerutscht is ich kann das schon verstehn wenn man- * da äh- *
C was jesacht bekommt daß man dann- * da so was schon mal sacht↓ *
C es mußte nich sein↓ * darüber sind wir uns doch wohl einig↓
B natürlich aber ich untersch/-
C sehn sie dann sin wer doch n ganz großes
B äh nein ich unterschreibe ga"r nix↓ (...)
C stückchen weiter↓ ja nun lassen se
B (...)
C mich doch erst mal äh wei"tersprechen↓ ich bin also weiterhin
C bereit↓ * zu saren sollten im zuge dieser ausenandersetzung
C eben worte jefallen sein die jeeichnet waren- * als beleidijende
C äußerungen aufjefaßt- * zu werden- * so nehmen bei"de nämlich- *
C frau ritzbecker u"n frau schade- * dies mit dem ausdruck des
C bedauerns zurück↓ * das können sie also getrost hier erklären↓
C bei"de die sie hier sitzen↓ sie ham nämlich dann bei"de- * einen
C kleinen ruck sich gegeben und- * einen beitrach zur
C wiederherstellung des rechtsfriedens↓ * hier- * geleistet↓ *7*
C und als nä"chstes mü"ßte ich hier- * protokollieren daß sie
C versuchen wo"llen- ** künftig wieder miteinander au"szukommen↓ *
C daß das nich von heute auf morgen geht↓ * und daß sie hinterm
C tresen stehn bei dokter ketzer sagen #ach guten morgen frau
K SPIELT FREUNDLICHKEIT

Transkript: 46 **Seite 17**

C schade-# * so wie=s früher vielleicht immer war↓ * daß sie
K
C vielleicht nur sagen guten morgen frau schade und n bischen
C sachlicher und ruhijer- * im laufe der jahre- * im laufe der zeit
C reguliert sich das alles von alleine wieder- * is mir völlig
C klar↓ * a"ber es wäre kein vergleich wenn nich jeder- *
C versuchen- * würde- * seinen beitrag dazu zu leisten
C künftig wieder miteinander auszukommen↓ * wir mü"ssen
C mitenander auskommen↓ * sie" sind- * drauf anjewiesen wenn sie
C zum a"rzt müssen- * in der praxis zurechtzukommen und sie
C is äh- * hier äh ähm- * in der l/ äh l/ in die lage versetzt daß
C sie- * äh im auftrage ihres- * arztes hier mit den- * ku"nden- *
C mit den patienten auskommen muß↓ * sie muß- * wird se sicherlich
C auch tun jeden patienten gleich behandeln- * gleich fröhlich
C gleich freundlich- * und da sollte so ein- * mißkredit- * aus der
C welt jeschaffen wern↓ * da"s is mein vergleichsvorschlach und sie
C täten gut dran↓ wei"l- * diesen vergleichsvorschlach anzunehmen↓
C ** sie tun wirklich gut daran und sie machen wirklich nichts
C verkehrt↓ ich sa"chte es scho"n mal↓ * hier das verfahren vor dem
C schiedsmann↓ * ko"stet vie"rzig ma"rk↓ * da=s also überhaupt
C kein diskussionspunkt↓ * ja↑ * und wenn wir hier einen
C vergleich schließen↓ dann darf ich da"zu den a"lten spruch- *
C der justiz einmal sagen↓ * ein ma"gerer vergleich↓ * selbst wenn
C der ein oder andere der meinung ist- * also ganz zufrieden bin
C ich ja nu nicht↓ * aber ein ma"gerer vergleich is besser als
C ein fetter prozeß↓ glauben >sie=s mir↓< * ich nei"ge da"zu- * in
C diesem falle↓ * zu saren weil ei"n wort das andere ergeben ha"t↓
C * ←zu saren- * die kosten des verfahrens↑ * trächt je"de- *
C partei- * je" zur hälfte↓ * das heißt jeder mit fünfzig

Transkript: 46 **Seite 18**

C prozent↓→ * nämlich vierzig mark verfahrenskosten- * hie"r
C zwanzig mark verfahrenskosten- * un=da" zwanzig mark
C verfahrenskosten- * hie"r die hälfte der entstandenen- *
C gerichtsjebühren bezüglich schreibauslagen und portokosten- *
C und hie"r die hälfte der entstandenen schreibauslaren
C und portokosten↓ * da"s wäre mein vergleichsvorschlach- *
C und sie tun gut dran glauben se=s mir- * diesen meinen
C vergleichsvorschlag anzunehmen↓ * sie machen wirklich
C nichts verkehrt↓ * ich bin wirklich der le"tzte der also nich
C verstä"ndnis dafür hätte- * wenn- * im leben mal- * das eine oder
C andere- * gesagt wird- * dazu steh ich viel zu sehr- * in der
C öffentlichkeit und in der öffentlichkeitsarbeit- * äh- *
C ich hab also tä"glich mit über hundertfünfzig menschen zu tun- *
C glauben=sicher da geht auch nich immer alles so glatt übern n- *
C über n ti"sch↑ * glaum=se nich daß jeder da fröhlich reinkommt
C hallo herr sowieso- * äh da ist auch mancher mal mißjelaunt- **
C auch ich selbst- * pack äh pack dir sülfs an de näse is=n altes
C sprichwort nich↑ * pack dich selbst an der nase- * bin
C vielleicht auch nich immer so wie- * es vielleicht der kunde- *
C von mir erwartet↓ ich hab auch mal n schlechten tach↓ mir kann
C auch mal ne laus über de leber jelaufen sein↓ * aber auch
C damit muß man leben↓ * und we"nn man mal was verkehrt macht
C dann soll man auch so viel schneid haben das einzugestehn und
C sagen gut- * is in ordnung dat is mir so rausjefutscht weil ein
C wort dat andere ergeben hat- * und denn is die sache aus der
C welt und da machen sie wirklich nichts verkehrt↓ * und das is
C mein vergleichsvorschlach↓ * ich unterbreche für fünf minuten
C die verhandlung sie dürfen jerne jeder jetz eben zigarette
B   äh: is hier ne telefonzelle   in der nähe↑
C rauchen und sich das überlejen wat sie gesacht hat-

Transkript: 46 **Seite 19**

B ich möchte gern wenn=s möglich is einmal anrufen↓
C äh ich kann
C gerne für sie ihren anwalt anrufen wenn sie einen haben- *
C äh meine frage zunächst is der ob die antragsstellerin bereit
C wär diesen meinen vergleichsvorschlach auch zu akzeptieren
C >denn sonst komm wer nämlich gar nich weiter↓ nich-< * mei"ne
C empfehlung frau äh- ** ritzbecker is die↓ * sie"- * können
C diesen vergleichsvorschlach meines erachtens ruhig so- *
C akzeptieren↓ * aber sie" müßten auch frau schade diese äh
C äußerung hier die ich hier wörtlich mitgeschrieben hab auch
C zurücknehm↓ * denn wenn da"s nich der fall ist- * dann komm
C wer nämlich nich weiter und dann- * wäre die sache im grunde
C ni"cht äh beendet↓ * sie tun gut dran↓ ** meinen
B ich weiß
C vergleichsvorschlag anzunehm↓ glauben se=s sicher↓ *
B es nich↓ * ich würde ganz gerne also einmal telefoniern↓
C +nich eine telefonzelle hier haben wir nicht hier↓ * die nächste
C ist erst weit unten im hallenbad↓ es bringt aber im grunde
C jenommen nichts- * denn die verhandlungsführung liecht beim
B ja das weiß ich trotzdem also kann mir
C schiedsmann >nich↑< ja und äh:-
B keiner also verbieten HOLT LUFT mein an:ähwalt hinzuzuziehn
B nich den hab ich-
C der hat also wenn ich etma eswa etwas sagen darf äh
C zu einem anwalt beim schiedsmann↑ * beim schiedsmann hat
B aber ich kann mir ne
C der anwalt also kei"n rederecht↓ **
B auskunft holen nich↑ ja: denn ich habe
C der hat nur eine bera"tende funktion↑
B mich- jedesmal erkundigt↓
C der kann sie also n:/ nur da"hingehend beraten↑ *
B ganz
C äh: sollen wir diesen vergleichsvorschlag in dieser art so

Transkript: 46 **Seite 20**

B recht↓ * ja das möcht ich- da"s möcht ich von
C akzeptiern↑ * oder solln wir es nicht↓

B mein anwalt wissen ja↑
C ja↑ äh:- * ich bin gerne bereit öh

C ihren anwalt hier anzurufen das müßte ich dann aber machen

C weil die verhandlungsführung bei mir liecht- * aber: öh- * ich

C seh da keinen großen si"nn drin↓ * denn- * entscheiden müssen

B ja das weiß
C sie se"lbst↓ sie" sind hier nämlich beschuldigte↓

B ich aber trotzdem hab ich hier also mein anwalt jedesmal
C ja-

B angerufen↓
C ja das dann hätte er hier mit hinkommen müssen

C heute nich↑ * die gelegenheit hatten sie ja↓ * sich einen

C anwalt zu nehm und ihn hier mit hinzubringen ne↑ * das is ja

C jedem freigestellt↓ er hätte hier also durchaus als beistand↑ *

C fungieren können das recht hat jeder↓ * nu"r gut daß sie ihn

C nicht mitjebracht haben denn sonst- * kämen nämlich doch

B das weiß ich↓
C fünfhundert mark kosten- * für den anwalt mit dazu↓

C und die würde ich in kei"nem falle der frau- * ritzbecker

B das verlangt doch gar keiner↓ * aber
C auferlegen können↓ nech↑

B mir also kann doch keiner verbieten wenn ich ne auskunft bei

B mein anwalt hole↓
C ja ich k/ habe nur keine möglichkeit hier

B jedenfalls
C also die mh: verhandlung diesbezüglich oh äh zu unterbrechen

B äh- * ja das find ich auch jedenfalls also
C nich äh- ich sage ihnen- ich

B ich unterschreibe-
C sage ihnen noch einmal mhm was ich ihnen jesagt habe- * sie

C haben hier das darf ich also von mir sagen einen seh"r- **

C gütlichen und vä"terlichen schiedsmann vor sich sitzen- * es

C jibt auch andere↓ * es jibt auch schiedsmänner die wenn sie

Transkript: 46 **Seite 21**

C also keine einigungsbereitschaft sehen↑ * sagen is mir doch
C scheißegal wat die leute machen↓ * erklärt die sache für- *
C äh gescheitert un denn is er den fall lo"s in zehn minuten↓ *
C das kann ich au"ch das will ich aber nich↓ * ich möchte gern
C daß sie sich- * äh- * hie"r doch ei"nigen und vertra"jen dat das
C is meine auf"gabe und ich wäre unzufrieden glauben se sicher- *
C äh wenn mir das nich gelüngen gelingen würde hier solch eine
C belanglose sache aus der welt zu schaffen↓ * das is für mich
C ein ein ei/ ein fall der äh nich so" schwerwiejend is daß
C man da die gerichte mit be*lästigen muß↓ * nich da=s ein
C fall der hier vom schiedsmann geregelt werden ka"nn- * und
C geregelt werden so"llte da muß man nich groß die gerichte
C hier noch einspannen↓ * ich meine also- * ich hab es ihnen
C ja- * nochmal jesagt ich bin also ihnen- * äh frau schade
C wirklich entjegenjekommen wenn ich also bereit bin das zu
C protokollie"ren das brauchte ich nämlich eigentlich gar nicht↓ *
C äh: wenn ich also bereit bin das zu protokolliern- * daß sie also
C hier sagen- * äh öh=öh ihr sohn- * sacht das gegenteil sie
C bestreiten das und daß sie- * ihren sohn befraacht ham un daß
C er ihnen jegenüber glaubwürdig versichert hat- * er hätte das
C geld nich- * un daß frau schade das zur kenntnis nimmt↓ * auch
C frau schade wäre nich- * äh verpfli"chtet dieses anliegen des
C schiedsmanns so- * hinzunehmen die sachte nee da bin ich- * nich
C mit einverstanden es is ja ein entgegenkommen von mi"r↓ * wenn
C ich derartige- * äh- * ergä"nzende protokollierungen zur
C ehrenrettung ihres- * sohnes hier aufnehme↓ * ich könnte ja
C auch drauf verzichten↓ * ich könnte reagieren und sajen is mir
C doch ejal ob sie sich einigen oder nich aber ich bin bemüht
C hier ne einijung herbeizuführen↓ * und es sollte mit=m teufel

Transkript: 46 **Seite 22**

C zugehn wenn mir das nich gelingen würde↓ * frau schade ich
C hab es ihnen no"chmal gesagt jetz- * diese äu"ßerung diese
C erklä"rung nehm ich ihnen also a"b und gebe es an frau- *
C ritzbecker weiter und frau ritzbecker is bereit diese
C erklärung ihrerseits entge"jenzunehm↓ * ja↑ * äh ferner- * bin
C ich bereit als schiedsmann zu protokollieren sollten im zuge
C der auseinandersetzungen worte jefallen sein wie jesacht- * die
C geeignet wären- * eine gejenseitije beleidigung herzu/ hinzu- *
C zu führen so werden die"se mit dem ausdruck des bedauerns
C zurückjenomm- * aber es ändert ni"chts daran↑ * an ih"rem satz
C den ich hier wörtlich protokolliert habe daß sie das jesacht
C haben↓ >un da"s hätten sie besser nich getan↓< * da"s wird ihnen
C mit sicherheit auch ihr anwalt sajen↓ aber- * ich bin ja- * ih"nen
C entgegenjekommen hier↑ * indem ich bereit bin das zu
C protokollieren sollten im zuge der auseinandersetzung- * wo:"rte
B ja also man
C jefallen sein die jeeignet sind und so weiter- * ich ich brau"chte
B darf sozusagen zum kind sagen er is n dieb
C das ja gar nich↓ * ich brau"chte das nich ich will-
B und n kind muß das akzeptiern und sich von=n erwachsenen fertig
B machen lassen- +ja sitz
C sie sitzen jetz immer auf ihrem- * kind noch↓ wir
B ich noch ja↑ weil
C sind ja wir sind ja jetzt so" weit frau schade daß
B mein sohn das auch mit verkraften muß↓
C wir- * daß wir ihre äußerungen die sie hier ja nun eingehend
C zur sache jemacht haben↑ * zur kenntnis jenommen haben↓ * wir ham
C ei"ngehend gehört daß sie sich- * sogar unter hinzuziehung
C der schule mit diesem thema befaßt haben daß sie" sich hier
C versichert haben ihr kind sacht nei"n ich wa"r=s nich- * und daß
C die"se äußerung- * von frau- * ritzbecker hier ih"re äußerung
C nämlich- * zur kenntnis jenommen wird↓ ** sie könnte ja auch

Transkript: 46 **Seite 23**

C sagen das intressiert mich alles nich ich hab das jesehn ich
C bleib dabei aber sie- * is ja bereit zu sagen gut ich nehme
C ihre- * äußerung zum schutze ihres kindes zur ke"nntnis↓ * das
C is ein entge"jenkommen von frau ritzbecker hier↓ * nich und
C frau ritzbecker würde das si"cherlich nicht sagen↑ sie is ja
C auch- * bemü"ht hier- * äh- ** hier ruhe und frieden einkehren
C zu lassen die sache aus der we"lt zu schaffen↓ * sie könnt ja
C auch sagen nei"n↑ * kommt überhaupt nich in fra"ge- * könnte auch
C auf stur schalten wie sie=s jetz machen↑ * da kommt aber nichts
C bei herau"s im jejenteil- * sie is bereit zu saren gut ich
C nehme die ausführungen von frau schade- * zur kenntnis↓ **
C i"ch bin als schiedsmann auch bereit das zu protokollieren
C hier sollten eben wie jesacht jejenseitige äußerungen jefallen
C sein- * so werden diese von bei"den seiten mit dem ausdruck des
C bedauerns zurückgenommen↓ * denn ich kann mir vorstellen in
C einem gespräch wenn dies wort fällt und jenes da prasseln
C irndwelche meinungen und wortschätze aufeinander- * da fällt
C schon mal dies und jenes wort↓ * wi"r lejen uns hier nich
C fe"st daß hier jesacht worden is #du dumme pute du alte gans#
K KLOPFT ZWEIMAL AUF DEN TISCH
C oder was auch immer↑ * sondern wir saren sollten wo"rte
C jefallen sein↓ * wir könnten ja auch noch die sache vertiefen
C und sie anbölken und anschrein und sagen was hat se denn nun
C gesacht- * ich könnte ihnen das aus der nase ziehn und ihnen
C was is da jesacht worn- * dann regen sie sich noch einmal
C au"f↑ * schreien sich hier an- * werden laut nochmal und saren
C dies und jenes is da jesacht worn- * das will ich aber doch
C vermei"den frau schade ich will doch hier- * vermei"den daß
C sie sich hier unnütz aufrejen das bri"ngt nämlich nichts das
C bringt ihnen nichts und der sache auch nich↓ * im gejenteil- *

Transkript: 46 **Seite 24**

C ich will hier erreichen- * daß sie sich wieder vertra"gen↓ * und
C da so"llten sie sich n kleinen ruck geben↓ ich meine sie se"hen
C doch nun das entgegenkommen der antragsstellerin- * und sie sehen
C das entjegenkommen des schiedsmanns hier- * also meh"r kann ich
C hier wirklich nich bieten frau schade↓ * und da brauchen wer
C auch keinen rechtsanwalt für- * das liecht hier doch klar auf=er
C hand↑ * hier kann man entweder sajen jawo"ll- * da bin ich mit
C ei"nverstanden is die sache aus der we"lt- * und das würde auch
C jeder rechtsanwalt ihnen empfehlen und wenn ich ihnen das als
C schiedsmann empfehle- * und da"rüber hinaus hier noch sage- * die
C kosten des verfahrens trägt jeder je zur hä"lfte↓ * dann is das
C doch ein entge"genkommen von beiden seiten↓ fifty fifty also
C mehr geht doch wirklich nich↓ * und re"chtsschlüsse aus solch
C einer ko"stenregelung↓ * die" können also nicht herbeigeleitet
C werden eine ko"stenregelung- * hat mit der sa"chregelung als
C solches nichts zu tun das is nur ein entge"genkommen- * ein
C nachgeben- * von dieser und jener seite um- * wieder ruhe und
C frieden einkehren zu lassen↓ sehn se mal wir haben gra"d die
C weihnachtszeit gehabt↓ ich habe bewußt- * diesen termin nicht mehr
C vor weihnachten gemacht↓ um- * sie- * bei"de in ruhe weihnachten
C feiern zu lassen↓ aber jetz haben wir neujahr jehabt und sind
C im neuen jahr↓ * und da sollten wir wirklich nich mit streit hier
C heute aamd dieses haus hier verlassen↓ * also- ** frau schade
C das müssen se doch wohl einsehn↓ ** und da brauchen wir keinen
C anwalt für wenn wir solch eine regelung hier treffen↓ * da wird
C ihnen je"der- * a"nwalt der also vernünftig die sache- *
C diskutiert und sieht sajen jawohl- * mit dieser- * maßgabe- * der
C kostentei"lung fifty fifty- * und mit dieser- * ge"jenseitijen
C formulie"rung u"nd dem bemü"hen- * hie"r- * gegenseitig sich

Transkript: 46 **Seite 25**

```
C künftig wieder- * zu vertragen- * >mit die"ser regelung bin ich
C einverstanden↓ * also meh"r kann man nun wirklich zu sagen↓< *6*
A                                     ja aber äh kosten ich hab
C ich mein das is ja nun wirklich-
A kosten ich hab doch mein geld schon bezahlt↓ warum soll ich
A denn jetz auf einmal noch was zahlen das-
C                                äh nein      sie kriegen ja den
A                                       ach so↓
C nicht verbrauchten teil zurück↓ **           ja↑ * nich↓ äh- *
A                          >gut↓<
C verstehen se recht↓          immer der der die musik bestellt
A                               ja ja is klar↓
C muß sie zunä"chst bezahlen↓     sie kriegen ja den nicht
C verbrauchten teil zurück↓ * und den übrigen teil den müßte
A                           >ja ja ich mein den hab ich ja schon
C frau schade bezahln↓                  nich↑
A bezahlt↓(...)<
C ich sacht=es ja verfahrenskosten vierzig mark↑ * plus- * äh
A                                                    mhm↓
C portoauslaren und schreibjebüren geteilt durch zwei↓
C nich so daß sie- * einhalb der verfahrenskosten- * von ihrem
C vorschuß abjezogen bekämen und den rest kriechten sie wieder- *
A                                                    mhm mhm↓
C und den übrijen rest müßte frau schade bezahln↓
C >ja↓ * das wär ihnen klar↓< *4* ja" frau schade↓ ** da stehn
C wer nun↓ ** und das is mein letztes anjebot was ich hier zu
C machen habe↓ ** i"ch würde ihnen empfehlen- * nehmen sie diesen- *
C vergleichsvorschlag an↑ ** man muß sich wenn man einen
C vergleich geschlossen hat vorm schiedsmann und hier die sache
C bereinigt hat↓ * nicht unbedengt- * unbedingt sofort- *
C hier weil man nun fröhlich is daß die sache aus der welt is- *
C äh: die hand geben das kann der schiedsmann schlecht erwarten↓ *
C aber er sollte erwarten daß über diese sache als solches- *
C kei"n sterbenswort mehr jesprochen wird- * daß man wirklich
```

Transkript: 46 **Seite 26**

C sagen kann- * #gott sei dank# daß das aus der welt is- * und wenn
K KLOPFT AUF DEN TISCH

C jemand fragt was is draus geworden daß man dann getrost sagen

C kann- * wi"r haben uns geei"nigt- * und dann weiß jeder die sache

C is erledigt >und dann sacht man da nichts groß dazu↓< * wie

C jesacht wenn dies zum gericht geht- *2* ich möchte also nicht in

C der haut des ein oder anderen stecken↓ *5* ich würde ihnen also

C noch mal empfehlen- * machen sie das so- * wie ich ihnen das

C eben jesacht habe- * dann machen sie wirklich nichts verkehrt↓

C *9* sie können gerne ihren mann fragen wenn sie den einmal

B +mein mann hat soweit da mit ja nix
C hereinholen wollen-

B zu tun nich↑ das is nur ebend-
C ja darum hab ich ja auch beide männer herausjeschickt- *

B daß man ihn immer
C ich bin immer der meinung äh viele- * viele köche

B belästigt hat per telefon ne↑
C äh viele köche verderben den brei↑ * deswegen hab ich auch- *

C äh: (chr)onologerweise herrn ritzbecker- * gebeten draußen

C zu warten- * äh sie sehen ich habe nur mit ihnen beiden zu

C tun- ** bei jericht jeht das n bischen anders her↓ * da wird

C also mit harten bandagen gekämpft da sitzt hinten die presse un

B +das weiß ich↓
C morgen steht es in der zeitung- +und übermorgen

C steht drin frau meier wurde verurteilt- * und äh wenn dann

C noch n urteilsspruch kommt sie wird aufjefordert- * mit dem

C ausdruck des bedauerns in öffentlicher bekanntmachung dies

C zurückzunehmen- * und denn sieht man also ganz alt aus↓

B das weiß ich was:-
C und das sind also enorme kosten↓ * sehn se und

C deswegen ham wi"r hier nun hinter- *

C verschlossener tür und in nichtöffentlicher sitzung über die

Transkript: 46 **Seite 27**

C sache eingehend jesprochen- * und ich bin der meinung- * daß
C wir die sache nunmehr hier- * zum abschluß bringen sollten- *
C meh"r- * kann ich ihnen also in dieser sache nicht anbieten
C bei"den nicht↓ ** und ich meine- * äh frau schade sie täten
C gut daran- * sich hier mit frau ritzbecker wieder zu vertraren↓
C * es is im interesse beider- * äh es is sicherlich- * auch für
C frau ritzbecker kein leichter gang gewesen hier den
C schiedsmann anzurufen glauben se=s mir↓ denn sie is in der
C arztpraxis immer- * äh: mit sicherheit als fröhliche mitarbeiterin
C bekannt- * und so etwas- * machen wer uns nix vor belastet einen
C dann doch n bißchen nich↑ * un deswegen hat sie auch den
C schiedsmann angerufen und ihn gebeten hier die sache zu
C bereinijen↓ *11* ich mein sie sie sagen ja selbst↓ *
B ja das streit ich auch nich ab↓
C das hatten sie jesacht↓ * das- * äh-
B entweder i/ mein sohn is auch kein dieb also-
C wen- und- * ich <sach ich sachte es ja> äh i/ ich
C sach nein das is ja auch →aus der welt↓← ich sacht=es
C ihnen ja scho"n mal- * ein wort ergibt das andere wenn man
C jegenseitig was sacht oder wenn dies oder jenes behauptet
C wird- * ein wort ergibt das andere- * #nur we"nn ich etwas sa"ge-
K BESONDERS INTENSIV UND
C * dann muß ich es überle:"gen vo"rher überlegen was ich sage↓ *#
K EINDRINGLICH
C nich erst herausballern und hinterher tut=s mir leid↓ *
C das geht nich↓ und die"sen- * sache- * die muß vom tisch↓
C un das ist das anliegen der frau ritzbecker hier- * die
C ja nun au"ch in aller ruhe und sachlichkeit hier zugehört hat
C was ich hier erzählt habe- * die auch bemüht is hier ihren
C beitrag zu leisten- * und es is wirklich ein entjegenkommen
C auch von frau ritzbecker- * wenn wir das in dieser art hier

Transkript: 46 **Seite 28**

C zu protokoll bringen↓ ** und dann müssen sie sich auch n
C kleinen ruck geben frau schade↓ ** des i"s nun ma=halt so daß
C das so im leben is↓ ** >das< könn=wer nich- ** ä"ndern nich↑ *14*
B ich weiß es nicht↓
C tja↓ * PUSTET also jetz müßt se sich
C entscheiden äh das geht also nicht daß sie immer sagen ich
C weiß es nicht- * ich habe es ihnen zweimal nun vorgelesen- *
C ein anderer vergleichsvorschlach kann ich leider nich
C unterbreiten- * eine andere protokollierung ist auch in
C dieser sache nicht möglich- ** ich sa"ch=s ihnen nochmal
C frau schade- ** sie können gewiß sein- ** daß- * auch ein richter
C fraren würde- * bitteschön welchen vergleichsvorschlach hat
C der- * schiedsmann denn unterbreitet↑ * ich- * laß das bei den
C akten hier↓ *3* sie tun also gut dran- * hier- ** dieses hier zur
C kenntnis zu nehmen un was ihren sohn anbelangt- * hab ich ihre- *
C äußerungen ausführlich protokolliert hier und- * die
C antragsstellerin nimmt=s zur kenntnis- * mehr könn wer nich
C tun- ** damit steht einmal- * hier die aussage und hier
C ihre- * erklärung- ** nach befragen des sohnes- ** die sache
C ist damit- ** gleich m/ aussage gegen aussage- ** aber- *
C das eine bleibt übrig nämlich die äußerung- ** was sie
C gesacht ham es könnte sein nämlich >daß frau ritzbecker
C das geld in die tasche gesteckt hat< und da=s eine
C üble- * üble nachrede- * ←die:" sie:"→ nicht- **
C hätten saren dürfen↑ * und die sie nicht aufrecht erhalten
C dürfen- * und darüber sollten sie sich im klaren sein↓ >und
C bezüglich< die"ser äußerung- ** können sie empfindlich bei
C gericht verurteilt wern↓ ga"nz empfindlich >sogar↓< * denn- *
C sie können gewiß sein es is n unterschied- * ob ich so etwas
C sage- ** zu einer- ** näherin↑ oder ob ich so etwas sare- *

Transkript: 46 **Seite 29**

C zu einer- ** arzthelferin in einer arztpraxis↓ nich denn die"

C hat ja auch eine gewisse dienststellung in der öffentlichkeit

B +hat mein mann auch↓ mein mann hat mit sehr viel
C inne- ja↓

B geld zu tun und wenn man behauptet unser sohn ist n dieb
C gut- is in ordnung↓

B ja↑ kann ja auch seinen arbeitsplatz verliern ja↑
C ist in ord/ äh es hätt es es hat hier keiner- * es hat hier

C keiner frau schade gesacht- * ihr sohn sei ein dieb- *

B nein >ich weiß nich wenn-<
C das stimmt nicht↓ nei"n nei"n frau schade sie

C lügen nicht↓ * es hat hier kei"ner jesacht ihr sohn ist ein dieb↓

C un mehr kann ich- * in dieser sache
K UNTERBRECHUNG / KASSETTENENDE

C nicht sagen↓ * sie tun gut dran den vergleichsvorschlach des

C schiedsmanns zu akzeptiern↓ *26* tja frau schade was- * →möchten

C se denn← ham↓ *11,5* ich kann also mehr entgegenkommen in dieser

C sache nicht zeigen- ** das tut mir leid- * #mehr ist hier also
K IMMER LEISER WERDEND

C für mich nicht drin↓# ** wenn ich noch anders ich sachte ihnen

C sie haben hier einen gnädijen schiedsmann vor sich- * wenn ich

C anders verfahren würde würde ich alles ausklammern und würde

C lediglich ihre eine äußerung übriglassen- * und würde glattweg

C noch dazu überjehn hier zu sajen das is eine ganz böse üble

C nachrede da müssen sie noch fünfhundert mark bußgeld- * an die

C deutsche krebshilfe für bezahlen↓ * un=da"s könnte ihnen bei

C jericht passieren↓ * glauben se=s↓ ** und das- * können se glauben

C so wahr ich hier sitze↓ *2* da brauchen se nich nich lächeln

C und nich äh- * äh äh nich mi=m kopf schütteln das- * sind

C ta"tsachen was nich geht- * es is nich das erstemal daß jemand

C hier aus dem schiedsmannjebäude herausjeht- * ohne von mir

C einen saftigen denkzettel bekommen zu haben ich habe neulich

Transkript: 46 **Seite 30**

C * noch jemand der einen vogel jezeicht hat im straßenverkehr- *
C *die fünfhundert mark geld*buße- * auferlecht-* damit sie mal janz
K JEMAND SCHNEUZT SICH
C klar wissen wo meine meinung und der wech hier langgeht ne↑ * und
C sie können jewiß sein ich bin nich jewillt- * diese äußerung die
C sie ja jesacht haben hinzunehmen↓ bin ich nich jewillt↓ **
NW HUSTET
C und wird auch kei"n richter↓ ** und die muß vom tisch↓ **
C und darüber müßten- * und sollten sie sich im klaren sein↓ ** wenn
C sie also hier bei mir dies entgegenkommen heute abend gefunden
C ham daß ich in aller- ** ruhe und vernunft hier die sache
C SEUFZT so- * beurteile und so sehe- * dann können sie also froh
C sein hier ein solch einen- * äh: sachlichen schiedsmann
C gefunden zu haben- *2* so janz passen tut=s mir auch nich↑ kann
C ich ihnen ruhig sagen↑ und bei der- ** art der äußerung- * so
C janz passen wird=s sicherlich auch nich frau ritzbecker bei der
C art der äußerung- * aber ich sachte ihnen schon mal frau
C ritzbecker wird mit sicherheit etwas entgegenkommen zeigen und
C bereit sein wenn die sache aus der welt ist- * hier zu sagen
C gut- ** wenn jeder seinen teil dazu beitrācht denn bin ich die
C letzte die nich sagen >würde gut is in ordnung↓ * das is-< ** ne
C sache die sie eigentlich- * begreifen sollten↓ ** mehr kann ich
C ihnen dazu wirklich nich sagen↓ *8* sie kommen sich hier auch
C nicht verlassen vor ich hab es eben schon mal jesacht- * daß ich
C in aller ruhe und sachlichkeit hier die sache angehe- * ohne
C hektik ich lasse mir seh"r viel zeit- * bei der verhandlung
C einer solchen sache- * ich könnte auch- * das ganze in=ner
C halben stunde abwickeln und sagen- * mir doch ejal was die
C leute machen was hab ich davon↓ ** ich denk aber etwas anders- **
C * auch ich bin- ** froh wenn hier eine rejelung erfolgt und eine

Transkript: 46 **Seite 31**

C einijung erzielt wird- * um ihnen bei"den da entgegenzukommen↓
C * ha"ben davon- * tu ich nichts↓ * im gegenteil ich opfere
C meine freizeit hier denn- * ich sitze hier nämlich in- **
C meiner freizeit und ehrenamtlich ich hab da nix von nich- *
C bin nur bemüht hier den rechtsfrieden herzustellen↓ * ich
C sachte es ihnen schon mal es sollte mi=m teufel zujehn >wenn
C mer des hier nicht gelingen würde↓< *5* <ja meine frage an frau
C ritzbecker> sind sie denn bereit diese art der protokollierung des
A um des friedens willen ja↓
C vergleichs anzunehmen das is noch wichtig- um des
C friedens willen ich meine- * man sollte ja bemüht sein hier- *
C ruhe einkehren zu lassen- ** <frau"- * schade sind sie bereit>
B ja-
C diese vergleichsprotokollierung zuzustimmen- *6* gut↓ *
C denn wern wer das jetz zu protokoll bringen- * und dann
C #i"s# die sache frau schade- * aus der #welt# un frau
K SEHR BETONT KLOPFT AUF DEN TISCH
C ritzbecker↓ * und dann sollten wir hier auch wirklich ni"cht
C mehr drüber sprechen↓ * ich meine- * es ist nun mal- *
C diese- * dieser sa"chverhalt hier abjelaufen mit diesen und
C jenen begleiterscheinungen- * wir sollten von nun an- *
NW HUSTET
C das ganze als- * gewe"sen betrachten↓ * ja↑ das is
NW HUSTET
C jewe"sen- * mo"rgen haben wir ein neu"es datum und sollten dem
C mo"rgijen tach entgegen*schauen und nich- * das was
C gewesen is↓ * wenn man sich nämlich mit der vergangenheit
C nur belastet un nich fröhlich in die zukunft schaut- * da
C kommt nichts bei raus glauben se=s↓ * wer nu"r nach hinten
C guckt und nich freudvoll nach vorne↓ * das is n ganz armer
C mensch↓ * wer nu"r nach hinten guckt↓ ** nach vo"rne geht der
C blick↓ ** und wenn man- * a"lt ist oder wenn man krank ist

Transkript: 46 **Seite 32**

C dann sollte der blick- * nach vorne und nach oben gerichtet
C sein↓ * und das fro"hen und fröhlichen herzens glauben
C se=s↓ * und wer das nich kann welcher ein wenn ein mensch
C nicht gradeaus gucken kann↓ * nich frohen herzens nach vorne
C guckt↓ und nicht- * vielleicht mit dem halt nach oben↓ **
C das is n armer mensch↓ ** dem kann niemand helfen↓ * weder
C ein arzt noch sonst jemand↓ ** der blick sollte immer gradeaus
C jerichtet sein↓ * man sollte sich ni"cht mit dingen belasten die
C (...) erledigt sind und >hinter einem liegen↓< * glauben se=s↓ **
C das bringt nämlich nichts↓ ** gar nichts↓ ** gut dann werd
C ich das jetzt so protokollieren- * und dann is die sache wirklich
C aus der welt↓ ** und sie" SEUFZT tun gut dran ich mache jetz ne
C kleine pause weil ich das hier tippen miß- * muß- * we"nn einer
C von ihnen- * raucht- * ich unterbreche hier die verhandlung jetz
C so lange- * ich habe nichts dagegen wenn sie- * dann ne zijarette
C jetz hier rauchen↓ *11* die männer sitzen im ka"lten auto- *
C vielleicht sollten se sich jetz auf=m flur n bischen
C aufwärmen↓ * wenn sie das möchten- * wollen wollen sie
C bescheid sagen oder so solln wer dies erst- * protokollieren
C hier↓ *   #*12min,13sec*# frau schade was darf
K   C TIPPT
NW   mhm↓

B   ja↓
C ich bei ihnen als beruf aufnehmen hausfrau↑

C ja↑ #*18*# ich habe jetz auch die
K   C TIPPT
C möglichkeit- * all das was hier drinsteht- * herauszunehmen
C und ga"nz schlichtweg zu schreiben verhandlungsverlau"f- * es
C erschienen ersten zweitens zwischen den parteien wird folgender
C vergleich jeschlossen- * so daß auch da"s- * jar nich mehr in den
C gerichtsakten erscheint↓ * >is auch ein entgegenkommen von mir↓< *

Transkript: 46 **Seite 33**

```
B >mhm-<
C       #*6min*# so"↓ ich darf einmal verlesen was
K       C TIPPT

C wer hier geschrieben haben- *13* #protokoll numero fünfzig in
K                                   LIEST VOR

C diesem ba"nd- * schiedsmannbezirk müllerberg litzen →seite
K

C einunsiebzig neunundzwanzig müllerberg drei den zehnten januar
K

C neunzehnhundertvierunachtzig wilfersberg acht nebenstelle des
K

C bezirksamts← litzen↓ * antragssteller↑ * frau claudia ritzbecker
K

C arzthelferin wohnhaft neunundzwanzig müllerberg eins
K

C wiesentalstraße fünfzig a- * stellt am dreiunzwanzigsten
K

C elften neunzehnhunnertdreiunachtzig antrag auf durchführung
K

C einer güteverhandlung wegen übler nachrede gegen antragsgegner
K

C frau franziska schade hausfrau wohnhaft neunundzwanzig müllerberg
K

C eins hauptstraße a"cht# >is so richtig< ja↑ * #verhandlungsverlauf
K   UNTERBRICHT VORLESEN                        LIEST WEITER

C es erschienen↓ erstens die antragsstellerin zweitens die
K

C antragsgegnerin beide ausgewiesen durch personalausweis↓ *
K

C zwischen den parteien wird folgender vergleich geschlossen
K

C erstens frau ritzbecker nimmt zur kenntnis- * daß frau schade
K

C versichert ihren sohn befragt zu haben- * ob er einen geldschein
K

C aufgenommen und bei sich-# ** ha:be- * so muß es heißen↓ **
K     UNTERBRICHT VORLESEN

C #(...)# * verzeihung ob er einen geldschein aufgenommen und bei
K NUSCHELT
```

Transkript: 46 **Seite 34**

```
C sich- ** ha"be↓ ** so des müssen wir streichen↓ *2* #und daß
K                                                    LIEST WEITER

C er erklärt habe #dies sei nicht der fall↓# ** auch- * frau
K                  STAKKATO

C schade- ** auch hat frau schade keinen geldschein vorjefunden↓# *
K                                                  UNTERBRICHT VORLESEN

C nich↑ das hat sie ja hier eingehend erklärt↓ * #zweitens frau
K                                                 LIEST WEITER

C schade erklärt↓ * daß sie die gejenüber frau ritzbecker gemachte
K

C äußerung es könnte genauso sein- * daß sie" das geld eingesteckt
K

C habe mit dem ausdruck des bedauerns zurücknimmt↓ * dri"ttens
K

C beide parteien erklären- * wenn im zuge der wörtlichen
K

C auseinandersetzungen worte gefallen sind die geeignet waren
K

C gegenseitig als beleidijung au"fjefaßt zu werden- * daß sie diese
K

C äußerungen bedauern↓ * vie"rtens- * bei"de parteien wollen
K

C versuchen künftig wieder miteinander auszukommen- * fü"nftens
K

C die kosten des verfahrens vor dem schiedsmann trägt jede partei
K

C zur hälfte vorgelesen genehmigt und unterschrieben↓# * wenn da"s
K                                 ENDE DES VORLESENS

C einmal hier unterschreiben die beiden #dann is die sache damit- *
K                                       HANTIERENT MIT UNTERLAGEN

B                bekomm ich davon noch ne kopie↑
C erledigt↓ *6*#                                 +einmal da"- *
K

C eine kopie kann ich ihnen davon gerne zusenden↓ *5* frau

C schade- * da↓ #*12*# jawoll ich muß hier auch noch
K               NW HUSTET MEHRMALS

B                        ich würde gerne da ne kopie von haben↓
C unterschreiben ne↑ *9*
```

Transkript: 46 **Seite 35**

B wenn das geht↓ mhm↑
C ja↓ sch/ schick ich ihnen zu mit der kostenrechnung↑
C äh:m die gerichtskosten müßten sie nicht an den schiedsmann
C dann überweisen sondern- * direkt an frau ritzbecker die ja die
C janze sache hier bezahlt hat und v/ vor*gelegt hat nich↑ *
C denn früher wurde das geld an den schiedsmann überwiesen und der
C schob dat jeld also hin und her- * das war war eine unheimliche
C buchführungsbela"stung für den schiedsmann- * das jibt es
B mhm↓
C also nich mehr- +seit ersten januar vorigen jahres äh- *
C ist also der verglei"ch- * maßjebend- * der auch äh im notfall
C vollstreckt werden kann- * aus dem vergleich heraus- * äh ist zu-
C * verfahren daß der schiedsmann- * eine kostenrechnung zu erstellen
C hat eine gerichtskostenrechnung- * die er- * äh beiden parteien
C zustellt↓ * sowohl dem einen als auch dem andern↓ * mit der
C einen- * kostenrechung müßte ich äh- ** ←dann die äh:-→ **
C nicht verbrauchten gerichtskosten an sie" erstatten- * und mit
C der anderen kostenrechnung- * äh der abschrift da stände also der
C betrag drin frau:- * schade den sie" zu erstatten hätten und das
C direkt an die antragsste"llerin- * die ja die janzen kosten hier
B mhm↓ RÄUSPERT SICH
C zunächst vorgeschossen hat↓ * >das ist also- * der
C wech↓< * da jenücht es haben sie n n bankkonto ja nich↑ *
B ich ja↓
C ja wenn wenn sie einen verrechnungs*scheck ausstellen- * nur
C zur verrechnung- * und übersenden den- * an frau ritzbecker- * die
B ja kann ich auch n überweisungsauftrag machen
C äh anschr/-
B einfach↓
C können se auch machen das is alles ejal↓ ** ja↓ * damit
C schließ ich hier die verhandlung- * die sache ist erledigt- *
C und ich hoffe daß sie beide nunmehr hier nach hause gehn- * und
C kei"n wort mehr hierüber reden- * und bei"de auch doch äh

Transkript: 46 **Seite 36**

C zufrieden sind daß- * es jelungen ist hier die sache aus der
C welt zu schaffen↓ * ich sachte schon mal eingehends vorm
C schiedsmann wird nichtöffentlich verhandelt↓ * was hier" hinter
C verschlossenen türen gesprochen wird- * geht nie"mand was an- *
C nur- * die drei beteiligten die- * beiden- * sie beide >und mich- *
C und sonst niemand↓< * und das buch is zu- * ich will da nix mehr
C von hörn↓ ich schließe damit die verhandlung fah"rn sie
NW mhm↓
C vorsichtig nach hause es ist glatt↓ ja↑ * gut↓
NW mhm↓

Titel		Gegen Gotteslohn
Nummer		3003.99a
Dauer		39 min
Ort		Arbeitsgericht einer süddeutschen Großstadt
Sprecher	A1	Anna Leopold und
	A2	Gero Abel (das klagende Studentenpaar – fühlen sich vom Reformhausbesitzer Herrn May getäuscht; hatten gegen die Zusage von Ausbildungskosten für Herrn Abel unentgeltlich Aushilfsarbeiten im Reformhaus geleistet; klagen nach fristloser Kündigung Lohn und Ausbildungskosten ein)
	B	Herr May (der Beklagte – streitet entsprechende Absprachen und Zusagen ab; sah sich menschlich schwer enttäuscht)
	C	Herr Bergdorf (Arbeitsrichter)

Transkript: 99a **Seite 1**

C leopold gegen may↑ * und abel gegen may↓ #*11*#
K DIE BETEILIGTEN NEHMEN

C ja↓ * herr may was sagen se zu der kla:ge die klägerin sagt
K IHRE PLÄTZE EIN

B dazu is zu sagen- ** daß ähm-
C sie hätt noch geld zu kriegen↓ **

B ** der kläger-
C #äh wir reden nur über de frau leopold jetz ne↑#
K UNDEUTLICH GESPROCHEN

B RÄUSPERT SICH >bitte↑<
C <wir reden über die frau leopold jetzt↓>

B >+nein (red ich nicht)↓< * für den jungen mann da↓
C <nei"n wir

B ach so:-
C reden jetzt von der frau" leopold↓> sie" sagt sie sei vom

C siebten e"rsten bis zwölften zwoten als au"shilfe gegen einen

C stundenlohn von zehn mark beschäftigt gewesen sie rechnet

C sich vier/ zweihundertvierunddreißig stunden au"s für

C zweitausenddreihundertvierzig mark netto- * hat s=es gekriggt

B mhm- das stimmt ni"scht↑ *
C →wenn ja← wenn nei:n warum nicht-

B →es war-← es war bei- * der- ** frau leonhardt
C wa"s stimmt nicht↑

B >oder so- * bei< frollein- * leonhardt- ** #kei"nerlei- *
K STAKKATO

B bezahlung- * vereinbart-#
K
C sie hat u"nentgeltlich gearbeitet↓

B +jawoll- es ging- * #ja↓# * es ging von
K KURZ
C um gotteslohn↓

B vornerein- * so an↑ * wenn de wann de- * hier- * äh- * der

B junge mann- * zunächst mal meine frau angesprochen hat- * ob er- *

B bei uns nicht äh sich- * über- * die- * produkte und so weiter

B informiere kö"nnte- * er möchte gern da bissel- * öh:- **
C mhm↓

B hierherkommen net wahr- * und äh sein weil/ sein wi"ssen- * hier

Transkript: 99a **Seite 2**

B etwas auszubauen- ** #von- * einer- * bezah"lung-# ** →von
K STAKKATO

B eim← von eim stu"ndenlohn >→oder so←< war nie" die rede

B gewesen↓ *
C äh:- * versteh ich sie richtig↓ * i"st davon gar nich

C gespro"chen worden o:der hat man vereinbart daß nichts

B es: der junge mann hat von vornerein- * schon
C bezahlt wird↓ *

B gar nicht von einer- * bezah"lung gespro"chen daß er sie

B verlangt hätte- * wäre des der fall gewesen dann hätten wir=s

B abgelehnt↓ *
C ja herr may also ei/ eins versteh ich jetz nich so

C richtig↓ äh #ge/ ge/ gewöhnlicherweise↑# * äh- * leben die
K STOTTERT

C menschen von dem was sie verdie:nen nur wenige können von ihrm

C vermö"gen leben↓ * deswegen ist es doch ein wär=s doch

C u"ngewöhnlich daß er sagt ich komm jetz mal zu ih"nen und äh:- *

B genau so war=s↓
C will kein geld haben- * wie soll denn des gehn sogar

C au"szubildende kriegen noch geld und die können ja au" nix↓

B so war=s gewesen nur über bezah"lung war nicht die
C ne↑

B rede↓ * a"bsolut nicht↓ ** wir ham ja auch von vornerein gesacht

B daß die situation↑ * äh- * zunächst also jetzt mal so" is- *

B im hinblick auf die umsätze die also- * um- * wie sie jetzt im

B viertel letzten jahr der fall war fünfundzwanzig prozent

B na"chgelassen haben↓ * un wir sind nicht in der la:ge- *

B personal- * äh z/ dazunehmen un=nach dem was wir haben- *

B nicht wahr↑ * und äh damit war der fall erledigt es war

B keinerlei- * forderung gestellt worden↓ * wir wie gesacht wir

B hätten das a"bgelehnt↓ ** aber die wollten- * so bitte sie können

B sich hier inform/-
C ja ein welcher in äh als was äh sin denn die

Transkript: 99a **Seite 3**

B sie wollten sich informie"ren was
C beiden gekommen so:↓ **

B im reformhaus vor sich geht nicht↑ * is dann- * lediglisch↑ *

B äh:- * zum ersten januar- * äh die annahme als leh"rling- *

B das ham wir vereinbart- * mit ih:"m↓ nicht wahr- **
C #ja↓#
K KURZ

B und äh dementspreschend ham=mer die- * bezah"lung wie das das

B äh- * industrie und handelskammer- * schon festgelegt hat

B da daran ham wir uns gehalten- * ab januar↓ *3* das war- **

B der- * we"rdegang↓
C +→sagen sie←st/ äh stimmen denn

B dann allerdings- die treffen
C die stunden die da angegeben worden sind↓ *

B ab/ äh absolut nicht zu was hier behauptet wird-
C auch

B nicht wahr und da großartige summe da rauszuschlie/
C nicht- ja↑

B zu schlagen nischt wahr- * sind a"bsolut- * nischt
C >ja↓<

B in der- >ja↓< * lehnen wir gla"ttweg ab↓
C sind überhöht↓ **

B nicht wahr- und äh: isch bin
C ja des interessiert mich weniger ob s=es ablehnen äh ob=s

B möschte- bitte↑
C richtig ist nach der behauptung- ob des ob die zahlen-

C * zutreffend sind <also pf/ ganz konkret zu werden ←ähm> *

C sagt der herr abel er habe zweihundertsiebenunddreißig stunden-

C * bei ihnen gearbeitet↓ * vo"r dem lehrlingsverhältnis↓→ *3*

B isch äh wir haben die stunden die stunden nischt gezä"hlt- * äh

B die stunden↑ die stunden hat er bis
C und die frau leopold die sagt zweihundertvie"runddreißig

B ende des jahres so eingeteilt wie er wollte↓ * er
C stunden↓ >mhm↓<

B is fortgegangen nischt wahr- * und is gekommen- * wie=s ihm grad

Transkript: 99a **Seite 4**

B beliebte- und wir haben auch da*zu keine stellung
C #>mhm↓<#
K ENTRÜSTETES KOPFSCHÜTTELN BEI A1 UND A2

B genommen weil wie gesacht des verhältnis ja äh sehr äh

B sach=mer mal- * äh- * nichts besonderes war nicht↑ * >wir haben

B gsagt bitte hier sie können da lesen und hier is des und so

B weiter↓ * das war=s↓< * als leh"rling- * hab ich bestimmte

B ri"schtlinien gegeben- * nischt wahr- * und #da"ran# hat er
K KLOPFT AUF DEN TISCH

B sisch nischt gehalten↓ * er hat immer gemacht was er wollte↓ **

B nischt wahr↓ ** und es hat sisch systematisch- * erweitert- *

B nachdem isch- * persönlisch- * mir im klaren war- * welschen

B charakter un welsche einstellung er hat- * #das da war# dann
K UNDEUTLICH

B auch die ursache dafür- * das frollein- ** wegzuschicken↓ *

B so war das↓ * und im februar- * hab isch die kündischung
C >mhm↓< **

B ausgesprochen↓ ** ich kann-
C das is nich gegenstand des streits↓ es

C geht hier wirklich nur um um um- * die frage nicht ob die

C beiden wirklich kostenlos und wie lange gearbeitet haben↓ **

B bis dahin-
C ob sie überhaupt gearbeitet haben s wird ja immer

C schwieriger ne↑ * >ja↓< * jetz ham sie lang genug jetz äh mal

A1 +ja jetz würd ich mal gern sprechen-
C bitte- >(...)< was is bei

A1 wir ha"ben kei"nen
C der ei"nstellung- * besprochen worden↓

A1 stundenlohn von zehn d. mark vereinbart↓ * wir haben aber bei

A1 der einstellung un=s war nämlich so" n gespräch zwischen he"rr

A1 und frau may- * daß wi"r vereinbart haben- * vielleicht- * also

A1 wir ham=s konkre"t öh vereinbart als ←na"chfolger in das

A1 reformgeschäft eingeführt zu werden→ wir wollten das geschäft

Transkript: 99a **Seite 5**

A1 überneh"men weil herr may en nachfolger gesucht hat↑ wi"r beide↓
A2 ja also des
C sie beide-

A1 so war=s↓
A2 die äh die darstellung die herr may eben gegeben hat-

A1 wir wollten nicht die produ"kte kennenlernen-
A2 anna wenn ich des mal sagen darf- *

A2 der herr may hat gesagt ich hätte-
C sie wollten des geschäft übernehmen↓

A1 #ja↓#
K WIE UNTER LEICHTEM LACHEN
A2 +→ja also es is so-← * wir-
C ja dazu wird ma aber

A1 wir wollten die f/ ausbildung
C gewöhnlich nich a"rbeitnehmer↓ *

A1 bei herr may machen u"m danach das geschäft zu übernehmen zu

A1 einem späteren zeitraum↓ * irgendwann in der zukunft↓
A2 also in der chronologie

A2 war=s doch so↓ * un der herr may hat eben gesagt ich hätt mit

A2 seiner frau gesprochen äh ich wollte produkte kennenlernen- *

A2 des: stimmt nicht↓ äh ich hab herrn may angesprochen- * weil äh- *

A2 ich #kann/ die anna# und ich kannten herrn may und seine frau-
K STOTTERT LEICHT

A2 als kunden-
B das stimmt nischt↓
C sie durften lange reden- * >jetz

A2 also wir k/ äh sind- * sa=mer mal seit=em
C darf er reden↓ * ne↑<

A2 dreiviertel jahr bei may herrn may und frau may kunden gewesen- *

A2 un kannten sie von gesprächen her- * un nach=em sommer- * hab ich

A2 mit herrn may gesprochen so über- * situationen die man halt

A2 als kunde- * äh über die man als kunde spricht↓ * un da ham

A2 wer auch über die luft in pfarrheim gesprochen und der herr may

A2 hat gesagt- * ja" ich möcht auch sehn daß ich: jetzt- * ich

A2 such ja n geeigneten nachfolger- * daß ich dann in=en

A2 schwarzwald ziehn kann↓ * und auch mal hier rauskomm↓ *

Transkript: 99a **Seite 6**

A2 un daraufhin hab ich dann- * äh mit der anna auch drüber
A2 gesprochen der herr may sucht en nachfolger n geeigneten- *
A2 ei"gentlich is=es doch so- * de"s möcht ich machen↓ * des
A2 war- * unsere überlegung↑ * ich bin dann an herrn may
A2 herangetreten hab gesagt- * herr may sie haben mir gesagt sie
A2 suchen en geeigneten nachfolger- ** da kann kommen was will
A2 de"s möcht ich machen un der auf:gabe- * äh- * möcht ich mich
A2 stellen der möcht ich auch gewachsen sein und äh wenn ich auch
A2 schwierigkeiten haben mag des is mein des darauf können sie sich
A2 verlassen- * des is mein- * wille de"s möcht ich schaffen↓ *
A2 bei allen schwierigkeiten die=s geben mag↓ * äh- * weil man
A2 so was ja auch erst lernen muß↓ * um en geschäft zu führen und
A1 +>ausbildung↓<
A2 auch die- +neuform äh die ausbildung bei der
A2 neuform gesellschaft zu machen- ** äh ich hab halt äh der
A2 herr may wußte von mir- * ja:" des is jemand- * äh der →der
A2 will des wirklich machen un der der herr may kannte mich auch
A2 als kunde daß ich sehr interessiert bin-← * und immer sehr
A2 viel fragen stell un mich äh über die materie- * erkundige un
A2 damit befasse- * u:nd- * dann hat der herr may gesagt #ja# wenn
K KURZ
A2 sie das machen wollen- ** ich such en geeigneten nachfolger- **
A2 dann äh:- * ich hab dann auch gesagt daß des meine freundin die
A2 gleichen ziele hat un wir des gemeinsam machen wollen- * un
A2 sich des bietet sich ja auch an in dem fall dann- * un hat herr
A2 may gesagt- * →wenn sie das machen wollen↑← * da gibt=s
A2 folgende probleme- * ich kann sie nich als:- * arbeitnehmer
A2 einstellen- * ich kann=s äh ihnen also nich- ** äh- *2* sie
A2 als angestellten übernehmen- * sie mü"ßten in rebenhausen vier
A2 kurse machen↑ * un des äh um berechtigt zu sein en reformhaus

Transkript: 99a **Seite 7**

A2 zu befühnn un sie würden bei mi"r- * des geschäftsgebaren
A2 lernen- * also sie würden die äh- * ähm- * kaufmännischen- *
A2 dinge lernen und des äh- * die buchhaltung- * alles was
A2 dazugehört um en geschäft z=übernehm da soll ich reinwachsen↓ *
A2 #das de is# die ausgangssituation- * un hat herr may gesagt
K STOCKEND
A2 kommen sie doch mit ihrer freundin- ** äh- * bezeichnenderweise
A2 weiß der herr may den namen von meiner freundin noch nich mal- *
A2 äh und sprechen sie mit mir und meiner frau darüber↓ * meine
A2 frau is in kur↓ * un dann sind wir ne woche später- * äh zum
A2 gespräch gewesen zu viert der herr may und seine frau die anna
A2 und ich- * und da warn die ausgangslage- * da hat der is der
A2 herr may an uns rangetreten hat gesagt- * also- * sie machen
A1 >(mhm)↓<
A2 das- * sie machen auch die kurse in rebenhausen un die werden
A2 ihnen finanziert↓ * sie machen beide diese ausbildung bei mir- *
A2 als angestellte äh nehm ich sie ni"cht- * ich finanziere ihnen
A2 die kurse der neuform gesellschaft- * die sind ja sehr teuer↑ *
A2 wie sie auch wissen- * und äh- * sie machen das um das geschäft
A2 zu übernehmen↑ * äh bekommen natürlich ihre unkosten erstattet
A2 ich mußte mir dann ne monatskarte kaufen und die kleider reinigen-
A2 * u"nd so weiter- * und sie bekommen weil sie auch leben müssen
A2 en taschengeld↓ ** also=s waren zunä"chst mal >die die-<
C (...)
A2 und
C (...) bekommen weil sie auch leben müssen↑
A1 also- * es war kein
A2 taschengeld↓ <also die
C #ein taschengeld↓# >ja-<
K SEHR BETONT GESPROCHEN
A1 praktikantenverhältnis kein lehrverhältnis es war nur so- *
A2 finanzierung->
A1 abgemacht↓
A2 und ich hab natürlich mi"r auch ge*dacht un=mit meinen

Transkript: 99a **Seite 8**

A2 eltern drüber gesprochen- * wie is denn des ich geb meine äh- *
A1 (...)
A2 ich hab ja auch ne berufsausbildung- * äh gemacht- * ich geb
A2 das auf- * was ich bisher gemacht hab des is ja ne entwicklung
A2 der letzten ich bin vierundzwanzig jahre alt- * der letzten vier
A2 fünf jahre- * daß sich auch ergeben konnte↑ * daß ich äh
A2 gelernt hab im lauf der jahre nein auf dem äh berufsweg kann
A2 ich des: liegt mir nich da kann ich nich weitermachen- * das
A2 hat sich herausgestellt an der hochschule- * und #äh# ich
K KURZ
A2 bin mit dem reformhaus großgeworden durchs elternhaus und es
A2 hat sich äh in den letzten jahren hab ich mich viel damit
A2 befaßt- * und es hat sich an*äh*gebahnt daß- * und gezeigt des
A2 is das was ich wirklich machen möchte↓ * mir war auf einmal
A2 ich hab →meinen eltern gsa/ also← ist es möglich daß ich so"
A2 ein glück hab- * daß ich jetz auf einmal i"ch derjenige bin- *
A2 der bei herrn may des lernen darf der- * als sein nachfolger- *
A2 eingearbeitet wird und- * des- * war alles im <besten
C >wie lange soll-<
A2 einvernehmen> darf ich grad mal-
C wie lange sollte denn das dauern diese
A2 die einarbeitung der herr may- * ja der herr
C einarbeitungszeit bis zur übernahme↓
A1 >zwei jahre↓<
A2 may hat mir gesagt also wissen sie- ** äh- * normalerweise
A2 brauchen se drei jahre um so was zu lernen in ner lehre die n
A2 siebzehn oder achtzehnjähriger macht- ** sie sind so intelligent
A2 un ich kenn sie als kunden ich weiß von ihnen daß sie- * daß wir
A2 in der lage sind sie in anderthalb bis zwei jahren so weit zu
A1 und die kurse zu machen↓
A2 bringen↓ +in anderthalb bis zwei jahren
A2 sind sie in der lage bei ihrer intelligenz das alles geschafft
A2 zu haben↓ * und herr may hat eben noch äh angesprochen↑ * daß

Transkript: 99a **Seite 9**

A2 des keine besondere sache gewesen wär und- * wir hä/ äh- * herr
A2 may hätte zugelassen daß wir uns da halt auf*äh*halten und was
A2 lesen und n bißchen gucken- * des is au"ch nicht zutreffend- *
A2 meine mutter hat mit frau may ei"ne woche bevor der herr may- *
A2 die anna fortgeschickt hat↑ * noch gesprochen- * darüber
A2 gesprochen des war jetz hab ich falsch dargestellt- * ei"ne
A2 woche bevor i"ch entlassen worden bin- * hat meine mutter- * noch
A2 mit frau may telefoniert und die frau may hat ihr gesagt- ** äh-
A2 * wir sind ja so froh daß wer die beiden jungen leute haben- *
A1 ich war ja schon entlassen trotz allem↓ *
A2 und versch/ tja- * mhm- *
A2 <jaja> es war aber so daß nachdem du entlassen worden bist- *
A2 haben wir ja auch mit frau may weiter drüber gesprochen wie es
A1 (...)
A2 sich so entwickeln konnte daß jetzt die anna weggeschickt
A2 wird und da hat die frau may daraufhin dann gesagt- * #naja
K STAKKATO
A2 äh des jetz warten se mal# mein mann is im moment äh- * ich
K
A2 selber hab darunter auch zu leiden mein mann is im moment sehr
A1 >einer mieslichen laune (...)
A2 aggressiv un in e/ einer verfassung-
A1 wissen wir nicht↓<
A2 #+na gut# einer verfassung in der eben so was jetz passiert
K STOTTERT
A2 is- * wir werden des schon wieder klären↓ ich sprech ich nehm
A2 da einfluß auf mein mann- * des wird sich scho"n wieder glätten↓ *
A2 es wär ja auch möglich- * äh- * daß- * nachdem meine mutter mit
A2 frau may gesprochen hat- * hat sie gesagt sie sind froh: das hat
A2 sie das war auch während der ganzen monate auch im januar- *
A2 wenn kunden da warn- * haben die äh hat frau may gesagt wir s/
A2 haben jetz zwei sehr je/ nette junge leute die sehr interessiert
A2 sind- * die uns sehr entgegenkommen die uns sehr behilflich sind

Transkript: 99a **Seite 10**

A2 die keine arbeit scheuen und alles auf sich nehmen- * die
A2 äh anna hat sich bereit erklärt die putzarbeiten der putzfrau
A2 zu übernehmen- * die hilfs und putzkräfte sind ja entlassen
A2 worden weil wir da gearbeitet haben- * und arbeitskraft da" war↓
A2 * wir sind so froh daß die beiden da sind un wir auch würdige
A2 nachfolger ham denen wer des äh mit denen wer n sehr gutes
A2 einvernehmen haben- * u:nd äh BETONTES AUSATMEN * sie sollen sich
A2 mal keine sorgen machen um ihre kinder- ** ihr sohn und die anna-
A2 * äh mein mann is im moment ich hab darunter selwer zu leiden
A2 sehr aggressi"v und in ner äh schwierigen verfassung- * des
A2 gibt sich wieder ich werd da einfluß drauf nehmen- * des kommt
A2 schon wieder in die reihe- * wenn äh ihr sohn im geschäft is
A2 und- * äh mein mann is sehr unfreundlich un barsch- * dann
A2 soll er des nich so sich zu herzen nehmen nich so persönlich
A2 nehmen des wird wieder↓ * also so mal zu/ zunächst zu
C ja-

A2 den- vielen dingen die herr may gesagt hat↓
C äh- * jetzt- ja:↓ *

B ja↓
C ja des war fast no"ch mehr↓ * sie wollten noch kurz was:-

B das verhalten meiner das meiner-
C zurückerwidern↓ * aber bitte nicht so ausschweifend sonst hätten

B verhalten das verhalten meiner frau so
C wir nicht wenig zu tun↓

B is wie das wie=s geschildert wurde-
C ja↓ +interessiert mich weniger

B trifft nicht zu↓ trifft absolut
C (...) klar↓ es is auch egal↓ →äh

B nicht zu↓ nicht wahr↓
C passen sie auf passen sie auf← also- es is doch

C ga"nz offensichtlich sie sin ja bei"de enttäuscht über den lauf

A2 #ja↓#
K SEUFZEND
C der entwicklung sie haben=s sich ursprünglich beide ganz

C a"nders vorgestellt und zwar in einem sehr viel positiveren

Transkript: 99a **Seite 11**

C sinne↓ * nich↑ dementsprechend fühlen sie sich jetz vermutlich

C un das is auch des was ich selber spüre und zwar an an- * an

C äh an aggressionen herauskommt des mag durchaus sein des is auch

A2 ach aggression gar nich mal ich bin
C legitim↓ * un verständlich↓ <aber

A2 halt (unzufrieden)-
C jetz is ei"nes> sie haben eigentlich ihrer klage

C weitgehend selber den boden entzo"gen↓ * denn die behauptung

C en stundenlohn von zehn mark netto oder dergleichen is ja nich

A2 nee ich habe von mi"r aus eine den äh- * zugrun/
C wah"r↓ mh↑

A2 äh stundenlohn von zehn mark zugrunde gelegt- * ersa"tzweise

A1 >mir ham kein geld gekriegt↓<
A2 für die zusagen die herr may mir gemacht hat↓ * ich habe- *

A2 wir haben nie über n stundenlohn gesprochen↓
B <das stimmt nischt↓>
C einen moment moment moment

B (...)-
C #<jetz hören se doch mal auf> dauernd immer nur mit#
K VERÄRGERT

C stimmt nicht des ist doch jetzt lassen se doch mal bißchen die

C luft raus↓ * sie kommen doch deswegen net zu eim besseren recht

B #>(...)<#
K KURZER AUSRUF
C nur wenn sie hier furchbar- * >öh: draufhaun↓< *

C äh- ** sie ham wollten- * bei"de daß des geschäft übernommen

C wird von ihnen nach einer gewissen übergangsphase und damit sie

C leben können sagten sie hätten sie n taschengeld kriegen sollen

C taschengeld is sicherlich aber keine zweitausendvierhundert ma"rk

A2 nein ich habe ein taschengeld
C im monat netto↓ * das is doch ein (...) verdienst↓

A2 zugesprochen bekommen- * und die finanzierung der kurse in

A2 rebenhausen →das war für mich (geld)← damals die
C okay↓

A2 situation war ja die des hatt=ich äh:-
C ja gut aber zu den kursen

Transkript: 99a **Seite 12**

A1 nein↓
A2 aber äh die
C is es schon nich gekommen offenbar >nich↑< *

A2 kurse waren für mich der we:"rt↑ * de/ den die arbeit ausmacht↓ *

A2 ich hab mir doch überlegt mutter #was mach ich jetzt↓# *
K EINZELN BETONEND

C vorausgesetzt des klappt auch alles aber daß ma=in

C vertragsverhandlungen ist und des letzten endes scheitert is

C des normalste der welt↓ * vielleicht daß sie da besonders

A2 ja aber die äb/ äh:- * die kurse machen
C frustriert sind des- * kann schon sein

A2 en wert aus äh von für mich zehntausend mark und die müssen

A2 doch- * äh im zeitraum von anderthalb bis zwei jahren gesehen

A2 werden und auf die" monate verrechnet werden-
C aber die kurse haben doch für

C sie bei"de nur sinn wenn es auch zur übernahme des geschäfts

A2 nei:n die kurse-
C ko"mmt nachdem des so frühzeitig gescheitert sin is natürlich

C #de de de die# voraussetzung für die kurse auch längst gefallen↓
K STOTTERT

A1 aber die sollten
A2 do"ch die kurse ham für mich n großen wert die kurse-
C des mag schon

A1 doch auch einer- aber-
C sein aber von wem aber dann machen sie sie aber

C müssen sie selber bezahlen sie könn do net sagen- * weil ich mich

C bereit erklärt hab da mal n monat zu arbeiten mit der chance des

A2 nee die
C geschäft zu übernehm muß er mir die kurse jetzt zahlen (...)

A2 müssen ver/ äh vergl/ äh ersatzweise verrechnet werden↓

C #nei"n↓ * nei"n↓# ** überhaupt net↓ * da gehn sie da"nn
K GEHAUCHT

A2 ja des
C hätten sie des aber vertraglich vereinbaren müssen↓ * dann setzt

A2 war-
C mer sich #hi"n un macht en schriftlichen vertra"g wo die
K C UNTERSTÜTZT JEDEN AKZENT (") DURCH KLOPFEN AUF

Transkript: 99a **Seite 13**

C we"chselseitigen re"chte un pfli"chten haa"rgenau" dri"nstehn#
K DEN TISCH

A1 ja des war naiv
C →würd ich ihnen in zukunft sowieso" raten↓← *

A1 aber- aber wir ham doch ta"tsächlich
A2 +ja aber des war ja was was herr may-

A1 gearbeitet man kann doch nich arbeiten fü/ für ohne geld↓
C in der

A1 weil wir ham ja ausgemacht daß wir-
C in der hoffnung und erwartung →so wird=s doch sein← in der

C hoffnung und erwartung später des gschäft übernehmen zu können↓

C * zu bedingungen die offenbar au"ch no=net besprochen worden

A1 über bedingungen-
A2 tja wir haben ja wir haben ja (kein)- * aber
C sin- * selbst <wenn herr may das sacht (...) bei der übergabe

A2 wir ham- >ja↓<
C nachher gesacht hätt so und für des gschäft un die

C kundschaft un klientel so weiter hunderttausend mark↓

A2 ja aber wir ham doch herrn may auch gebeten- * daß er da
C (...)

A1 immer wieder↓ * >haben wir ihn
A2 äh was klärendes daß auch was schriftlich gemacht i"ch hab

A1 gebeten↓< >immer wieder↓< * unheimlich
A2 herrn may angesprochen- * ob es nich auch

A1 oft↓
A2 möglich is des war ja die situation im november im oktober

A2 schon ich hab mein eltern gesagt- * ich geb meine ausbildung

A2 auf- ja (...) ich
C mein gott >es is wirklich schlimm↓< * äh ja gut ich will

A2 versteh des schon-
C bloß sagen is völlig wurscht was sie #ih:"m# vorlegen- *
K SEHR BETONT

C als vertragsentwurf zum beispiel sie haben doch als

A2 ja↓ nä↓
C glei"chberechtigte mitnander gsprochen sie sollten doch

C au"ch der der chef werden der der kaufmann der händler↓ * sie

C wo/ sie hätten sie können doch au"ch nachher wenn sie mit

C kunden sagen da net ihrer mutti und was erzählen sondern da muß

Transkript: 99a **Seite 14**

C ma >ra"n an den vertra"gspartner un muß mer de"m> äh: muß dem was
C vorlegen was man wi"ll↓ * un net warten legen s=es mir vor↓ *
A2 ja-
C das is ganz falsch angefangen worden von ihnen ich will mich
A2 mhm↓
C hier net zum lehrmeister machen aber- * äh sie sie denken sie- *
C die rechtsordnung stellt ihnen was zur verfügung sie brauchen
C nur ne erwartung haben hinterher wird=s auch bezahlt↓ * das is
C nich so↓ * da müssen se ne glasklare vereinbarung treffen↓ *
A2 ja aber auf=m arbeitsgericht
C un wenn se des net gemacht haben- dann wird=s schwer↓
A1 wir haben hier gefragt↓
A2 hat man mi"r gesagt- wir ham uns er/ wir ham jetz
A2 die situation is ja die"- * wir äh- * äh klagen gegen eine partei
A2 wir ham=s mit ner partei zu tun von der wir wissen- * die kommt
A2 äh- * äh ihren verpflichtungen nich nach die hat uns zusagen
A2 gemacht↑ * daß wir äh als- * für unsere arbeit- * entschädigt
A2 werden und diesen zusagen- * is: äh die partei nich nachgekommen↓
A2 taschengeld-
C +welche zusagen können sie=s bitte konkretisieren↑
A2 ja nee #sagen wa=s mal# konkretisierend
K GENUSCHELT
C taschengeld gut einverstanden↓ einverstanden
A1 (...)
A2 de die anna hat sich nein die äh der herr may und
C ja↓
A1 >(haben was)↑<
A2 frau may wir haben zu viert darüber gesprochen- * bei der
A2 finanzierung äh der arbeiten die die anna macht- * daß die anna
A2 wenn sie sich bereit erklärt die putzarbeiten zu übernehmen die
A1 so war=s- weil er die putzfrau (...)
A2 arbeiten- übernehmen die bisher die putzfrauen
A1 braucht-
A2 gemacht hatten- +daß diese putzarbeiten auf der basis
C ja und↑
A2 entschädigt werden↓ * die frau may hat des noch im nachhinein

Transkript: 99a **Seite 15**

A2 noch gesagt (...)
C nee darüber ka=ma reden das drüber ka=ma reden↓

A2 äh und äh über die weiteren zusagen warn- * daß wir unsere
C (nich)↑

A2 unkosten erstattet bekommen daß wir äh ein entge"lt bekommen-

A1 taschengeld↓
A2 +u"nd- daß wir- * aber wir sin haben doch
C taschengeld↓

A2 die arbeit unter der zusage gemacht↑ * daß wir die kurse der

A1 also als ausbildung wenn wirklich nichts von
A2 neuform gesellschaft in rebenhausen bezahltbekommen↓

A1 dem geschäft hängenbleibt daß wir ne ausbildung haben-
A2 und des is eine

A2 ein we"rt für mich gewesen auf den ich mich berufen kann es is

A2 äh ersatzweise wie wenn der herr may zu mir gesagt hätte- * die

A2 kurse müsse se selber finanzieren sie bekommen zehn mark↓ * es

A2 is aber kei"ne abmachung über en stundenlohn gemacht worden in

A2 de"r hinsicht- * sondern- * sie bekommen die kurse bezahlt↓ was

A2 nützt es ihnen hat herr may mir gesagt↑ * wenn ich ihnen ein gehalt

A2 gebe↑ * und sie müssen die kurse dann selber bezahlen die kurse

A2 sind ein eine eine eine- * gro:"ße summe das wissen sie- * also

A2 äh machen wer=s so sie bekommen äh- * daf/ keine äh vereinbarung

A2 übern stundenlohn- * sondern sie bekommen die kurse in
B ich-

A2 rebenhausen finanziert bei"de↓ * un des is doch für mich der

A2 wert un ne zusage- * vergleichbar- * äh eines wertes- * wie wenn

A2 mir jemand en zehn mark stunden/ wenn ich ne inventur mach- * der

A1 am wochenende am sonntag-
A2 herr may hat uns äh- gesagt unabhängig von den äh

A2 dingen die ich als entschädigung zu bekommen habe- * wird uns die

A1 vergütet↓
A2 inventur bezahlt↓ äh SEUFZT während der f/ zw/ nach

A2 den zwischen=en feiertagen und neujahr↓ * d/ des hat der herr may

A2 may äh unterlassen↓ * äh wenn ich jetz bei der superkauf ne äh

Transkript: 99a **Seite 16**

A1 >samstag sonntag↓<
A2 inventur mache↓ * un dann sagt mir der äh äh

A2 geschäftsmann des hab ich als äh früher als achtzehnjähriger

A2 gemacht- * äh sie bekommen sie machen das an zwei tagen sie

A2 bekommen zehn mark die stunde- * wir rechnen ab dann is des für

A1 (kommt man hin)-
A2 mich ne zusage- ** was ich bekomme↓
C ja↓ * dann klagen sie diese

C zusage ein und beweisen sie sie vor allem aber die behauptung es

A2 nee äh die
C seien zehn mark- * vereinbart die stimmt halt nicht↓

A2 des hab ich nich behauptet sondern ich hab des äh äh mir- * ich

A2 habe- * einen stundenlohn möch/ ich möchte einen stundenlohn von

A2 zehn d. mark beanspruchen↑ * da:" seine gegenleistungen die herr

A2 may mi"r zugesagt hat nicht erbracht sind nicht erbracht werden

A2 können↑ * da die zusammenarbeit aufgekündigt ist↓
C +richtig↓ *

A2 eben aber äh ich hab zwei monate gearbeitet↓ ich hab auch zwei

A2 monate als lehrling ich hab insgesamt vier monate gearbeitet-

A2 und sollte die kurse für einen zeitraum von
C ja is richtig↓

A2 anderthalb bis zwei jahren bekommen↓
C +hätten sie so lang

C gearbeitet oder wär des verhältnis nich gestört worden dann wär=s

A2 ja aber äh-
C sicherlich auch zu diesen ku"rsen gekommen↓ aber

A2 die/ dieser zeitraum von anderthalb bis zwei jahren- läßt
C des kam nicht dazu↓ hm:↓

A2 sich doch dividieren in die einzelnen monate die ich gearbeitet
C ja aber

A2 habe↓
C wer sagt ihnen daß des richtig ist daß mer des jetz einfach

A2 erstens äh- >(ja)↓<
C dividiert↑ ham sie des vereinbart↑ *

C sie ham doch was ganz anderes vereinbart↓ * sie ham doch

C vereinbart daß sie daß sie äh mit dem ziel einer späteren
C geschäftsübernahme sich dort ei"narbeiten- * und dafür taschengeld
C kriegen↓ * und jetz geht die ganze geschichte aus welchen gründen
C auch immer schie:f↑ * ja dann bleiben sie doch auf dieser
C vereinbarung sitzen- * da ka=mer doch net sagen ja jetz müss=wer
A1 aber-
A2 +aber die die kurse müssen doch ver/
C aber was andres machen↓
A2 dieser we"rt der- * no=nich mal- * des versteh ich
C nein↓ nein↓
A2 nich des is- find ich unglaublich↓ * der äh für
C wieso denn↓
A2 mich is des en/ äh die motivation die arbeit- * äh anzunehm-
C hörn sie
C für ihn wär doch de/ is doch des au"ch en wert wenn er einen
C nachfolger ha"t↓ * un wenn der sukzessive ins geschäft
C hineinwächst↓ →hörn se bitte mal weiter zu↓← * da"nn is doch
C de/ für ihn des auch sinnvoll daß der die kurse finanziert und
C wenn sie zehndausend mark kosten weil er dann sagt ich kann des
C geschäft mit einigem gewinn übernehmen wenn er=s nämlich nur
C liquidie"rt↓ * dann zahlt er drau"f↓ * wenn er des aber übergeben
C kann unter umständen gegen entsprechend →ich weiß net was da
C üblich ist bei solchen geschäften-← * wenn er=s übergeben kann
C mit entsprechend schönem kaufvertrag oder auf auf rentenbasis oder
C sonst irgendwie- * da hat es doch für ihn au"ch en wert↓ * er is
C nämlich genau"so geschädigt durch dies des scheitern der ganzen
A2 aber ich bin doch nicht nur finanziell geschädigt sondern
C geschichte↓
A2 ich bin doch auch da"durch geschädigt daß ich die zusage bekommen
A2 hab- * äh: des gesch/ vergleichsweise bin ich geschädigt wie
A2 #herr herr herr# may weil ich keine berufsausbildung hab↓
K SETZT NICHT AB
C sie

Transkript: 99a **Seite 18**

A2 um beizeiten-
C wollen nun mal unternehmer werden und des is nich ganz ge/

C es hat nich geklappt↓ ** es hat nich geklappt sie wollten den

C laden übernehmen nach ner einarbeitungszeit des hat nich

C funktioniert↓ * wa"rum soll der andre dafür dann nichts

A1 ja wir haben uns aber doch
C zahlen↓ * nur mal ganz kurz (...)↑

A1 vorm a/ beim arbeitsgericht hier erku"ndigt↓ * un da hat man
C ja↓

A1 uns-
C ach hören sie was sie- * des muß ich ihnen sagen die die

C die damen die da draußen sitzen ham mit sicherheit ne wesentlich

A1 ja ja: aber auf-
C schlechtere ausbildung als ich die- aber des is n

A1 ih"ren rat hin ham wir des ja gemacht↓
C ganz- ah ja was soll

A1 weil wir ja-
C se denn auch machen aus dem kuddelmuddel normalerweise hätt se

C se wegschicken müssen oder sagen wieviel taschengeld stellen sich

C vor- * ne↑ ich weiß auch net was sie ihr gesagt haben↓ * →sie

C ham wahrscheinlich← die briefe hier vorgelegt wo se sich zehn

C mark vorstellen STOTTERT klagen wer halt mal zehn mark ein-

A1 nein↓ nein sie hat
A2 nee nee nee-
C warten se mal ab was der richter sagt↓

A1 gesagt- * normal wird der tarifliche stundenlohn (von) zehn
C also ich kann=s

A1 mark-
C ihnen nich ich kann des des gewinnen se mit zehn mark nie↓ *

C was sie krie"gen is des taschengeld sofern=s: äh nich bestritten

C wird oder von ihnen bewiesen wird↓ * dann müssen mer ermitteln

A2 herr may hat
C in welcher höhe des wohl- * gemei"nt sein ko"nnte↓

A2 mir-
C taschengeld kleine kinder kriegen drei mark größre kriegen

Transkript: 99a **Seite 19**

A2 herr may hat mir äh dann- * äh nachdem
C entsprechend mehr↓ * mh↑
A2 er im november und dezember mir kein geld gegeben hat- * mir
A2 ende so um die weihnachtszeit rum gesagt- * sie bekommen
A2 fünfhundert mark↓ * ei"nmal↓ ** nur nur einmal die äußerung sie
A1 da war
A2 bekommen dann fünfhundert mark↓ * >ja des is alles↓<
B mh stimmt nischt↓
A1 des weiß ich >(noch) da war ich krank< (nich)↓
B stimmt nischt↓ **
C ja ich mein die sache hat bislang noch ei"ne relativ äh günstige
C wendung un des is die:- * daß sie nich gleich zu eim rechtsanwalt
C gerannt sind↓ so kann man noch ohne größere kostenrisiken
C wenigstens miteinander reden↓ * äh denn wenn sie jetz von der
C güteverhandlung völlig unbefriert äh friedigt rausgehn und sagen
C also das laß ich mer net gefallen ich such mein recht un wenn=s
C beim bundesverfassungsgericht ist- * oder sonstige dinge äh sich
C sagen nich- * dann zahlen se vollends drauf denn so" viel- * wie
C des kostet können sie aus dem verfahren niemals rausholen↓ **
C un=deswegen würde i"ch ihnen also ganz dringend folgendes empfehlen
C daß man für die:- ** die zei"t- * wo ja tatsächlich was gemacht
C worden is nur gefaulenzt haben wern sie ja wohl nicht auch wenn
A2 äh darf ich da bitte noch was (einbringen) ich meine
C sie des jetzt vielleicht (hören müssen) ne↑
A2 der herr may is von uns hervorragend bedient worden mit be"ster
A2 arbeit↓ * der herr may hat an u"ns verdient↓ * wir haben als
A2 angestellte sachen eingekauft im wert während der vier monate
A1 (...)
A2 von zweieinhalbtausend mark- * und der herr may hat uns zehn äh
A2 üblich ist daß angestellte↑ * die sachen zum einkaufspreis
A2 bekommen↓ * wir ham zehn prozent ermäßigung bekommen das heißt
A2 der herr may hat an u"ns fünfhundert mark- * verdient an unserm
A2 einkauf ich mach da jetz grobe schätzungen kann da auch

Transkript: 99a **Seite 20**

A2 noch im einzelnen drauf eingehn↓ * es is doch u"nvorstellbar↓

A2 wi"r h/ herr frau may hat-
C ja warum warum sin se dann net woanders hingegangen wenn ihnen

C des jetz so weh tut also ich versteh das nicht↓ * was wolln se

A2 ja ich möchte damit aufrechnen
C denn da" wieder mit aufrechnen↓ *

A2 es geht doch äh ich hab de äh die einladung bekommen- * daß es zu

A2 einer güter*einigung kommt und einer güterabwägung↓
C +richtig↓

A2 +und die güter die wir äh da da muß ich doch meine güter ne"nnen↓

A1 >gü"te↓<
C nein des heißt güte"verhandlung nicht güte"rverhandlung↓

A2 ja mei/ ja da muß ich auch noch die dinge-
C güte aber nich- * das soll ne gütliche einigung

A2 ja↓
C das gut die einigung besteht darin daß jeder bissel nachgibt↓ *

C ne↑ * un der der herr may der bestreitet auch n taschengeld

B ich hab kein
C zugesprochen zu haben so jedenfalls versteh ich seine mimik-

B taschengeld zugesprochen↓
C +war nix ne sagt er- * und daß der

C insoweit würd ich ihn überreden wollen nich daß er da mal nachgibt

C und sagt es sei ja auch das normalere nicht daß man da sich auf

C so n betrag einigt und sie versuch ich mal von dem- * äh seh"r- *

C sehr hohen anspruchsdenken herunterzuholen↑ * nur weil etwas nich

C geklappt hat was s=ich gemeinsam vorgenommen haben daß sie den

C a"nderen dann dafür gewissermaßen voll zur rechenschaft ziehn↓ *

C sie sin als gleichberechtigte partner auf sich zugegangen

A1 >das war unser fehler↓ * nichts schriftlich↓<
C und wollten eigentlich als kaufleute

C mitnander einen dea"l machen↓ * der hat aber nich geklappt↓ * hn-

A2 naja ich weiß nich↓ das=s nich↓ >richtig<
C * pech↓ * großes unglück↓ * aber aber an sich

C könn sie nur da"s beanspruchen was sie vertraglich auch vereinbart

Transkript: 99a **Seite 21**

```
C  haben↓ *2* wenn sie als aushilfe tä"tig gewesen wären↓ * wie=s
C  in der klage steht- * dann sieht des a"nders aus↓ * (selbst sie)
C  sagen doch auch sie:- * wollten sich einarbeiten um des geschäft
C  dann zu übernehmen↓ * ja da investiert ma=n aller regel etwas↓
C  und zum beispiel es is sehr sinnvoll zu investieren- * daß man
C  dann als arbeitnehmer hingeht- * weil zwei arbeitnehmer s geschäft
C  vielleicht gar nicht tra"gen kann↓ ** weil die einnahmen viel
C  zu gering sind↓ *6* wieviel warn denn die putzarbeiten is
C  sti/ trifft=en de"s zu daß die putzkräfte entlassen worden sind

A2                        (stimmt doch nich)↓
C  weil- * die- * frau- * leopold-             sich bereit erklärt

A2 (...)
C  hat die putzarbeiten zu übernehmen↓ ** oder wird das au"ch

A1             >nee das geht nich das geht (...) wir ha"m (...)<
B  das äh      das putzen das putzen war einmalig-
C  bestritten↓

A1                     #was↑#
K                      ENTRÜSTET
A2                               >des is unglaublich↓<
B  s is ei"nmal geputzt worden↓ *           ei"nmal

B  ham sie geputzt des war alles↓                    bitte↑
C                  in fünf fünf  bis sechs wochen↑

A1                   (...)        ich hab des geschäft-
B                            ja↓ * des war des war im januar
C  in fünf bis sechs wochen↑                    de=s aber

A1 (...) de=s unverschämt↓
A2                                 >des is zu viel↓<
C  de=s aber für n reformhaus keine empfehlung hörn sie mal wenn

A2                                           (...)
B  eben↓                         des war (...)
C  so wenig geputzt worden ist↓          ne ham sie net

A1                        nei"n (...)
A2 (...)                        (...)
B                               und äh da war mir schon
C  drum gekümmert herr may↑

B  klar gewesen daß des mit dem- * jungen mann da net klappt↓ *
B  daß des nischt der mann is- * den wir brauchen als nachfolger↓ *
B  ich hab als ernährungs und diätberater- * en- * gu"ten ruf
```

Transkript: 99a **Seite 22**

B gehabt- * zu mir sin leute vom- * vom odenwald und von der pfalz

A2 (...)
B gekommen nicht wahr- * ich wollt ja nur drauf hinweisen↓ *
C hat damit nix zu tun mag sein-

B und ich habe- * erhofft und erwartet daß wir n nachfolger

B bekommen- * der als ernährungs und diätberater- * die akademie

B besucht- * und hier- ** das ablegt↓
C +hätt ja noch dazu kommen

B ja eben↓ (...)
C können net warum denn net↓ jaja aber das-

A2 des stimmt nich was er da behauptet↓
B er war nicht er hat nicht die f/ die fasten/ die die

B möglischkeiten- * nischt wahr absolut nischt↓
C +äh ich hab des

A2 >das stimmt alles nich↓<
C gefühl daß sie daß sie >also (...)-<

A1 <ich hab immer des geschäft gesaugt jeden tag hab naß gewischt>
A2 des stimmt nicht↓

A1 jede woche hab abgestaubt hab den müll rausgetragen aber-
A2 also des is net aber die
C >mhm↓<

A2 die die sachen die herr may sagt des is ni"cht zu fassen↓ **

C ja also für mi"ch is des net so außergewöhnlich leute die im

C prozeß stehen die: ham plötzlich n ganz andere: ganz andere- * äh

A2 >nee es is nicht zu fassen↓<
B äh- * herr vorsitzender- * ich
C sicht der dinge↑ **

B möschte- * bitten- * daß sie im hinblick auf die äußerung

B bezüglich meiner frau da gefallen sind daß meine frau eingehört

A1 wird dann auch frau abel
B wird↓ * denn das sti"mmt nischt↓
C äh-

A1 angehört↓
A2 >hah des is doch ganz
C herr may äh dazu folgendes ich-

A1 deine mutter hat (...)
A2 uninteressant↓<
C werde- * zeugen hörn hörn se

Transkript: 99a **Seite 23**

C doch mal bissel zu anstatt sich hier nur aufzuregen↓ *

A2 >des is doch auch verständlich↓<
C ←äh ich werde zeugen dann hören wenn ein

C tatsachenvortrag kommt und die als zeugen benannt ist sind- *

C u"nd es für die entschei"dung auf die wahrheit oder unwahrheit

C der behaupteten tatsachen a"nkommt↓ * nur dann↓→ * daran

C fehlt=s noch meilenweit↑ * äh wenn hier vorgetragen werden

C so"llte↑ * es ist das un jenes vereinbart un sie=s bestreiten und

C äh die- * beiden ihre frau als zeugin benennen- * dann werd ich

C sie anhörn↓ * aber äh täuschen sie nicht drüber hinweg für

C vie:le- * ←menschen ist der auftritt als zeuge vor gericht- *

B also eins bezahl ich
C n ziemlich aufregende angelegenheit↓→ ** also mer

B net das is die-
C sollten da net des- +nur aus rechthaberei oder oder äh:- *

C gewissen kohlhaasschen gefühlen- * da jetzt alle möglichen leute

B >ja-<
C noch ins feuer schicken ne↑ n bißchen bißchen niedriger

A2 wenn ich jetz in n reformhaus
C >hängen das is auch- * besser↓< **

A2 reingeh dann spricht mich die- * der geschäftsführer an und sagt

A2 was denn los gewesen is bei mays- * ich hätt mich unmöglich

A1 stiefel mitgenommen die wir
A2 aufgeführt und geklaut und <hätte>-

A1 geschenkt bekommen haben-
A2 un hätte un hätte deswegen äh:- *

A1 neue stiefel fehlen für zweihundertfünfzig mark-
A2 entlassen werden müssen↓

C +naja des wird aber noch schlimmer werden je länger der prozeß

C jetz dauert weil eine behauptung die nächste ablöst und äh- * die

A1 aber ich hab noch eine frage
C erbitterung wird größer und größer werden↓

A1 der gero- * durfte seinen alten arbeitsplatz nach der kündigung

A1 des lehrvertrags ni"cht mehr aufsuchen↓ * dort stehen ein paar

Transkript: 99a **Seite 24**

```
A1 na"gelneue schnürstiefel für zweihundertfünfzig ma:rk-
C                                ja richtig was is denn mit den

A1                   die kommen nicht mehr bei↓           die
B           bitte↑                                also↓ *
C  schuhen↓          was is denn mit den schuhen↓

A1 steh"n da hinten↓                              ah
B  es: handelt sich  darum↓ * um en altes paar- * schuhe-

A1 <die sind #neu:"↓># * ich hab noch die quittung oben- *
K           HYSTERISCH
A2                                                    also so

A1 vom letzten jahr↑
A2 ne-
B              so↓ * wenn des neue schuh sin dann möcht

B  ich den nachweis haben↓          des war-
C                           nee moment herr (...) gehören ihnen die

A1                                            +ihm↓
A2                                                 mir gehören
C  schuhe oder gehören die äh der frau leopold-        die

A2 die↓
C  gehören dem herrn abel↓ * wenn sie ihm gehörn dann <müssen sie

A1                                      die haben die niemals
C  rausgeben> könn doch net behalten↓ *           egal ob

A1 gekauft ich hab die rechnung noch
B                           ich hab   doch gott ich hab doch die schuh
C  sie alt sind oder neu↓

B  was soll denn mich die schuhe- * die eben en junger mann hat net

A1                             #ja" we"g mülltonne↓#
K                              WÜTEND
B  wahr und wenn entsprechend lang gebraucht getragen
C  ja ja↓

A1      (...)
B  sin- * daß ich die zurückhalte↓ * ich hab ja

A2                   (...)
B  ausdrücklich gesacht er soll seine ganzen- * sachen- * mitnehmen↓

A1           nein↓
B                    au"sdrücklich hab ich des gesagt↓
C  +kann er se abholen-                                   +gehen

B                              nicht wahr↓
C  sie heut mittag ins geschäft un holen    sie die

A2 nei"n↓ nei"n↓ * ich weiß nicht ob ich sie jetz abholen kann herr
B  ausgerechnet-
C  dinger↓
```

Transkript: 99a Seite 25

A2 may hat eben nur gesagt- * ich hätte meine sachen abholen können↓
A2 *ich konnte sie abholen↓ * ich bin äh mit meinem bruder in des
A2 geschäft un da hat un hab gesagt wollt meine sachen holn da hat
A2 herr may gesagt bitte sehr- * in den kisten steht alles drin↓
A1 an der tür↓
A2 nehmen sie sie↓
B +von den von den schuhen hab isch gar
B nichts gewußt↑
C >gut ja↓< * kann er die schuhe jetzt abholen↓ **
B des des wir hawwe k/ alles durchgschaut s is nicht mehr zu sehn↓ *
A1 →er hat-← wir
B ich muß also annehmen er hat=s mitgenommen↓ *
A1 durften doch nicht- wir durften nicht
A2 ich konnt sie nicht mitnehmen↓
B ich weiß es nischt↓
A1 also (...)
B wir wissen=s nicht↓ was sollen wi"r denn mit so n paar
B schuhen anfangen↓ is ja zum la"chen is ja des↓
C s richtig ja ich weiß es auch nicht↓
A1 (...)
A2 ja aber i"ch habe-
B so ne behaupte/ so so n ding da stellen
A1 (...) <geschenkt
B aber von uns hat er en neues paar schuhe- * #solche
K ZEIGT AUF ABELS SCHUHE
A1 bekommen von ihrer frau↓>
B schuhe-# die hundertachtzig und zwo"hundert
K
A1 ach↓
B mark des hat meine frau ni"cht gemacht↓ * hat er einfach
A1 ach gott ich kann=s nicht fassen↓
B angezogen↓ ohne zu fragen vorher↓
C ja↓
A1 ja ja↓
A2 +also ich mein mein bruder is-
B das is sein charakter↓
C gut also
C bevor wir hier noch weiter rum ich glaube daß ich ihnen nich
C helfen kann↓ * laß mer=s laufen↓ * machen sie ihrn streit↓ *
A1 ja aber wo komm wo komm bekomm wir jetz unseren neuen schuh für

Transkript: 99a **Seite 26**

```
A1 zweihunnertfünzig mark her↓                      die sind weg↓
C                             >ich weiß es nicht↓<

A2           ich habe herr may hat mich äh ich habe-
C  also wenn wenn wenn-                   wenn die

A1                                    aber-
C  gegenseite bestreitet die schuhe zu ha"ben müssen sie

A1                              die mü"ssen dort sein <sie warn nicht
C  beweisen daß sie sie #ha"t-#
K                       MIT SEHR HOHER STIMME

A1 in den kisten↑>
C         ah stelln sich vor sie könnten st/ stellen sich vor

A1                                                     nei"n↓
C  sie würden behaupten der hätte ihren mercedes in der garage und

A1                 <aber ist aber ist es üblich daß wenn man seine
C  er hat en nicht (...)

A1 sachen holt am a"rbeitsplatz bei dem man entlassen worn is- *

A1 daß man den alten platz nicht mehr aufsuchen da"rf↑ * er durfte
A2                                              ich hab herr may

A1          nicht mehr hin↓>
A2 gebeten-                         anna laß mich doch mal-
B                           is ja dummes zeug↓

K  UNTERBRECHUNG DURCH KASSETTENWECHSEL

A2 (...) was äh liegen hab oder des des- * der herr may hat

A2 gesagt- * ich hab ihnen in die geschichten die kisten

A2 alles eingepackt- * hinten ist nichts mehr- * verlassen

A1                  ja↓ * der bruder war dabei↓ * da geh"t man und
A2 sie das geschäft↓

A1 hat man ja auch angst↓         rausschmiß↓
B                 un ich-         un ich persönlich
C                 ah is ja klar↓

A1            und zwei"mal bei meiner mutter angerufen wir sollen
B  hab von den schuhen gar nix gewußt↓

A1 die kist/ die sachen abholen↓
A2                                        (...)
C                      also jetz bitt ich sie um eins bevor

C  hier noch n herzinfarkt passiert- * äh un gucken sie zuhaus

C  nomal na"ch ob n paar schuhe rumstehn die mit ihnen nicht

A2 (...)
C  gehörn- * nicht und äh und in drei tagen kommt er vorbei und holt
```

Transkript: 99a **Seite 27**

B (...)
C die dinger ab ←es is doch lä"cherlich- * für erwachsene

B ach-
C menschen darüber ernsthaft zu streiten↓→ es gibt doch

B ja ja und herr
C wohl n bissl wichtigeres als gerade n paar schuh egal ob

B vorsitzender↓ herr vorsitzender↓ * wir haben- * nachdem die
C neu oder alt↓

B äh des die klage da gekommen is zu mir- * hab ich zu meiner

B frau gsagt was is denn mit den schuhen da- * wir ham a"lles

B durchgschaut↓ * ni"cht zu finden↓ * und wi"r ham keine
C (...)

A1 des-
B weder meine frau noch ich- haben da an so was äh:- * in/

B interesse↓ ** ja↓
C klar könnt ich mir au=net denken wozu↓

C sicher↓ ** >klar schon soweit< okay also äh- *2* #ergeht folgender
K VERSCHLUCKT

C beschluß termin# zur verhandlung vor der kammer wird bestimmt↓
K EINZELNE SILBEN DIESER ROUTINEFORMEL

C #*5* auf- *3*# freitag↓ ** den siebzehnten mai
K BLÄTTERT IM KALENDER

B siebzehnter fünfter↓
C neunzehnhundertachtundachtzig↓ * vormittags elf uhr fünfzehn↓

A1 >schreibst du=s auf↑<
A2 >ich hab
B siebzehnter fünfter ja↑
C jawoll-

A1 ich hab auch nix zu schreiben↓ *4*
A2 nix zu schreiben da↓<

A1 nen zettel↓ *5*
K PROTOKOLLANTIN GIBT IHNEN BLEISTIFT UND ZETTEL

B welche uhrzeit herr- elf uhr fünfzehn↓
C zweitens- elf uhr fünfzehn↓

A1 siebzehnter fünfter↑ *
C zweitens↓ dem kläger wird aufgegeben- *5*

C den tats/*na*sachenvortrag im einzelnen unter bewei"santritt

C entsprechend dem heute in der güteverhandlung geäußertem- *

C zu ergänzen und zu korrigiern↓ *5* frist hierfür- ** dritter

Transkript: 99a **Seite 28**

C fünfter↓ ** der beklagte soll hierauf erwidern- ** bis- * zum- *
A2 >des is doch net möglich↓<
B von meiner
C elften fünften↓ *2* achtunachtzig↑ **
B seite↓
C ja↓ * viertens↓ ** im hinblick auf den tatsachenvortrag-
A1 >(...)<
C ** daß ein taschengeld- * vereinbart worden ist- *3* und
C die"s angesichts der gsamtumstände auch nicht unplausibel
C erscheint- * >nicht total unplausibel-< verpflichtet sich
C schlägt das b/ äh gericht- * vor sich wie folgt zu vergleichen- *
A2 >die putzfrau hat=s (...)<
C der beklagte- * zahlt an- * den kläger
C abel und die klägerin leopold- * für- * die zeit- *2* der- **
C anführungszeichen beschäftigung anführungszeichen- * ein
C taschengeld in höhe von d. m. *3* sechshundert- *6* und an die
C klägerin leopold- * für putzarbeiten- * zusätzlich d.m.
A2 (...) (...) (...)
C dreihundert↓ *3* paragraph zwei- übrigens damit is der- *
A1 die schuhe-
C rechtsstreit erledigt die verfahrenskosten wern gegeneinander
A1 des is n-
C aufgehoben↓ mein vorschlag geb ich ihn mit überlegen
C s=es und besprechen s=es mit freunden- * oder anwälten oder
C gewerkschaftssekretären oder wen immer sie für kompetent halten↓ *
A1 darf ich noch was sagen↑ gut äh- ** der
C möchten↓ * bitte sehr↓
A1 wert der schuhe die sind noch die ham wir ni"cht bekommen in den
A1 kisten ich hab die kisten ausgepackt- * die schuhe warn nicht drin↓
A1 was bekomm ich denn da↓ * >wie komm-<
C frau leopold ich will=s ihnen ←e:benso gerne glauben↓
A1 aber wie wie komm ich an die neuen-
A2 (...)
C wie ich verpflichtet bin dem herrn may zu glauben er habe au"ch
C alles durchgeguckt- * und habe sie ni"cht gefunden↓ ich habe

Transkript: 99a **Seite 29**

A1 >mhm↓<
C kei"ne veranlassung- * hier und heute↓ einer partei von

A1 ja↓ mhm sicher↓
C ihnen mehr- oder weniger zu glauben↓→ das müssen sie

A1 ja des is klar↓
C einfach mal annehmen↓ * und wenn die schuhe dort sind was ja

C sehr gut möglich ist nicht- * und es wird bestritten müssen sie=s

C nach allgemeinen zivilprozessualen grundsätzen beweisen↓

A1 mhm↓ (...)
C führt kein weg dran vorbei↓ auch wenn sie=s no"ch so

C innerlich umtreibt↓ * so is=es halt einfach↓ ** aber besser wär=s

A1 gelassener
C wenn sie n bissel- * versuchen=s gelassener zu sehn↓

A1 wir ham en dreiviertel jahr in unserm leben zum e"rsten mal

A1 (...)
C gelassener deswegen weil die aufregung ihnen nicht hilft

C sondern nur schadet↓ * un=daß sie anlaß haben zum ä"rger- * das

C glaub ich schon des nehm ich auch dem herrn may ab↓ * des i"s

A1 ja als student lebt man halt zufällig von-
A2 nee nee ich seh des anders↓ * äh
C ärgerlich (...)

A2 (wir ham)-
C >ja das glaub ich daß sie=s anders sehn des glaub ich↓< *

C natürlich sehn sie=s anders sie sin doch der betroffene↓ **

A2 wir sind getäuscht worden↓
C gut also äh überlegen=s sich das und sehn uns denn wieder-

C * der kammertermin- * vielleicht auch wenn sie beide die

C zustimmungserklärung zu dem vergleichsvorschlag abgeben denn

A2 >des letzte
C sehn wir uns nicht mehr des wäre auch ganz gut↓ **

A1 wenn (...)
A2 hab ich net verstanden↓<
C ich hab ich hab ihnen dieses protokoll

C was sie zugeschickt kriegen wo die terminsbestimmung einen

C vergleichsvorschlag gemacht den sie den ich sie bitte sich mal

Transkript: 99a **Seite 30**

A1 >ja↓<
C zu überle"gen↓ * ne↑ * da sollen sie sechshundert mark
C taschengeld kriegen für die zeit und sie noch zusätzlich
C dreihundert mark für die putzarbeiten↓ * sie brauchen des net
A1 (...)
C zu akzeptiern is n vorschlag von mir mhm↑ * sie können auch
C stattdessen sagen ich will ne millio"n haben des is völlig legitim
C sie können a"lles verlangen↓ * bloß ob s=es krie"gen↓ * de=sch e
C andere frag↓ ** so" jetz ham wer aber viel zeit aufgewendet↓
C #<in der sache (...)#
K RUFT NÄCHSTEN FALL AUF

Titel	Ein Kaffee vorm Arzt
Nummer	3003.119
Dauer	29 min
Ort	Arbeitsgericht einer süddeutschen Großstadt
Sprecher	A Frau Rainer (Klägerin – ihr wurde von der Reinigungsfirma „Säuberle" gekündigt, weil sie sich, obwohl wegen einer schweren Erkältung krank gemeldet, angeblich Bier trinkend in einem Lokal aufgehalten hat; Frau Rainer will ihren guten Ruf wiederherstellen)
	B RA Krantz (vertritt in Untervollmacht die beklagte Firma)
	C Herr Karfunkel (Arbeitsrichter)

Transkript: 119 **Seite 1**

```
C #sechs c.a. drei aus vierenachtzig rainer gegen firma äh
K DIKTIERT AUF BAND

C säu:berle↑ es erscheint äh die: klägerin äh persönlich↑ *
K

B                                                      und →für die
C u"nd für die beklagte↑ * herr rechtsanwalt↑#
K

B beklagte und rechtsanwalt horst beuter rechtsanwalt← kra"ntz

B vorstadt >in untervollmacht↓<
C                                  +ja- *3* vor*stadt könn sie

B                                    es: dieselbe adresse wir sind
C mir auch die adresse sagen↑

B bürogemeinschafter↓           mhm↓ RÄUSPERT SICH
C                      +ah ja↓                        #herr
K                                                     SPULT ZURÜCK

C rechtsanwalt krantz k.r.a.n.t.z. in untervollmacht äh für
K UND DIKTIERT WEITER

C herrn rechtsanwalt horst beu:ter↑ ** beide äh wassermannweg
K

C eins bis drei in- * siebenendreißig null eins vo"rstadt↑ *
K

B                         #>(verspreche) nachzureichen↓<#
C unter*vollmacht-# *3*
K                         GEFLÜSTER IM HINTERGRUND

C #hauptvollmacht zu den akten äh →komma mit dem
K SPULT ZURÜCK UND DIKTIERT WEITER

C versprechen untervollmacht nachzureichen punkt↓←# ** ja
K

B                                                           ich
C und sie können da nichts sagen jetz in dieser sache↑

B kann also net allzuviel sagen #weil des was mir hier#
K                                STAKKATO

B vorliegt das is einmal- #*3*# äh eine photokopie:- **
K                         BLÄTTERT

B des ursprünglichen brie"fum:schlages mit dem die kündigung

B versandt wurde-     äh daraus ergibt sich daß die- *
C                 ja↓

B kündigung ni"cht angenommen worden ist der brief kam zurück↑
```

Transkript: 119 **Seite 2**

B das is mal das eine-
C >mhm<- war das en einschreiben↓

B das war kei"n einschreiben STOCKT hie"rnach zu urteilen- *

B kei"n einschreiben↓ das geb ich gern zu:n
C +ja: ja ja↓ *

B gerichtsakten als- * >photokopie- ** zunächst-<
C ja:-

B →>das also-<← und dann auch der- * handschriftliche

B vermerk entschuldigung des sachbearbeiters daß dann am- *

B einunzwanzigsten dieselbe kündigung u"nter- * selber-

B odder siebenzwanzigsten ja:" äh nochmals- *
C +siebenzwanzigsten↑

B an die klägerin gesandt worden is und da"nn- * auch- *
C ja-

B dort entgegengenommen >worden is↓<
C >ja-< ** nhn nhn- * aber

B zu den kündigungsgründen-
C die kündigungsgründe↑ ** →dazu können sie nichts sagen↑←

B * hab ich hier-
C →ja" äh stopp mal sehn sie probleme mit der

C dreiwochenfrist↓← *3* siebzehnten zwölften achten ersten nä:

B nä"↓
C ne↑ mhm- *3* dreienzwanzigster die klägerin sacht ja

C schon mit am dreienzwanzigsten sei es zu"gestellt geworden mit

C post/ nee poststempel dreienzwanzigster zwölfter↑ *

B s is-
C +das wird denn die zweite kündigungsversuch gewesen sein

B ja ja↓
C denn dieser poststempel hat schon den vom- * noch den vom

C a"chtzehnten- * ja ja dann war das der zweite zustellversuch↑

B >mhm-< zu den kündigungsgründen
C ja tschuldijung die gründe dann↓

B ist ga"nz kurz folgendes zu sagen das wäre gegebenenfalls

B unter- * äh beweis auch zu stellen↑ ** äh die- * klägerin- *

B rief- *2*
C meinen sie das was im kündijungsschreiben steht-

Transkript: 119 **Seite 3**

```
B ja" in etwa-
C              da steht=s ja drin↓ * #sie haben sich durch
K                                    LIEST SCHNELL VOR

C ein anruf an ihrem arbeitsplatz im horst bär gymnasium
K

B                          >richtig↓<
C entschuldigen lassen sie seien      schwe"r an einer
K

B                  richtig↓
C gri"ppe erkrankt und      könnten dieses jahr nich mehr
K

C zur arbeit kommen↓ * sie wa:"r/ sie wurden jedoch am gleichen
K

B       ja↓
C vormittag von ihrem vo"rarbeiter dem herrn heinz
K

C wassma"nn↑ * im kellerlokal des kaufhauses horten alkoholtrinkend
K

C in einer geselligen ru"nde angetroffen↓ * herr wassmann
K

C sprach sie a"n↑ * daß sie doch angeblich kra"nk seien↑
K

C worauf sie ihm zur antwort gaben- * wenn sie ausgetrunken
K

C haben gingen sie zum arzt und ließen sich krank schreiben↓ *
K

C aus diesem grund kündigen wir das mit ihnen bestehende
K

B                                                      ja das
C arbeitsverhältnis fristgerecht zum dritten e"rsten↓#
K                                   ENDE DES VORLESENS

B is: auch die   information die ich   nochma
C     das is=es↓                 >ja-<

B hier hab↓
C      ja   soll denn behauptet werden die klägerin sei gar

B                         äh:- * es soll behauptet werden:↑ äh da"ß
C nich kra"nk gewesen↓ **

B ein wichtiger gru"nd für die ausgesprochene kündigung gegeben

B wa"r↑ * u"nabhängig von einer mö:"glichen erkrankung spä"ter↓ *
```

Transkript: 119 **Seite 4**

B >der klägerin↓<
C mhm↓ * den wichtigen grund brauchen se ja nich

B ja ja- * >mh:< im übrigen
C sie ham ja fristgerecht gekündigt↓

B äh sind äh- * die sozialen auswahlkriterien darüber hinaus

B au"ch erfüllt↓ *
C ja auf die kommt=s ja auch net an wenn se n

C verhaltensbedingten grund haben dann brauchen wer keine

C auswahlkriterien↓ ** denn gibt=s die auswahlkriterien spielt

C doch nur bei ner betriebsbedingten kündigung ne rolle-

B >ja ja↓< *3*
C ja also →äh mit annern-← * das versteh ich denn

C nich ganz↓ äh- * äh es gibt ja kei"nen- ** keine verhaltenspflicht

C de"s inhaltes daß ein arbeitnehmer der kra"nk i"st- * nicht ein

B es is so dazu: wäre wie gsagt unter
C bier trinken darf↓

B beweisantritt nä"her vorzutragen äh- * der- * hau"smeister

B dieser schule↑ * der den anruf entgegengenommen ha"t↑
C +mhm-

B mh: der hatte da schon gewisse verda"chtsmomente↑ * weil

B er- * die- * klägerin- * des öfters- * des öfteren äh

B schon trinkenderweise in diesem:- * lokal im horten gesehen

B hat und äh weil er da verdacht schöpfte hat er also jemand

B hingschickt↓ ** und äh: nun war des nit wohl ein bier was da

B die klägerin getrunken hat sondern sie war sta"rk angetrunken- *

B äh- * wenn ich des wö"rtlich zitiern darf was da also- *

B der zeu"g/ was dem zeugen- * gegenüber äh formuliert wurde
C mh-

B odder odder ausschnittsweise- * jetz geh ich erst mal pi"ssen und

A also das hab isch nischt gebracht↓
B dann geh ich zum arzt↓ na also
C mhm:↑

A un isch hab auch kein a"lkohol getrunke↓ * isch
B so hab- * ist es hier durchgegeben↓

Transkript: 119 **Seite 5**

```
A hab sondern #legentlisch# eine tasse kaffee getrunke↓
K              WILL "LEDIGLICH" SAGEN
B                                                           >mhm↓ na

A                             des war an dem tag wo der herr
B ja (...)<
C wann      war denn das↓

A wassmann misch getroffe hot↓ * es war voll beim arzt- *

A un=do bin isch in de horten hab ich schnell ä tass kaffee

A getrunke-      →un=da hab isch gsacht← wenn isch au"sgetrunke
C             ja:-

A hab geh isch zu meim a"rzt zurück↓
C                             ja-     zu welchem arzt sind se

A        zum doktor meister↓
C denn↑                         doktor mei"ster wo- * sitz=n

A                                in bruchtal↓
C der↓ * wo hat der seine nie:derlassung-  in bruchtal↓ * oder

A                               nein in bruchtal↓
C in der bruchtaler straße↓                   #doktor-
K                                             DIKTIERT WEITER

A häuslerplatz↓
C                ←meister bruchtal häuslerplatz↓→ *2*
K

C wadelbach# bruchtal mhm- *2* <und der hat sie krank geschrieben↓>
K

A ja↓ *2* isch konnt nämlisch vor schnuppe kaum aus de a:ge

A gucke↓
C        n=ja ja ja hm- #*2,5* ja das:-# * macht es mir
K                       BLÄTTERT

A                  ja un isch trink jo schon ü:"ber- * ze"hn
C aber schwierig↓

A jahr kein alkohol mehr- * un deswege hab isch die anklage

A überhaupt au"frescht erhalte-     isch #lass mir des- * net
K                                        WEINT
C                              hm-

A biete-#
C          jet/ brauchen se nich zu weinen↓ * →brauchen se

C nich zu weinen↓← * je"tzt- * erstmal n paar formalitäten↓ *2*

C wenn sie sich nich gütlich einigen- * ka=man ja immer machen

C nich↑ is ja nich verboten↓ ** da"nn- ** kann ich ihnen en anwalt
```

Transkript: 119 **Seite 6**

```
C beiordnen- ** damit der nämlich genauso gut argumentiern kann↑ **

C wie der herr rechtsanwalt krantz↓ * ne↑ * damit wer

A                                                  HUSTET und punkto der
C waffengleichheit haben verstehn se↓

A forderung das hat sisch in=zwischezeit ergebbe-          <die post>
C                                                  ham se gekriegt↑

A hat mir zu spät die- ** äh- * wie sagt ma verbuchungsunnerlage

A gschickt↓                                ja
C     >mh< also die siebenhundertvierensiebzig

A die sin-                 s hat sisch ergebbe in
C mark ham se gekricht-

A däm moment↓                                                  jetzt
C                ja:- * ah das is ja gut↓ * wolln sie denn bei der

A geht=s abber um folgendes-               nei"n in däm moment
C firma säuberle weiterbeschäftigt sein↓

A nischt mehr isch streit misch net noch mol rum met=ene↓

A     äh es geht jetz isch geh jetz in die fünfte woch wo isch
C ha-

A krank bin↓           es hot sisch noch käner geriehrt mir ge"ld
C                ja:- *

A zu schicke-          isch sitz seit januar ohne ein pfennisch
C                 hnhn↓

A geld↑           un isch kann net laufend vu=meiner dochter holle-
C            hnhn↓

A                              die stadtwerke hat mir schun strom abgschnitte
C ja- * ja ja:- **

A weil isch=s net bezahle konnt- * und so geht=s lau"fend-

A            *isch geh wegge de firma- * säuberle net in de knascht
K            KLINGT DEN TRÄNEN NAHE
C mhm- **

A noch-*
K
C             nhn- ** <aber weiterarbeiten wolln se da nich↓ sie

A isch k/ isch kann isch   kann werklisch nischt mehr- *
C wollen lohnfortzahlung↓>

A SCHNIEFT erstens e"rstens is               de zucker gestigge- *2,5*
C          ja was wolln se denn ma"chen↓
```

Transkript: 119 **Seite 7**

A und zweitens is des asthma schlimmer worre-
C ja- * ja was wolln

A VERHALTENES
C sie=n dann machen wenn sie dann arbeitslos werden↑

A KURZES LACHEN tja weiter vom sozialamt #lebe-# SCHNEUZT SICH
K ERSTICKT

C <ja warum sind se denn jetzt vors a"rbeitsgericht

C gegangen↓> * wa=mal wenn wer mal von den sie"benhundert

A weil des
C mark absehen die sind ja jetzt bezahlt worden↓

A auch en falsche anschuldigung mir geggeübber war was herr

A wassmann dort dargebracht hot↓ <weil des ni"scht stimmt↓ *
C mhm- mhm-

A isch hab e"tlische zeuge wo des bezeuge könne- * daß isch

A #kaffee# getrunke> hab↓ es war ge/ warn ledinglisch
K KLOPFT AUF DEN TISCH
C ja↓

A besuchgäste aus holland da- * <und #die"# habbe bier getrunke
K KLOPFT AUF DEN TISCH

A ne"t i"sch↓>
B das hat der herr wassmann
C mhm↓ #*2* mhm↓ *2,5*#
K BLÄTTERT IN DEN AKTEN

B halt a"nders gsehn- * frau rainer↓ * und auch ihre reaktio:n

A +bitte bitte bitte was↑
B un:d die art wie sie:- naja und auch

B die a:rt un weise wie sie ih:"m dem herrn wassmann gegenüber

A also do
B dann aufgetrete sin net des #sprischt doch n bissel# mehr für
K STAKKATO

A sin zeuge do daß daß isch kein alkohol getrunke hab- *
B alkoholgenuß↓

A und daß isch auch ni"scht so wie er=s b/ betitelt do- * alles

A war nä↑ *3*
C ja"- *8* besteht denn ne vergleichsmöglichkeit↑ *3*

B allenthalben: mit einem: widerrufsrecht denn: so wie die sache

B hier aussieht und wie sie mi"r bekannt ist- * seh ich an un=für

Transkript: 119 **Seite 8**

B sich keine veranlassung die- * klägerin sa"gt sie- * will- *
B gar net weiterhin arbeiten bei säuberle- * will ni"cht weiter
B beschäftigt sein- * und diese ordentliche kündigung- * die
B is meines erachtens wirksam- ** >ob des:-< * hat bis heute
B keine arbeitskraft angebo:ten so daß ich also- *
C >mhm↓<
B keinerlei- >ja da is-<
C ja da is- * vielerlei zu zu sagen↓ äh
C zunächst müßte man sagen wem=man mi=m letzten- * anfängt daß
C die klägerin sehr wohl ihre arbeitskraft angeboten hat dadurch
B >(naja)<
C daß sie- * die kla"ge- * hat zustellen lassen↓ muß
C man nich nochmal tun↓ * zum zweiten- * mu"ßte sie gar nicht
C ihre arbeitskraft anbieten weil sie ja noch kra"nk war und
B was: mir ni"cht beka"nnt is↓
C krank i"st↓ ne↑ ja-
B es liegen keine krankmeldungen vor↓
C das dritte is was den kündigungsgrund selbst angeht↑ *
C äh wenn es unstreitig ist daß die klägerin kra"nk geschrieben
C wu"rde- ** dann steht doch bloß der vorwurf im raum
C daß die klägerin mo"rgens wäh:"rend eines gangs zum
C arzt oder vo"r einem gang zum arzt- * möglicherweise
C bier getrunken hat- * ja rechtfertigt da"s eine
C kündigung↑ ** rechtfertigt das eine kündigung↑ * we"nn
C die klägerin unstreitig kra"nk war- * so gibt es meines
C erachtens keinen erfahrungssatz de"s inhaltes- * daß
C ein arbeitnehmer- * äh sich gesundheitsschä"digend- *
C verhält wenn er ein: glas bier trinkt oder ähnliches↓ *
B >mhm-< *
C exzesse sind was ganz anderes↓ a"ber↓ * so" einfach
C kann es sich die firma säuberle nich machen daß sie sacht
C wir haben sie mit einem glas bie"r gesehen also deswegen

Transkript: 119 **Seite 9**

```
B                           >n:ein< des geht weniger um des
C kü"ndigung↓ * nicht↑

B glas bier sondern es geht um des

B vertrauensverhältnis un auch eine gewisse wahrheitspflicht
C                                           >mhm↓<

B wird doch net- * äh aberkannt werden wenn die klägerin

B anruft- * sie sei grippekrank und liege im be"tt und dann

B is=es doch sehr se"ltsa"m wenn se dann ne viertelstunde

B später- * äh und →wie gsacht-← * ich bleibe jetz zunächst

B mal bei- * >der darlegung< alkoholtrinkenderweise im

A                             >isch hab kei alkohol getrunke↓< *
B <hor"ten gesehen wird↓ * das paßt halt net zusammen↓>

C das steht aber im kündigungsschreiben selbst nich ne"↑ daß sie- *

C äh im be"tt liege und daß eine viertelstunden*differenz

B                                   mhm-
C zwischen der erklä:"rung und der beobachtung liegt↓

B mh↑
C    im kündigungsschreiben heißt es daß sie schwe"r

B                                neja da das hat sie behauptet↓
C an einer gri"ppe erkrankt is↓

A                                           isch hätte
B    aber hier aus den unterlagen hie"r- *4*
C ne↑

A nämlisch heut morge widder zum arzt solle um neun uhr (...)
B                                              sie rief an daß

A (...)
B sie mit mit <fie"ber im bett liege↓> * (...)-
C                                        ja    wann

B                                    ja am am mo"rgen
C hat sie denn diesen anruf getätigt↓

A des war mein neffe↓
B dieses-             >ja odder der neffe↓<
C                                         mh↑

A +un was der gsagt hot weiß isch net↓        jedenfalls
B                                     >mhm-<
C                                     ja-

A hat isch so de schnupfe isch konnt ni"scht aus de auge
```

Transkript: 119 **Seite 10**

A kucke↓
C >mhm mhm mhm mhm↓< * <ja wolle se den prozeß

A isch loss es druff okumme↓
C weiterführn↓> sie lassen=s druf

B ich ich verstehe auch andrerseits ni"cht wenn
C ankommen↓ ja-

B die- * klägerin zum arzt nach bruchtal mu"ß ja"↑ * daß se

B dann- * in de innenstadt im horten- * <kaffee trinkt↓> *

A SCHNIEFT wieso is des verbote↑ *
B ich hab doch net gesacht

B daß es verbo"ten is →ich hab jetz (ledig/) nur gsagt←

A isch hatt daheim keine zeit mehr d/
B ich versteh"=s net↓ **

A kaffee zu trinke weil- * isch konnt mir auch keiner mache

A weil mir der stro:m abgestellt worre is auch dursch die"

A firma säuberle- * weil isch=s net zahle konnt- * <also irgendwo

A muß isch jo mol ä tass warme kaffee trinke od/↑> *3*

A des- * des kann mir känner verbiete-
NM >ja↓< >mh↓< *5*

B dann würd ich sagen- * äh sollte man vielleicht doch en

B kammertermin bestimmen- * zu dem wird dann ausführlich

B vorgetra:gen unter beweisantritt- * >ma sehn↓< * →man

B kann sich auch← im kammertermin noch gütlich einigen

B >so is des net↓<
C das stimmt ja- ** wolln sie sich durch en

C anwalt vertreten lassen↑ * wenn sie ohne geld sind wenn ihnen

C sogar der strom abgestellt wird- * dann muß ich ihnen einen

C anwalt #<bei"ordnen># damit waffengleichheit herrscht wolle
K KLOPFT AUF DEN TISCH

A ja dann nehm isch schun en anwalt↓ * >besser↓<
C se das↓ ham se n

C anwalt ihres vertrauens un soll ich die akte #irgendem anwalt
K KLOPFT AUF DEN

Transkript: 119 **Seite 11**

A HUSTET isch hab bis jetz noch
C schicken aus wadelbach↓#
K TISCH

A keinen- abber äh-
C soll ich einen- * bestimmen↓ soll ich

A meine meine tochter hat jemand↓ *6* HUSTET
C einen anwalt anschreiben↓ ja sie müßten=s

A HUSTET isch
C eigentlich jetz schon sa"gen damit ich wüßte was ich d/ wohin

A weiß jetz dän name net abber-
B #(...) äh ich will
K SPRICHT STOCKEND
C die akte geht↓ mh-

B des hier noch mal d/ vielleicht fällt der name äh der klägerin

B noch ei"n-# * denn wie soll denn hier n verglei"ch aussehn

B ich ph: seh doch gar keine >chance für n vergleich< ne

B weiterbeschäftigung is net möglich wird auch net gewü"nscht↑ *

B ne beendigung↑ * nu gut wem=mer die um acht tag raussetzt- *

B STÖSST LUFT AUS was bringt des↓
C die klägerin is- * im

C augenblick meines- * erachtens nich in der la"ge einen- *

C äh in ihrer situation eine- * rational- * fundierte

C entscheidung zu fällen was man sicherlich machen könnte

C wär ne abfindungsregelung↓ * nich da is von #nu"ll# bis
K KLOPFT AUF DEN TISCH

C ne million: äh is da ein großer spielraum↓ * nich da- #*#
K GERASCHEL

B #äh (...)#
C #das wär nich das erste mal# daß wer das so gemacht haben↑
K GELÄCHTER IM SAAL

B wie↑ * wenn ich (...)- seit februar
C äh: (...)

B zweiundachtzig das sind zwei jahre- *4* ich- * könnte

B vorschlagen- * ein einen widerrufsvergleich- *5* siebenhundert

B ma:rk- >ja< zwei halbe monatsgehälter- *2*
C das wär en monatslohn↓

Transkript: 119 **Seite 12**

```
B                     zwei" ha"lbe↓                         nja- #*4*#
C zweieinhalb- *2*                  zwei halbe also eins↓
K                                                               EIN-

C wärn sie selbst einverstanden auszuscheiden bei der firma
K ZELNE ZUSCHAUER LACHEN KURZ

A                                                         ja-     ja-
C säuberle gegen siebenhundert mark↑ ** auf die hand↑        ja↑

C gut überlecht↑ ** #okay↓#       #*4*#
K                   KLOPFT EINMAL SUCHT AUF DIKTIERGERÄT ANSCHLUSS

C #absatz die parteien schließen nach erörterung der sach
K DIKTIERT

C und rechtslage folgenden vergleich↓ e"rstens die parteien
K

C sind sich einig darüber komma daß das arbeitsverhältnis
K

C auf*äh*grund o"rdentlicher kra"nkheitsbedingter
K

B                                         ja↓
C arbeitgeberkündigung# köm=mer so machen ne↑ *
K              DIKTATENDE

C #vom siebzehnten zwölften neunzehnhundertdreiundachtzig
K DIKTIERT WEITER

C mit ablauf äh des dritten ersten neunzehnhundertvierunachtzig
K

C geendet ha"t↓ * zweitens↓ #**# die beklagte zahlt der
K                           BLÄTTERN

C klägerin →ne abfindung für den verlust des
K

C arbeitsplatzes gemäß paragraphen neu"n und zehn des
K

C kündigungsschutzgesetzes in höhe von in d. m. sie"benhundert
K

C lohnsteuer und sozialversicherungsfrei absatz drittens mit
K

C diesem vergleich ist der rechtsstreit erledigt- * viertens
K

C die kosten des rechtsstreits werden gegeneinander aufgehoben
K

C und fünftens-← * der beklagtenvertreter erhält widerrufsrecht
K
```

Transkript: 119 **Seite 13**

```
C des schriftsatz an das gericht bis zum-# ** zehnter märz↑
K                                  DIKTATENDE

B och=ph: jo:- * das wäre reichlich so" lang brauch ich nit↓
C                                                   brauchen sie

C net heute ham wer den- * vierenzwanzigsten februar↑ **

B           >innerhalb von zehn tagen↓<
C >frist-<                             zehn tagen↓ ** >mhm-< *3*

C dann ma=mer bis zum- * siebten märz nich↑ #*3*#
K                                          SUCHT ANSCHLUSS AUF

C               #siebten dritten neunzehnhundertvierundachtzig
K DIKTIERGERÄT DIKTIERT WEITER

C und pu"nkt↓ *4* vorgespielt und genehmigt absatz äh die klägerin-
K

C * erklärt sodann↑ #*3*# beantragt sodann äh doppelpunkt äh
K                   SPIELT SCHLUSS VOR UND KORRIGIERT AB "KLÄGERIN-"

C für den fall komma daß der vergleich widerrufen wird äh komma
K

C beantrage ich beiordnung eines rechtsanwaltes durch das
K

C gericht↑ ** punkt äh prozeßkostenhilfegesuch werde ich
K

C nachreichen punkt↓ *3*# so richtig↓ *3* #absatz beschlossen
K              DIKTATENDE               DIKTIERT WEITER

C und verkündet für den fall des widerrufs des vergleiches
K

C erhält der- * be:"*klagten*vertreter die auflage komma äh die
K

C kündigungs*äh*gründe↑ * abschließend unter bewei"santritt↑ **
K

C vorzutragen äh bis äh zum ersten dritten
K

B                                    oh das wär dann zu
C neunzehnhundertvierundachtzig punkt↓#
K                              DIKTATENDE

B knapp↓        nämlich widerrufsrecht bis- * erster vierter↓
C        das is wirklich erster vie"rter-                   #*3*#
K                                                           SUCHT

C           #vie"rten neunzehnhundertvierundachtzig punkt↓ *
K ANSCHLUSS DIKTIERT WEITER
```

Transkript: 119 **Seite 14**

C absatz nächster punkt →es wird drauf hingewiesen komma daß
K

C verspätetes vorbringen zurückgewiesen werden kann unter den
K

C voraussetzungen von paragraph einensechzig klein a absatz
K

C fünf arbeitsgerichtsgesetz punkt↓←# * dann sehn wer dann weiter
K DIKTATENDE

C ne↑ * so das war=s dann↓

Titel Das unbrauchbare Haarteil

Nummer 3005.21

Dauer 60 min

Ort Handwerkskammer in einer norddeutschen Großstadt

Sprecher

A Frau Klocke (Antragstellerin – ist mit dem Haarteil, das in Herrn Placks Betrieb angefertigt wurde, nicht zufrieden und beklagt sich, daß man ihrer Bitte um Nachbesserung nicht nachgekommen ist)

B Herr Plack (Antragsgegner – Friseurmeister, der darauf besteht, einwandfrei gearbeitet zu haben)

C Herr Breierdorf (Vorsitzender der Gütestelle der Handwerkskammer)

Transkript: 21 **Seite 1**

C firma meister plack inhaber günther plack- * und da erscheint
B # mh jawoll↓# *9*
C herr friseurmeister günther plack #>(...)< #
K STARKE HINTERGRUNDSGERÄUSCHE

C äh- * ←ich will- *3* bevor wir uns über den fall selber- *

C unterhalten nur n ganz kurzen- ** allgemeinen

C hinweis geben- * nochmal darauf- * verweisen die

C handwerkskammer- * will in derartigen fällen- ** im interesse

C bei"der seiten- * sich daran beteiligen daß eine gütliche

C und friedliche außergerichtliche lösung herbeigeführt wird↑ *

C und da"ß eine gerichtliche auseinandersetzung- * nach

C möglichkeit→ RÄUSPERT SICH vermieden werden >soll< das is- *

C der- * auftrach den die kammer hat- * das is auch ihr

C anliegen sonst- * säßen wir hier nicht hier- * ←wie das- * im

C einzelnen- in diesem falle- * bewerkstelligt werden ka"nn↑ *

C weiß ich zur zeit nicht ob überhaupt ne möglichkeit gegeben

C ist hie"r einen gemeinsamen nenner zu finden o"der- * ob- *

C >in der-< ** die sache- * wenn es eben gar nich anders geht

C anderweitig geklärt werden muß da"s soll dieses gesprä"ch

C ergeben es is also kei"ne- * formelle verhandlung sondern- *

C ein sachliches gesprä"ch- * in dem ni"chts weiter- * zunächst

C mal versucht werden soll als die- * beiderseitigen standpunkte

C mit grü"nden auf den tisch zu legen→ und da würd ich

A mhm↓
C empfehlen daß sie frau klocke mal- * beginnen weil

C sie die antragsstellerin sind diejenige sind die hier einen

A ja↓
C anspruch- * gegen herrn plack geltend macht↓ herr plack

A RÄUSPERT SICH gut↓ * äh: ich hab
C wird sich dann dazu äußern↓

A also bei herrn plack- * letztes jahr ein haarteil bestellt und

A bei der bestellung hab ich ausdrücklich: äh gesagt daß=es

Transkript: 21 **Seite 2**

A wi"chtigste für mich is- * ein haarteil zu bekommen- * äh ich
A hab des: mein altes haarteil äh mitgehabt und ich hab gesagt es
A darf auf kei"nen fall von der montu"r her- * di"cker sein wie
A des alte haarteil und weil ich wahnsinnig fei"ne- * haare hab
A und des haarteil in meine haare- * ei"nfrisieren möchte↓ *
A es muß- ja↓
C ist das richtig war das im ju"ni- * vierenachtzig↑
A ja↓ un ich hab gesacht ba/ auf
C die bestellung- >(...) ja↓<
A was es mir beso"nders ankommt des wichtigste is eben daß die
A montu"r↑ * ganz flach ganz dünn is ich hab ihn sogar gefragt
A ob es noch äh- * eine andre no"ch eine no"ch dünnere montur
A gibt als die ich bis jetz immer hatte↑ * und der zweite punkt
A hab ich gesacht is für mich ganz wichtig daß es n haarteil is
A das nich- * aussieht so wie oben drau"f gesetzt sondern das
A sich einfach in meine eigenen- * haare- * äh einfügt und
A integrieren läßt↓ * und es ga"nz natürlich und ganz- * äh:- *
A locker- * fällt↓ ** und als ich des haarteil dann- * abgeholt
A hab es beziehungsweise dann auch bezah"lt hab und- * äh:- *
A hab ich also festgestellt daß es- * nich: so geworden is wie
A wie ich mir des vorgestellt hab wie ich=s beste"llt hab auch↑ *
A hab also bei der firma plack angerufen un hab gesacht äh daß
A es so" nich in ordnung is daß ich so ni"cht zurechtkomme
A damit- ** und äh:- ** es warn dann verschiedene änderungen
A notwendig die also äh von vornerein schon falsch vom herr von
A herrn plack vermutlich aufgeschrieben worden warn die ponys
A warn zu kurz- * äh des is dann- * geändert worden- * äh:
A aber ich kann=es haarteil trotz alledem bis jetz ni"ch tragen
A weil die montu"r viel zu dick is das is also äh:- * mein mann
A hat es äh in zentimeter oder in millimeter nachgemessen- *

Transkript: 21 **Seite 3**

A mein altes haarteil des sin #drei" millimeter un des neue
K SPRICHT OHNE LUFT ZU HOLEN

A haarteil was ich bei herrn plack gekricht hab sin fümf komma
K

A noch was also fast se"chs millimeter# HOLT TIEF LUFT und es
K

A steht einfach vie"l zu hoch aus meinen eigenen haaren- * a"b

A also mer sieht des von weitem daß das n- * haarteil is und

A daß des:- * äh es fü"gt sich einfach nich in meine eigenen

A haare ein nich so wie das was ich jetz tra:ge zum beispiel↓ **

A un ich hab immer und was ich herrn plack noch vorwerfen
C ja↓ *

A mu"ß↑ * ich hab immer angerufen un hab gesacht herr plack ich

A komm mit dem haarteil nich kla"r das is nich so geworden wie

A ich=s wollte↑ * un von herrn plack seiner seite kam absolut

A ü:"berhaupt kein vorschlag das heißt i"ch bin immer gekommen

A un hab gesacht HOLT LUFT äh:- * un immer wieder versucht äh ne

A lösung zu finden un hab versucht- * dann warn- * die ansatzhaare

A zu kurz die standen hier so oben aus meinen haaren raus dann

A hab ich die" ändern lassen- * es g/ äh war dann immer noch- *

A für mich noch nich tragbar- * un was ich=em herrn plack

A vorwerfen mu"ß is ganz einfach- * da"ß: von ih"m seiner seite

A aus nicht <ei"n> versuch nicht ein-
C >(...) →verzeihung aber←

A <u>kam-</u>
C reden se <u>ruhig</u> weiter ja- *3,5* #muß ma telefo<u>niern</u> um das
NW # <u>ja-</u>
K NEBENGESPRÄCH / TÜRGERÄUSCHE

C telefon abzustellen# hier- * jo aber sie können ruhig
K

A mir dabei zu helfen- * um um des abzustellen
C weitererzähln↓<

A er hat äh beziehungsweise- * ich hab dann sogar den letzten

A versuch gemacht ich hab mich angemeldet in=nem salon un hab

Transkript: 21 **Seite 4**

A gesacht gut- * weil ich=s selbst irgendwo noch nich glau"ben
A wollte ich hab en haarteil für zweitausend mark bestellt gehabt-
C >(...) für mich keine gespräche (...)<
A * des: äh: einfach nich tragbar is un ich hab=n
A herrn plack seine- * gro"ßen worte am anfang gehört- * sie
A sin äh könn sich drauf verlassen sie könn vertrauen ham wir
A ham erfahrung seit zwanzig oder wieviel jah"ren- * un ich hab
A des auch unheimlich gerne geglaubt für zweitausend mark en
A haarteil zu bestellen- * neja und dann hab ich mich angemeldet
A noch- * zur dau"erwelle in meine eigenen haare ich hab gedacht
A wenn meine eigenen haare- * meh"r stand haben vielleicht äh
A kann ich dann das haarteil besser einfrisieren- * bin im
A frisiersalon gewesen hab- * äh:- * die frau plack dazugerufen
A un hab äh mit der friseusin zusammen versucht das haarteil- *
A einzufrisieren- * hab dann die frau plack dazugerufen un hab
A gesacht frau plack gucken sie sich des bitte an es steht- *
A obwohl ich jetzt ga"nz neue dauerwelle bei ihnen- * gemacht- *
A gekriegt hab- * es steht einfach- * a"b und dann war das einzige
A was die frau plack gesacht hat- * versuchen s=es noch emal- *
A den scheitel auf die andre seite rüber zu frisiern- * un is dann
A verschwunden un hat sich ni"cht mehr sehen lassen↓ ** un ich
A finde des is ne art von kundendienst also tut mir leid das-
A   geht nicht↓
C ja also äh: n/   zusammengefaßt ka=man sagen- * sie- *
C reklamieren daß dieses haarteil nich ordnungsgemäß sei und zwar
C insofern nich ordnungsgemä:ß- * als es sich- * ähm in ihr
A   ja↓
C haar nicht- * wie es- * verlangt worden sei-   einfrisieren
A daß   die montur zu di"ck ist ja↓
C >läßt↓<   tja herr plack darf
C ich sie dann bitten ich nehme an das- * war jetz das war jetz

Transkript: 21 **Seite 5**

A das war des wesentliche das
C das wesentliche was >sie sagen- (wollen)-<
A heißt ich muß sogar noch en zweiten punkt sagen- * ich war äh
A in der zwischenzeit mi"t dem diesem haarteil bei einem friseur
A un hab es angucken lassen- * un i"ch bin sogar der meinung un
A der friseur auch- * äh: d=herr plack hätte- * die"se haare
A für des haarteil gar nicht- * verwenden dürfen↓ * denn äh er
A hat ne haarprobe von meinen ei"genen haaren- * entnommen- *
A und ich hab ihn dadrauf hingewiesen daß ich ganz extrem dünne
A feine haare hab →also fast← wie en baby so feine haare↑ *
A und äh ich muß sagen äh: ich hab zwar die haa"rprobe- *
A gesehen von der farbe war es optimal die haarprobe- * die
A kricht mer zu sehn in so=m bündel↑ ** äh: und dann könn sie
A aber als laie nich beurteilen wie des: wenn das haarteil
A fertig geknüpft is wie des dann fä"llt ich meine daß es von
A der struktu"r her der herr plack- * diese haare- * für mi"ch
A nicht hätte aussuchen dürfen daß er no"ch feinere no"ch
A dünnere- * aussuchen- * hätte müssen für mich↓ * das: der
A zweite punkt↓ un ich meine ich hab n auftrach äh gegeben
C >ja-<
A für zweitausend mark der herr plack hat mir auf der andern
A seite versichert- * sie sin hier bei mir in besten händen- *
A sie können mir vertrauen ich hab erfahrung und ich muß sagen
A ich hab des auch ganz gerne geglau"bt↓
C >ja- *5* ja herr plack
B ja sehr ge"rne↓
C können sie sich jetz mal bitte äußern↓<
B RÄUSPERT SICH äh erstmal äh:m- * möcht ich natürlich äh zu der
B sache sagen daß es natü"rlich unser bestreben- * schon ganz
B normal als wirtschaftsbetrieb ist daß unsre kunden- * zufrieden
B sind↓ ** das is das e"rste mal in einer- * vierunzwanzig/ denn

Transkript: 21 **Seite 6**

B vierenzwanzig jahre bin ich selbständig- * deß: äh ein kunde
B oder eine kundin überhaupt zur handwerkskammer gegangen is- *
B hier zu gütestelle um sich über unsere sachen zu beschweren↓ *
B wir stellen im jahr einige hundert- * solcher und ähnlicher
B stücke her- * das dürfte eintlich- * ein bild da"von abgeben
B daß im gru"nde genommen unsre kunden zufrieden sind und
B zufrieden gestellt werden- * kö"nnen↓ * das also grundsätzlich
B zu der ganzen sache↓ ** äh: beginnend mit der monturenstärke
B habe ich #materialproben# mitgebracht↑ * die ich äh- * herrn- *
K LAUTES GERÄUSCH
B (...) und herrn breierdorf zeigen möchte- * die
A ich hab die beiden mit ja↓
B materialstärke das ist ihre (arbeit)↓
C sie haben haben das (...)
B ja- * ja da sind jetz haare drauf un das is die der ausbau
B dieser geschichte- * daß es also einige millimeter äh dick sein
B soll ist- * äh- * nicht- * richtig↑ * es ist- #*3*#
K PAPIERGERASCHEL
B →es is=so:-← * #daß äh daß der aufbau für dieses
K RASCHELT MIT PAPIER / PACKT AUS
NM (...)
B haarteil ist↑ * das ka=man insofern noch das besteht also
K
B aus drei" schichten un einem band↑ *# man könnte ei/ höchstens
K
B noch ei"ne schicht weglassen- * das kann das ganze aber nun
B nich entscheidend no"ch dünner machen denn es ist- * von- *
B von der fachlichen seite her- * sehr dünn↓ * #wa"s frau
K ERKLÄRENDER
B klocke meint is eintlich etwas a:ndres↓* ←sie meint es is- *
K TONFALL
B relativ dick und voll als so"lches optik- * optisch→# damit
K
A >nein< das mein ich nicht↓
B meint sie also nicht die montu"r ←die da is oder- *

Transkript: 21 **Seite 7**

B als fe"rtiges die ist nämlich hau"chdünn↑← * s=genau das
B gleiche-   ja↑   <da"s is die montur
C   das nennt man montur↑
B die ba"sis-> eigentlich auf der die haare gemacht sind- *
B sondern sie meint #eigentlich die haarf:ü"lle- * die
K   ERKLÄRENDER TONFALL
B die haarfülle als solche↓ ** →wenn wir uns← vorstellen
K
B RÄUSPERT SICH daß- * die behaarte kopfhaut ja nun bis zum
K
B nacken hin und bis zur stirn und bis zu den ohren- * wenn wir
K
B eine ganze perücke machen- * dann wird die montur auch in
K
B dieser fläche gemacht- * u"nd ←gesamt be"knüpft-→ *
K
B sagen wer ruhig be"haart↓ * denn je kleiner ich diese fläche
K
B jetz mache un reduzie:"re auf eine- * größe im oberkopf muß
K
B ich die"se fläche- * wenn die haare weitgehend wiederum
K
B de"cken sollen diese zweiten haare- * re"lativ dicht
K
B beknüpfen↓ * wir haben diese haararbeit in einer stärke
K
B hergestellt- * äh: ←daß sie also nicht zu schwer wird-→# *
K
B frau klocke hatte auch gesacht- * machen sie=s mir nich zu dick↓
B * haben wir auch gemacht↓ * beim abholen- * äh war es frau
B klocke da"nn ni"cht dicht genuch- ** und wir haben kostenlos- *
B im ra"ndbereich nach hinten haare nachgearbeitet- * damit es
B noch dichter fällt↓ * zusätzlich- * vorne haare- * entfernt- *
B weil sie jetzt lä"nger werden soll↓ * es is natürlich- * auch
B sehr schwierig- * für eine kundin sich eine fertige arbeit- *
B vorzustellen↑ ** über haardinge zu sprechen das is alles

Transkript: 21 **Seite 8**

B problematisch- * und wir bemühen uns- * so gut wie möglich die
B kundin zu verstehn damit sie natürlich zufrieden is das is
B selbstverständlich unser ziel↓ * wir haben aus de"m grunde
B wie frau klocke sachte ich hätte das gerne etwas länger↑ *
B diese haare entfernt an der stelle↑ * und- * beim gesamten
B vorderen teil- * wieder mit neuen- * lä"ngeren dann- * versehen
B damit es dem wunsch der kundin- * entsprechend lä"nger is↓
C hat ich das richtig verstanden das war- * nich äh- * a/ als
B doch das warn reklamationen↓
C reklamatio"nen von ihnen akzeptiert sondern äh sondern
C äh im wege eines auftrags gegen vergütung oder war das-
B +<nei"n also> das is äh das äh die dieser erste äh
C (genau)↓
B teil äh:- * äh haben wir selbst w:ie eine reklamation behandelt
B und kostenlos- * geändert↑ * äh das sogenannte gegengeknüpfte
B haar das is nur- * der untere rand mit sehr krau"sen fei"nen
B kurzen haaren →das is eine besondre← spezialität von uns- *
B da"s äh: störte äh frau klocke und äh aus dem grunde- * äh:
B sind da"nn nachher die gewährleistung war lange- *
B abgelaufen↓ * äh: gegen berechnung diese haare entfernt
B worden alles andre is >ohne berechnung gemacht worden< ich
B möchte zum ablauf- * der äh bestellung folgendes sagen aufgrund
B der wünsche der kundin- * wird selbstverständlich von uns so
B genau wie=s irgend möglich is- * in einer- * a"rbeitsanwei:sung
B die ich hier- ** bei is unter vielen punkten- *
B festgehalten- * wie die kundin diese haararbeit haben möchte↓ *
B dann wird dies uns-
C wird äh wird das unterschrie"ben als auftrach
B +<ein auftrach wird in kaufmännischer hinsicht geführt↑
C oder- >ja eigentlich
B aber nicht dort natürlich- * das ka=mer vom kunden
C klar-< *

Transkript: 21 **Seite 9**

B nicht verlangen> da er er kann da ja keine sachkenntnisse in
C >ja is klar↓<

A +do"ch das hab ich aber unterschrieben den
B dem sinne haben↓

A auftrag↓ ja↓
B ja: den kau"fmännischen auftrach↓
C +den auftrach ja-

A +ach so nein
B ja ja- aber ne arbeitsanweisung nich↓
C +aber nich die ganze-

A das →da muß ich mich natürlich verlassen auf sie↓← * des is
B na das wäre u"nbillig↓ * nich↑ * das

A klar↓
B wäre unbillig einem einem lai"en dam/- nich↑ *
C +is klar↓

B so"↓ * und ähm- * dann wird äh die größe festgelecht äh: danach

B wird die montur gemacht- * und die haare werden entsprechend- *

B der arbeitsanweisung- * in farbe länge- * stärke- * we"llung- *

B gemi"scht und präpariert eingerichtet↓ ** und diese eingerichteten

B haare ←werden der kundin vorher nicht ein bündel a"lle

B bündel→ komplett die haare- * die in das haarteil reingehen

B die kommen aus einem- * beutel raus↓ * werden vo"rgelecht- *

B de"r kundin oder dem kunden äh zur ansicht gezeigt ←und von

B u"ns- * ein bündel oder verschiedene bündel mit den eigenen

B haaren verglichen ob sie in der a"rt struktur fa"rbe richtig

B sind o:"der ob→ wir das vielleicht noch korrigiern müssen- *

A NIEST
B denn dazu sin=wer ja noch in=ner lage es is ja noch nich

B hergestellt↓ * es is ja immer noch hier die montur und hier
C >(...)<

B die einzelnen haare↓ * dann wird das notfalls korrigiert und

B wenn das in ordnung is dann oder sogar nochmal eins weiter- *

B wenn nötig farbvergleich gemacht↑ * ←und erst dann- * wird

B das- * weiter verarbeitet↓ * das also zur pro:be der

B haarstruktur↓ * und der haarfarbe↓ ** ich möchte feststellen

Transkript: 21 **Seite 10**

```
B daß die haararbeit↓ ** so" dicht is: wei"l sie auf der fläche→
B weil auf der fläche soundso viele haare untergebracht werden
B mü"ssen auch weil zusätzlich auf w:u"nsch der kundin in der
B ersten reklamation- * zusätzlich haare hinzu"gebracht wurden
B #weil die kundin es dichter haben wo"llte↓# *3* anders ist ein
K STIMME WIRD TIEFER
B haarteil: das so weit decken soll ni"cht herstellbar↓ die
B montur ist nach meiner art nur in einer f:o"lienart noch dünner
B zu machen- * aber eine montur die eine millimeterstärke
B beträcht- * i"st- * auf je"den fall sehr sehr #fein- *
K                                                ABGEHACKT
B und dünn gearbeitet↑ * und- *# wir sehen da gar keine andre
K
B möchlichkeit- * dü"nnere montur- * können wir nich machen- *
B we"niger haare- * sind der kundin- * #dann nich genuch- *
K                                       STAKKATO
B zum decken-# * ich seh- * keine mö:chlichkeit #wie ich es
K                                                LEISER WERDEND
B anders herstellen soll↓#    >(...)<
K
C                            ja was      passiert wenn die- *
B                      ja dünner- * sie brauchen nur
C montur dünner is↑
B das- * sehn das kann auch ein laie sehn- * es besteht aus zwei
B lagen nylontüll-     und einer lage seidengaze hier↑ *
C                    mhm-
B #also wir können# eine lage nylontüll- * wechlassen so daß
K STAKKATO
B die" beiden bleiben- * aber- * das band muß sowieso- * zum
B zusammenhalten und zur verstärkung- * und- * das können wir
B generell nicht- * dünner machen- * ich kenne auch keinen
B lieferanten- * der dazu technisch in der lage ist↓
C                                                 >mhm-< **
A    darf ich was dazu sagen↑ * also erstens mal wollt ich
C ja-                >ja-<
```

Transkript: 21 **Seite 11**

A sagen sie äh herr plack sie sagen seit vierenzwanzig jahren

A wär ich die e"rste kundin die sich beschwe"rt- * dazu muß

A ich vielleicht dazu" sagen- * äh- * da mögen sie vielleicht

A recht haben aber ich bin ganz sicher nur aus dem einen

A grund- * weil in de"n angelegenheiten gehört eine unglaubliche- *

A ähm- * ein unheimlicher ruck dazu diese he"mmschwelle zu

A überwinden sie wissen genau wenn- * jemand auf so was angewiesen

A is en haarteil zu tragen- * dann- * äh: is des so so=n

A bißchen- * ne art die so ins ta/ in den tabubereich

A vielleicht fällt- * und um sich da"zu überzuwinden- * äh: sich

A über so was zu beschwern gehört einfach:- * finde ich äh:- *

A →na ja gut← ma muß ne gewisse hemmschwelle überwinden

A und des bringen vielleicht viele nich fertig↓ * ich hab

A auch lange gebraucht um um jetz hier da"zusitzen und die

A #briefe zu schreiben zum beispiel↓# * zweitens- * äh ich
K LEISER WERDEND

A zeig ihn=jetz=nmal- * äh moment damit ich- * >äh in der

A reihenfolge bleib↓< zwei"tens- * sie sagen äh das haarteil

A äh:- * wäre en problem nich von der montur her sondern

A von der fü"lle her↓ * des is richtig daß ich zu ihnen gekommen

A bin un gesacht hab- * daß äh daß: ich noch- * einen ra"nd

A unten angeknüpft haben wollte↑   herr plack aber- * aus
B   #ja↓#
K   KURZ

A de"m grund weil es hi"nten↓ * au"fsprang↑ * und hi"nten↓ *

A zu v/ äh:- * zu dünn →war-← * nich vo"rne wir reden jetz

A von vorne ich kann- * s deshalb nich tragen weil es vo"rne

A zu dick ist beziehungsweise weil die montur zu dick ist↓ *

A und es ist durchaus ma"chbar- * →denn sie könn mir nich erzähln

A herr plack daß sie-← * en toupet en herrentou/ pu/ äh toupet

Transkript: 21 **Seite 12**

A <au"ch> so machen des is unmöglich un ich zeig ihnen mein
B das is=en herrentoupet-

A a"ltes↑ gut ich zeig ihnen mein altes
B * das is (...) das für die

A >haarteil-<
B he"rren- * das ist nämlich äh frau klocke hat- *

B da m/ mö/ möcht ich gerade eben im moment drauf eingehen↑

A ja↓
B äh- * genau die stärke einer herrentoupetmontur →also das

B dünnste was es gibt← bei dem haarteil gemacht bekommen↓ *

A darf ich ihnen des zeigen↑
B das steht für die haut unten↓

A das is- ja↓
C ja: sicherlich aber ich versteh nix davon aber sie

A gut↓ gut↓ ich
C könn sie könn=s ja so zeigen das braucht ja-

A laß mir haarteile davon abgesehn seit-
C herr plack verstehn↓ +welches is denn jetz

A seit zwanzig- * das das hier↓
B da steht der name is ne firma
C das betreffende↓

A dann fassen sie →sin sie bitte so gut← und fassen
B >(...)-<

A da"s an und des is mein a"ltes haarteil das is das was ich

A im mome"nt trage- * mit dem bin ich gekommen un hab gesagt herr

A plack↑ * es darf auf ←kei"nen fall dicker sein wie das→ und

A →das sin sie bitte so gut so gut← und fassen da"s an↓
C >(...) (nu)<

C tut mir leid ich kann so dazu nichts sagen aber vielleicht

A ich hab ne schieblehre
B >(na ich kenn das)<
C fassen sie es mal an-

A da sie können es messen des wieviel millimeter das is >und

A wieviel millimeter das is↓<
B ja wir könn=s ja nur ohne haare messen

B denn ich hab ja gesacht haarfü"lle is natürlich dazugekommen↓

Transkript: 21 **Seite 13**

A nei"n ich rede hier von dem- * montur und von dem
B ja die

A <ba"nd↓>
B montur könn sie nur messen wenn keine haare drauf sind↓ *

A natürlich kann ich des hier auch messen↓
B also wenn sie hier-

A denn so muß ich das ja tra"gen →ich muß es
B +nei:n sie können-

A ja mit=en haaren tragen nich ohne-← * die haare drauf↓
B dann

B sprechen sie vom #gesamten# haarteil aber nich von der
K STOCKEND

B montur↓ * die montur is hier alleine↓ * und die haare kommen

A herr plack ich trag da"s haarteil ←und
B dazu"↓ * das ist eine-

A es steht hier ni"cht ab→ gucken se=s an ich hab jetz im

A moment da"s haarteil auch hier drin desse"lbe- * genau dieselbe

A art↓ * und wenn ich da"s haarteil trage ich hab=s ihrer frau

A im salon gezeigt↓ * dann steht des hie"r einfach so ein stück

A aus meinen haaren ab und rau"s↓ * und so kann ich=s nich

A tra"gen herr plack↓ * und ich hab gesacht- * #des# is des
K STOCKEND

A wichtigste für mich- * daß ich ein #←haarteil bekomme das sich
K GEÄNDERTER SPRECHRHYTHMUS

A in meine eigenen einfügt↓ * und ni"cht am ansatz zu sehen

A ist↓→ # *4*
K
B >das is also die gleiche montur das=s der gleiche

A <nei"n> das is nich ich weiß nich was →was
B aufbau hier↓<

A sie gemacht ham← da sind doch stä"bchen oder irgendwas

A drin=in- * und außerdem is=es noch gefü"ttert↓ es:-
B >es is auch

A #es is auf jeden fall di"cker wie das
K ERREGTER TONFALL
B es is ungefüttert↓<

Transkript: 21 **Seite 14**

A hier ich kann=s nich tra"gen↓#
K
C ja also herr herr plack hat ja hier vorher äh- * hier an

B arbeitsperücke liecht hier drunter ja↓
C dieser (...)

B aufbau gezeigt- >ja↓<
C demonstriert voraus dieser äh wie diese

B ja↓
C montur hier aufgebaut wäre↓ meinen sie denn da wären

A ja ich weiß es nich
C noch mehr als diese drei schichten drin↑

A fassen des an ich weiß es nich was es ist↓
B äh man das braucht ja nur auftrennen dann

A auf jeden fall hab ich=s so nich #beste"llt↓#
K SEHR HOHER TON
B ka=man=s ja sehn↓
C ja auf jeden bin nich in der lage-

A <ja->
C äh ich bin ja kein sachverständiger↓ >nich-< * ich

C kann jetz nich sagen da is mehr oder weniger >ne↑< * das

A ja-
B also ich stelle fest das es
C kann ich nicht aber- * äh-

A <wo die zu> (...)
B so ist↓
C wie"so sollte da mehr drin sein nich↑ * >muß man ja fragen↓<

A ja es is auf jeden fall gefüttert↑ *
B >is auch nich richtig↓< ja des is

A ja- * ja das zum beispiel ni"cht↓
B auch gefüttert des is ja (...)
C >(...)<

A (...) →herr plack
B nein aber unsre arbeiten we"rden- * so" gearbeitet (...)-
C (...)

A wenn ich aber zu ihnen komme und sage ich will etwas was
C (...) hauchdünn nich↑

A a"bsolut nich zu (...) is-
B das is wirklich
C (...) hauchdünn↓ * (...)↑

B hauchdünn und so eine art wird bei uns nicht hergestellt- * sie

B →sehn wieviel aufwendiger es gearbeitet sehn sie in der optik- *

Transkript: 21 **Seite 15**

B sehn sie die← pa"ssform- * die tie"fe- * die- * auch wirklich
B erhalten bleibt un nich die lappige form- * →wir stellen es
B aufwendiger her und deswegen ist das auch so richtig↓←
A es is aber in meine eigenen haare nicht einfrisierbar↓
A (...)
B +aber das hat etwas das is ganz etwas andres das hat ni"cht
B überhau"pt nichts mit der montur zu tun überhau"pt nicht↓
A doch des hat was mit zu tun weil es hier einfach (...)
B #ich kann es ihnen
K GEREIZTER TONFALL
B nur sagen# wie ich es als fa"chmann seh wenn sie einen andern
K
A +<ich kann nur da"s tragen↓
B standpunkt ham- akzep/- darf
C is=es-
A das is ja nur das tra"gen↓>
B ich-
C is=es denn is=es denn einzufrisieren auch
B es is selbstverständlich einzufrisieren denn
C wenn=s die (ränder) (...)
B das hat mit der- * bei dieser dünnen montur →sowieso nichts
B zu sagen← das is eine frage- * äh:- * ←des kämmens→ und- *
B es ist klar- * ←dieses- * is ja hier jetz innen um so dicker
B geworden→ dieser ganze- * bereich hier is alles noch- * an
B fü"lle zusätzlich- * dazu"gekommen dabei- * die ganze
B haararbeit hat ja vie"l mehr haare →gebraucht wenn wir mal auf
B die äh-← * waage legen dieses hier- * als da"s- * dadurch ergibt
A ich hab aber ihnen gesagt daß
B es doch also schon mehr volumen↓
A ich kei"n haarteil will das so oben drauf↑ * aufgesetzt
A >aussieht sondern ganz weich und-< <nei"n
B frau klocke das war ihnen sogar noch zu" dü"nn↓
A #→es war mir nicht zu dünn hier- * verstehn sie mich bitte
K ERREGTER TONFALL

Transkript: 21 **Seite 16**

A richtig ich hab nu"r↑←# moment-
K
B <ich hab sie ganz genau richtig

A es war hie"r hi"nten↓> * die" teilhaare hinten teilen
B verstanden->

A sie↓ * →ich hab gesagt← hie"r hi"nten- * will ich noch einen

A streifen <hin↓> * damit es hie"r unten↓ * ni"cht so

A auseinandergeht↓
B also is=es ihnen jetz auch an der seite zu voll

B soll von der tresse mal wieder was abgenommen werden

A <nein es geht da um> diesen punkt herr plack↓ *
B was au"ch gerne gemacht wird-

A ich kann es nicht tra"gen weil es hie"r zu dick is↓ **
B ja also

A es ist in meine ei"genen haare- * an die"ser
B te"chnisch können wir es nicht-

A stelle hier oben ni"cht zu integrieren↓ *1,5* es steht so" ein

A stück über meinen eigenen haaren rau"s↓ ** und fassen sie des

A doch mal an ich kann da"s- * fantastisch einfrisieren sie

A sehn es hier ni"cht↑ * daß ich en haarteil trage↑ * aber bei dem- *

A sieh"t man es und ich hab es ihrer frau im salon gezei"gt↓ *

A und ihre frau is weggelaufen und hat sich nich mehr bli"cken

A lassen↓ * <nein das hat damit was
B na ja das is ja nun was (...)

A zu tun↓ ich bin immer- * herr plack ich
B +nei:n hier wird es sa"chlich- * nicht-

A bin immer gekommen un hab gesagt herr plack →tut mir leid

A ich komm mit dem haarteil← nicht zu"re"cht↑>
B das müssen sie au"ch-

B denn wir haben ja unsern firmensitz da →wir können nicht

A also ich wär-
B zu ihnen nach hause kommen das is also- * ga"nz normal

B ne reklamation wird in dem- * betrieb dort vorgetragen und

A ja↓ ja↓
B #wi/ wi/ is# ja auch da be/ behandelt worden die ganze
K STOTTERT

Transkript: 21 **Seite 17**

```
A          +aber ich würde erwarten von ihnen daß sie" einen
B zeit↓←

A vorschlag machen↑ * und ich das-
B                     welchen vorschlag↑ * wir haben bisher-

B             alle ä"nderungen ko"stenlos du"rchgeführt was
C ja aber das (...) herr plack (...)

B sollen wir machen↓ * die gewährleistung is- * sowieso- *

A                   des stimmt herr plack↓ * des stimmt↓ * und
B abgelaufen dabei↓

A es is vielleicht äh:- ** da sind sie genauso schuld äh wie ich

A →zum beispiel← weil von ih"nen ich bin immer zu ihnen

A gekommen #ha/ hab# gesagt herr pla"ck- * ich kann des haarteil
K          STOTTERT KURZ

A nich tra:gen es geht nicht↓ * von ih"nen kam nie" ein

A vorschlag↓
B    frau    klocke das ist doch nicht wah"r wir ham

B ihnen gratis die"se ganzen änderungen →gemacht sie können

A                                   +moment die änderungen
B doch nich sagen daß das kein-     vorschlag das: doch-←

A mit den ponies daß die    zu kurz waren↓
B                    →ja-←

A          das ham    sie verkehrt aufgeschrieben
B →ja de/ das war-←

A das war      nicht meine schuld↓
B →nein das-←                     da soll daran soll

A                                                 ich hab gesagt-
B der herr breierdorf wohl sehn- * das is eine sehr diffizile

A                              ja-
B sache was is lang und kurz das is uns eben-
C              ja äh:-        das ist letztlich- *

B deswegen bemüh"en wir uns ja↓
C letztlich egal ob das ne reklamatio:n wa:r- * ←oder

C ob ähm ob da"s- * äh ein entgegenkommen gewesen is

C das is- * für- * die entschei"dung des falles deshalb

C ega:l-→ * weil da"s ja ne leistung war die in keinem fall

A                                gut↓ * ja- ** ja aber herr plack
C berechnet worden war↓ * nich↑
```

Transkript: 21 **Seite 18**

A stellt des so hin als ob des schon meine schuld gewesen wär

A (...)
B nei:"n (nein) wir haben nur gesacht die gewährleistung ist
C (...)

A ja↓ +und die gewähr/
B abgelaufen↑ und wir haben aber da"s↑

A (...) ja↓
B se"lbstverständlich- * gemacht das wissen sie doch auch↑ *

B und nett und freundlich könn sie doch nicht sagen daß wir- *

B uns nicht weil sie sagen ich hab mich nich wie unsre

B firma hat sich nich bemüht↑ * das haben wir sehr woh"l

B das könn wir doch klar bele"gen anhand der ganzen sachen↓
C herr- (...)

A sagen si/- * jawohl da muß ich dazu sagen
C hörn sie doch nochma-

A insofern ni"cht bemüht herr plack weil ich immer derjenige wa:r

A und gesacht hab äh gut dann müssen wer versuchen da"s zu

A ändern↓
B frau klocke das liecht in der natur der sache das is

A →ja aber
B ganz logisch daß sie zu der firma↑ * hinkommen müssen

A ich-← →aber jetz← sin wer
B und müssen es da" reklamieren↓ ich kann

A nach wie vor soweit daß ich=s nich tragen kann un ich hör
B nich zu ihnen kommen↓

A von ihnen immer nur des einziche↑ * daß sie sagen wir machen

A des schon seit jah"ren so↑ ** das hilft mi"r aber nich weil

A ich=s: nich tra"gen kann un nich in meine haare: integrieren

A kann und ich hab ihnen ganz klar und deutlich zu anfang

A gesacht- * wa"s ich haben möchte und daß sie berü"cksichtichen

A sollen daß ich ga"nz dünne feine haare hab↓ * und daß

A es mö:"glich is so n haarteil herzustellen- * das ist das

A der beweis ich trag- * so n haarteil seit zwanzig jahren↓

C wie is=es denn mit der gewährleistung↓ * hier war eben

Transkript: 21 **Seite 19**

C die rede davon #daß die gewährleistung# abgelaufen sei↓
K   STAKKATO

A ja↓   und die is deshalb abgelaufen- * weil- * wie
C   >was is denn damit-<

A gesacht i"ch immer wieder dann zuhause saß mit dem haarteil

A →un hab gedacht← was mach ich denn je"tzt↑
C   was is denn vereinbart

B   ** drei wochen- *2,5*
C in bezuch auf die gewährleistung↓

B   ja:↑ *
C sie meinen der hinweis in den geschäftsbedingungen↓

B hilfsweise beruf ich mich auf b.g.b↑   sechs monate↓
C   ja↓

C mit den mit den geschäftsbedingungen das wird- * nich klappen

C weil- * ←mh das- * gesetz zur regelung- * wie heißt

C das gesetz zur regelung des rechts der allgemeinen

B   mhm:-
C geschäftsbedingungen→ oder so ähnlich a. g. b. gesetz- *

C das a.g.b. gesetz ←mh äh: akzeptiert ni"cht die- * abkürzung

C einer gewährleistungsfrist unter die gesetzliche-→ * durch- *

B   ja →deswegen←
C allgemeine geschäftsbedingungen↓   direkt

B beruf ich mich also hilfsweise auf b.g.b. dann↓
C ka=mer=s machen (...) a:ber-   * äh das

C b.g.b.- * gibt als gewährleistung wir müssen darüber jetz ja

C mal reden wo=s auf=em tisch is- * sechs monate von abnahme an

A   mhm- *
C gerechnet-   un die abnahme is hier wohl- * gewesen im- *

A   oktober glaub ich-
B   oktober wohl ja- * ja ja↓ *
C november oder oktober-

A   mhm:-
B wir ham=s ja überall in den herbstmonaten gemacht-
C   so daß die:-

A oktober glaub ich >ja↓< **
C   sechs monate abgelaufen gewesen

Transkript: 21 **Seite 20**

A ja↑ *
C wä:"ren↑ im april oder- * mai- * >dieses jahres↓< *3*
C und wenn ich herrn plack richtig verstanden habe dann sagt
C er- ** die arbeit is in ordnung↓ ** aber- * hilfsweise- **
C >oder< zur vereinfachung grad wie man=s sieht- ** >mach ich
C #auch- * auf- * gewährleistungsablauf# au"fmerksam↓< *4*
K STAKKATO
C wie wie- * stellen sie sich dazu >das muß ich ja fragen↓<
A ja daß:- * der termin insofern überschritten is is mir auch
A bewußt aber ich sag ihnen daß des einfach daher kommt weil
A ich zuhause mit dem haarteil alleine stand und es nich- *
A tra"gen konnte und ich selbst immer versucht hab↑ * äh
A #ne mö/ ne# lösung zu finden ne möglich*keit zu finden- * und
K STOTTERT LEICHT
A äh:- * wenn ich angerufen hab bei herrn plack un hab äh oder
A bei mit frau plack gesprochen hab un hab gesacht- * frau plack
A de/ ich ka"nn=s immer noch nich tra"gen sie müssen mir he"lfen
A hab ich sogar zu ihr mal gesagt- * ich komm damit nicht zurecht-
A * so" ge"ht es nich- * dann war des einziche was ich zu hörn
A gekricht hab- * so machen wir des schon seit- * soundso vielen
A jah"ren↑ * und i"ch war immer diejenige dann die die initiative
A gesucht hab hi"ngegangen is↑ * →ich hab dann auch immer gesagt
A dann hab ich mir dau"erwellen machen lassen noch dort↑← * und
A hab wie"der n versuch unternommen↑ * und hab gedacht vielleicht
A liecht=s dadran daß meine eigene haare zu wenig sta"nd ham- *
A bin hi"ngegangen mi"t dem haarteil →hab gesach-← * jetz
A versuchen sie"=s bitte nochmal hier bei mir einzufrisiern hab
A mir dau"erwelle machen lassen ne neue- * und hab die frau plack
A dazugerufen →un hab gesacht← frau plack jetz gucken se
A sich=s a"n- * so kann ich=s nich tra:gen↓ * dann hat frau
A plack gesacht versuchen se äh zu der friseuse sie soll=s

Transkript: 21 **Seite 21**

A versuchen nochemal- * a"nders zu frisiern- * das hat die
A friseusin gemacht der f/ es war ganz genau des gleiche nur
A die frau plack hat sich dann auch nicht mehr se"hen lassen
A die is we"ggegangen we"ggelaufen↓ * und hat sich nicht
A einmal mehr wieder bli"cken lassen↓ und ich find das ist
C ja↓
A doch nich in o"rdnung↓ i"ch bin diejenige immer gewesen die
A →gekommen is un gesacht herr plack- * so" is=es nich in
A ordnung↓ * aber ich hab keine hilfe bekommen↓←
C ich muß die
B do:"ch↑ sie haben wohl hilfe bekomm wir ham die
C situation-
A weil
B änderungen durchgeführt- * und sind auf ih"re wünsche se"hr
A die ponies zu kurz warn ja:- * zum beispiel↓
B wohl- und lieb und nett ja bitte
B wir sind das- * möchte ich entschie"den wider*äh*sprechen
B wir haben sehr w:oh"l leistungen erbracht- * →un ham uns sehr
B woh"l drum gekümmert↓← * es is doch ganz im natürlichen- *
B lauf der sache- * daß wir nich zu jeder kundin oder jedem kunden
B wir ham nu wirklich einige hundert- * je nach hause- * fahrn- *
B oder da anrufen ob sie- * jeweils jede woche zufrieden sind↓ *
B es is doch ganz klar- * daß wenn sie- * irgendwelche
B änderungswünsche haben- * u"ns aufsuchen müssen und u"ns
A natürlich wenn ich
B ansprechen müssen- * das is eigentlich ganz logisch↓
A aber zu ihnen auch sag un komme und helfen sie mir bitte und
A sie stehen da: und und und sa"gen- * äh äh ihre f:rau und ne
A friseusin →noch dazu aber ich weiß jetz nich welche-← * gucken
A sich des nur an und sagen ü"berhaupt nichts dazu und-
B nein weil da
B ein stand erreicht war wo wi"r meinen daß wir fachlich- * es

Transkript: 21 **Seite 22**

A aber nicht so
B #hu"ndertproze"ntig ri"chtig he"rgestellt ha"ben↑#
K ARTIKULIERT DIE WÖRTER EINZELN UND SEHR PRONONCIERT

A wie ich es- * gewollt hatte ich hatte gesacht es darf auf

A keinen fall sein dü"nner als dieses hier↓ * und es is

A dicker↓ * ich hab ne schiebleiste da sie können=s nachmessen

A wenn sie wollen↓ * es is sechs millimeter und das is drei

A millimeter dick↓ ** und aus dem grund kann ich=s nicht tragen↓

A das davor liegt↓
B also ich beruf mich aber trotzdem da"nn je"tzt- * hilfsweise

B damit wir dann auch weiterkommen auf- * ablauf der
C ja das is ja nun die-

B gewährleistung↓
C die situation über die wer uns hier noch

C unterhalten müssen↓ * wenn- *3* der streit- ** nich un der

C dieser streit bezieht sich auf die qualität- ** der- * erbrachten

C leistung↓ ** i"ch als laie kann nich- * beurteilen und kann

C nicht prüfen- * ob die reklamation gerechtfertigt ist- *

C oder- * ob- * dieses haarteil- ** handwerklich- ** mangelfrei

A ja↓
C is↓ ** das werden sie mir abnehmen daß ich das nich als laie

A vielleicht ja↓ *3,5*
C prüfen kann↑ ich könnte also↑ * in einem fall

C wie diesem- * normalerweise nur den vorschlag machen↑ * vom

C streitwert her bestehn da ja auch keine bedenken- ** dieses

C haarteil↑ * ←durch einen fachmann→ nämlich einen

C sachverständigen prüfen zu lassen↓ * der könnte also- *3*

C durch fa"chliche untersuchung- ** oder aufgrund einer

C fachlichen untersuchung- * ein gutachten erstatten- * daß die

C streitfrage↑ * ob die qualität in ordnung is oder nicht- *

C beantwortet↓ *4* der einzige nachteil- * daran is- * daß

A mhm↑
C dieses gutachten mit kosten verbunden is↓ und- * die

C aufwendung von ko"sten- * kann ich ihnen natürlich ni"cht

Transkript: 21 **Seite 23**

```
C empfehlen↑ * wenn- * die du"rchsetzung eines anspruchs- *

C selbst aufgrund eines für sie gü"nstigen gutachtens- ** nicht

A                        +mhm-
C mehr möglich ist↓          wenn herr plack sa:gt- *2,5* das

C gutachten x. ist zwar- ** zu meinem nachteil- * ich erkenn es- **

C eigentlich fachlich nich an der sachverständige hat u"nrecht

C aber ganz davon abgesehn- * mach ich auch noch geltend- **

A                                                     mhm- **
C daß die- * gewährleistungsansprüche verjäh"rt sind↓

C und dann hätten sie ja:- * das geld fürs gutachten zumindest- *

A                             +mhm-
C unnötigerweise ausgegeben↓     >und das kann ich ihnen

C nicht empfehlen-< ** deshalb- ** is hier so recht gar nich

A                    mhm- *3* gut↓
C weiterzukommen↓              wie erklärt es sich denn naja

C sie haben- * angedeutet aber- ** bei dem streitwert wäre

C doch wenn sie tatsächlich u"nzufrieden sind- * vielleicht zu

C erwarten gewesen i"nnerhalb des halben jahres- * #mal etwas
K                                                  STAKKATO

C zu unternehmen↑# * in richtung- * unterbre"chung der
K

A                           gut des hab ich versäumt des wußt ich
C gewährleistungsfrist↓

A auch nich daß ich das- * die möglichkeit >gehabt hätte↓< *

A ich sage ihnen das hat sich so- * ja          das is
C durch en gerichtliches verfahren wird unterbrochen↓

A hat sich eben so hingezogen weil ich- * eben selbst- * immer

A nich wußte mensch was mach ich denn je"tzt als nächstes und

A was- * kann ich denn je"tzt noch versuchen- * zu erreichen

A daß ich=s eben tragen kann↓
B                              frau klocke wir möchten ihnen gerne

B nochmal anbieten kommen sie ruhig nochmal- * zu uns-
C                                                      ja das

B daß wir gemeinsam wir- * bemühen uns wirklich  wir- *
C müßte nochmal direkt- * direkt gemacht werden↓
```

Transkript: 21 **Seite 24**

```
B wir sind nun wirklich de"r herstellungsbetrieb- * hie:"r und- *
B können auch nur von zufriedenen und wi"rklich nicht von
B u"nzufriedenen kunden leben↓ * das kann also wirklich kein
B wirtschaftsunternehmen↓ ** und äh:- * daran sehn sie ja wenn- *
B nun wirklich die anderen kunden zufrieden sind denn is=es nich
B weil die also angst hatten jetz hier zur handwerkskammer zu
B gehn →oder zum gericht← sondern weil sie wirklich zufrie"den
B sind →und nur davon können wir leben-← * und ich kann ihnen
B wirklich nur anbieten- * kommen sie zu uns- * da"ß wir
B gemei"nsam uns a"lles nochmal a"nsehn und nach lö:"sung
B suchen da"ß sie=s wirklich tragen könn denn das wollen wir ja
B auch gerne- * wir wollen ihnen keine haararbeit liefern- * wo
B sie nur das geld zum fenster rausgeworfen haben un nich nutzen

B können↓      ne↑         das wolln wir wirklich ge"rne↓
C         also darauf würd ich in jedem fall eingehn-     *

C daß äh und zwar daß vielleicht- * dann- * herr plack se"lbst- *

A                                       ja:-
C als der verantwortliche inhaber- * der firma↓ und der

B                              >äh termin (...)<
C fachmann↓ * sich das ansieht↑           ähm-

B         (...)
C den termin können wer eigentlich hier gleich festlegen↓ *

B ja das kann ich natürlich nich ga"nz  so- * frau klocke ist
C                          >(ach so)↓<

B so nett und ruft mal durch sie wissen wir ham ein anmeldebuch-

A aja↓                                  also äh   ich
B ich hab das natürlich jetzt hier nicht im kopf-

A zögere im moment noch-       <ich muß sagen äh: ganz einfach
B                           <dürfen sie gerne ich habe auch nur ein

A deshalb->            ja weiß ich↓              äh:-
B angebot   gemacht↓>              mehr nich↓
C                                                ja sie sagen

A           ganz einfach-                               +ganz
C es hätte ja in der vergangenheit keinen erfolg gehabt↓
```

Transkript: 21 **Seite 25**

```
A einfach deshalb weil ich des vertrauen natürlich jetz

A auch dadurch durch das ganze-
C      ja nur-              äh-

A           ziemlich äh:-          gestört is-
B das kann ich nicht ändern↓
C           frau klocke äh    äh-   zweitausend- *

A                            ja-                 >ja-<
C dreihundert- * zweitausendzweihundert*dreißig- * ma:rk- *

A                        ja"↓ * kann ich mir nich leisten daß es
C um die es hier geht↓                                 schreibt

A in der ecke liecht↓
C man ja nicht-       schrei/ schreibt man nich einfach so:-

A →nei"n kann ich mir auch nich leisten↓←
C        ab sondern-                    versu:cht- *

C zumindest da"s- ** den weg- * zu beschreiten- ** selbst wenn

A                                                     natürlich↓
C er einem- * von vornherein nich nur sympa"thisch ist↓ * aber

A               >ja↓<
C man versucht den   weg zu beschreiten↑ * der offensichtlich

A                                                   ja↓ *3*
C der einzige is↑ * um noch n bißchen was zu erreichen↑

A gut↓                                    ja:-
B      und brauchen sie doch heute da nich zu-   entschließen

A                                                    ja↓
B es is- * schlicht und einfach ein angebot vo"r der gütestelle↑

A ja↓                   →gut   also hab ich-←
B     aber- * direkt an <sie"↑>              und #ob w:ie ob#
K                                                STOTTERT

B sie davon gebrauch machen frau klocke da- * das müssen das

B entscheiden sie ja↓
C                       ich meine sie sollten heute un hier bereits

A                                          HOLT LUFT äh: also
C erklä"rn daß sie davon gebrauch machen↓ **          >das halt ich

A um nochemal äh- * ku/ äh zusammenzufassen äh: es sind drei
C für si"nnvoll↓<

A möglichkeiten entweder ich geh auf des angebot ein daß ich bei

A herrn plack nochemal- * äh versuche- * das gemeinsam- **
```

Transkript: 21 **Seite 26**

```
A hinzukriegen↑      +zweitens↑ * äh en sachverständigen dazu
B                 +ja↓

A zu holen was mit kosten verbunden is oder das dritte äh eben- *

A mit=em rechtsanwalt↓ is=des richtig die drei möglichkeiten↓ **
C                      ja↓

A                                                 ja↓       weiß ich
C die möglichkeiten gibt es ja in jedem fa"ll↓       nu"r↓*

A ich wollte des jetz nur wissen↓             ja-
C                was was         soll n anwalt↓ n   anwalt kann- *

A                    auch nich gut des is mir bewußt das
C die verjährung- * nich vom tisch fegen und n gericht

A is mir    klar↓ *       daß das vorbei is↓
C auch nich↓       also:-    ←die von       ihnen- *

C aufgezeigten lösungsmöglichkeiten zwei und drei"↑ sind mit

A          ja↓
C kosten verbunden↑ * und- * da" sie mit kosten verbunden

C sind- ** muß man eben vo"rher prüfen↑ ** ob das ge"ld dafür

A                          ja↓
C sinnvoll ausgegeben wird oder nich↑ * und we=man von vornherein

C wei"ß und wir wissen es ja jetzt↓ * daß im e"rnstfall↓ * das

C heißt bei einer auseinandersetzung vor geri"cht- *3* jedenfalls

C hi"lfsweise immer der- * hinweis kommt ich berufe mich auf

A             mhm-
C verjäh"rung↓ we=man das wei"ß und we=man- * zu"sätzlich

A                                              mhm gut
C weiß- * daß dieser hinweis nich zu entkrä"ften is-

A das ist mir nicht bewußt↓                          mhm-
C                  dann  äh ka=man ja:- * die möglichkeiten

A                                ja↓ *      >gut↓< **
C zwei und drei >schon nich mehr empfehlen↓<→

A gut also dann erklär ich mich einverstanden daß ich äh: nochmal

A zu herrn- * plack daß ich anruf un n termin vereinbare- *2,5*

A und äh:  nochmal einen versuch mache↓ *5,5*
C     >ja↓<

C schreiben wer mal der sa"chverhalt- * wird- *4* köm=wer
```

Transkript: 21 **Seite 27**

A ich muß aber gleich dazu sagen daß es äh- * jetzt vor den
C mal so formu/-

A sommerferien ganz sicher ni"cht mehr sein wird weil i/- * wir in

A einer woche- wegfahren wollen↓
C ja das müßten wer so n bißchen zeitlich

B aber nei:n herr →vorsitzender← das brauchen wer
C festlegen-

B hier- (das dürfen sie
C das sollten wer hier nur ruhig machen wa"nn in etwa

A mhm↓
B (...)) aber nur damit frau klocke das weiß wir em/- *
C das sein wird↓

A >mhm-<
B wir binden das jetz nich an irgendeine frist ob das nun
C →nein nein↓←

A gut↓
B nächste woche is- oder wir ham dann nachher im august-
C (...) herr plack

B naja aber da"s war das
C doch wohl nich erst in fünf jahren↓ (um da ne regelung zu

A >nein↓<
B versteht sich sicher von allein↓ im laufe dieses
C haben)↓

B jahres wird=s schon sicher sein↓ * nich↑ wir ham dann auch äh

B vom neunenzwanzigsten juli an- * dann bis äh: >achtzehnten

A ja↓
B august betriebsferien↓<
C ja: äh würde das ja in jedem fa"ll erst

A ja↓
B >(...) wahrscheinlich
C in der zweiten augusthälfte sein↓

A ja↓
B ja↓<
C der sachverhalt wird auch anhand des betreffenden

C haarteils- *2,5* erörtert↓ *9,5* die antragstellerin- *3*

C erläutert- *5,5* inwiefern- ** das haarteil- ** nach- *

C ihrer ansicht- * nicht- * in ordnung sei↓ *3* der inhaber der

C antragsgegnerin- *4,5* legt dar- ** daß- *6* seine leistung- *3*

Transkript: 21 **Seite 28**

```
C einwandfrei- ** daß er seine leistung einwandfrei und- *2,5*
C ohne- * mängel- *2,5* erbracht habe↓ *6* zusätzlich- *2*
C weist- ** er- * auf- *2,5* a"blauf- * der- *2* nach b.g.b *3*
C bestehenden gewährleistungsfrist- *2* hin↓ *9* sie können
C mal jetzt vielleicht fortführen- *8* dennoch- *6* erklärt
C sich- * der inhaber der antragsgegnerin bereit- *13* in seinem
C salon↑ *8,5* das haarteil- *5* wie sagen wer das
B <äh-      +aufzu/ aufzuprobieren> →könnten sie oder-← *
C nochmals-         ja↓
B aufzusetzen↑                 und nach änderungsmö:chlichkeiten und
C                nochma:ls-
B lösungen zu suchen >würd ich so↓<
C                    >(...)<        *4* nochmals anzupassen
B    nee (...) (...)
C ja↑           ja-  *8* un=der antragstellerin die- *
C notwendigen- * erläuterungen zu geben↑ * sie deuteten an daß
C vielleicht ja auch irgendetwas nich richtig gehandhabt wird↓
B ja das muß man also einfach mit der sache selbst dann
B ausprobiern verschiedene mö:chlichkeiten- ** um äh:- * der frau
B klocke zu helfen daß sie=s wirklich so nutzen kann- * wie sie=s
B nutzen mö"chte↓ * ganz klar↓
C                             der antragsstellerin dabei die
C erforderlichen fa"chlichen- ** erläuterungen zu geben↑ **
A darf ich da vielleicht noch was dazu sagen- * äh: des klingt
A also in meinen ohrn- * äh:- *        #nich: ja-# denn
K                                      ZÖGERND
C                               eh ja: sie meinen sie- *
A ich mu/-             ja ich muß sagen ich hab n
C haben   die erfahrung↓  ja↓
A haarteil seit zwanzig jahren trage ich↓ *3* und es kann nicht
A da/ dadran liegen daß ich jetzt-            die
C               nur die fachlichen erläuterungen dazu #die (müssen
K                                                   SEHR FLÜCHTIG
A erfah"rung- * nich hab wie ich des wie ich des einfrisiern-
C sie)# natürlich nochmal hörn↓ * ja das hab ich auch nich gesagt↓
K UND NACHLÄSSIG ARTIKULIERT
```

Transkript: 21 **Seite 29**

A * muß also dadran liecht=s bestimmt nicht↓
B naja frau klocke im moment

A ich weiß es nich-
B is das ja aber auch nich wichtig hie"r↓ weil-

B es kann- *5*
C #und- *5* (soweit) einer- *4,5* lö:sung- * der
K FÄHRT FORT IM DIKTAT

C angelegenheit- * so- * behilflich- * zu sein↓# *13* ja und da"s
K

B das ganze is dann
C ganze wäre auch kostenfrei↓ ja↓

B kostenfrei- * äh:- * wenn ich sehr umfangreiche- * äh

A also bitte
B änderungen nötig sind was ich aber nicht annehme↓
C was müßte sie dann

A das mein ich-
B sie müßte gehn wir davon aus gehn wir davon aus in einem
C bezahlen noch↓ * (...)

A und darf ich da trotz alledem
B normalen rahmen ist es kostenfrei↓

A einhaken und fragen wie: sie sich des äh:- * sie sagten normalen

A rahmen was äh: * meinen sie jetz trotz alledem damit↓
B frau klocke

B dazu kann ich mich nicht äußern wenn ich das seh"
C →ja ja↓←

B wenn ich erstmal- * fa"chlich durch*se"he- * um äh zu sehen
C das hab ich- * hab ich so" verstanden↓

B wie wir- * ihnen helfen können wa/ wo"ran- * sie wirklich beim

B frisieren- * die hauptprobleme ham und wieweit- * wir ihnen

B das ändern könn wenn wir diesen- * u"mfang der änderungswünsche

B →wenn ich das ma so sagen darf↓← * kennen↓ **

B da"nn können wir erst äh äh erst sagen ich kann ihnen doch

A ja ja- * herr plack sie können des ja: trotz
B jetzt- * das müßte doch wahrscheinlich-

A alledem sie sin ja hier- * der fachmann sie können des ja- *

Transkript: 21 **Seite 30**

A vor allem- bestimmt jetzt- äh:-
B was soll ich ihnen jetzt sagen↓
C ja es müßte doch äh

C ich stelle mir das so" vor↓ * daß- * sie an dem betreffenden

C tage↑ ** in ge"genwart von herrn plack- * das haarteil selbst

A ja↓ *
C einfrisieren >oder wie man das nennt↓< und herr plack wird

A ja↓
C das erstmal nur beobachten↓ und da"nn- * wird er-

A hat frau plack längst schon mal gemacht davon abgesehn↑
C werden- werden sie:"-

C werden- * sie" herrn plack- * wenn sie=s- * reinfrisiert

A >ja↓<
C haben so wie sie es- * gewohnt sind- * werden sie herrn plack

C sagen- * nochmal demonstrieren- * was ihnen nicht gefällt↓ **

C und- * da herr plack- * vorher- * beobachtet haben wird- *

A mhm-
C wie" sie es einfrisiern- wird er wenn er meint daß dabei

C was- * fa"lsch gemacht worden sei↑ * das ja auch sa"gen↓ **

A >mhm-<
C und vie"lleicht- * sieht herr plack dann ja erstmal- **

C viel- * genauer und klarer- * worauf es ihnen eigentlich ankommt-

C * und wenn sich da"nn herausstellt↓ * daß- * sie einen wunsch

A >mhm↓<
C haben der bisher- * äh- * vielleicht in dieser form nicht

A ja-
C verstanden worden ist↓ dann- * wird es möglicherweise auch- *

A mhm-
C n weg geben- * diesen wunsch- durch eine umarbeitung- *

A >mhm↓<
C äh diesem wunsch rechnung zu tragen nur wenn das dann

A ja↓* ich hab aber eigentlich ganz:-
C eine- ** ich will es bloß mal grad sagen ich denk

A bes/ bestimmt- ja:-
C so die umarbeitungsarbeiten erfordert↑ dann wird

A ja:-
C herr plack wahrscheinlich sagen- * das kann ich nich- *

Transkript: 21 **Seite 31**

```
A                 richtig↓ * aber ich hab eigentlich ganz klar
C versche"nken↓

A und deutlich gesa"cht auf was es mir ankommt und was ich-

C gut↓ * aber des is ja auch nur noch mal n versuch weil sie

A           >gu:t↓<                    ja↓ *8,5*
C sonst überhaupt   nichts haben ne↑             die antragsgegnerin

C geht auf dieses anerbieten ein↑ *8* und erklärt- *3* daß- *3*

C sie- ** voraussichtlich in der zeit ab zwanzigsten august

C oder wann öh: ich weiß nich wann sie wieder da sind↑

A also es wird- * die letzte augustwoche sicher werden oder

A auch die erste septemberwoche früher bestimmt nich↓
C                                               daß   sie

A                             ja↓
C voraussichtlich- * ende august oder anfang september- *9*

C september- * dieses jahres- * einem- *3* genauen

C überprüfungszeitpunkt↑ *3* mit dem antragssteller- *3*

C fernmündlich- ** vielleicht könn wer auch sagen ob se das

A                 ja:- ja- (...)            +ja↓ * >gut↓< *8*
C di"rekt oder-        (...)    vereinbaren↓

C <ja↓> ** das- * is nach meiner auffassung- *5* alles was wir

C hier- * heute- * aufnehmen und erreichen können- * ich les

C ihnen das jetz nochmal vo:r und wenn es von ihnen genehmigt

C wird dann- ** >schicken wir ihnen das- * mit dem zusatz daß

A                                 ja↓
C es vorgelesen und genehmigt is zu↓<   in der gütesache bei

C frau maria klocke weihnachtsmarktstraße vierzehn- * norderdeich

C eins antragsstellerin↑ * gegen firma meister plack inhaber

C günther plack friedrich karl straße vierzehn- * donnersheim eins

C antragsgegnerin- * erscheinen zu der auf heute anberaumten

C güteverhandlung erstens die antragsstellerin- * zweitens- * herr

C friseurmeister günther plack- * inhaber der antragsgegnerin↓ *

C außerdem nimmt mit einverständnis der parteien herr
```

Transkript: 21 **Seite 32**

```
C diplomsoziologe ulrich reitemeier institut für deutsche sprache
C mannheim↑ * als zuhörer an der verhandlung teil- ** mit
C der- * von diesem- * vorgenommenen- ** tonbandaufzeichnung sind
C die parteien ebenfalls einverstanden↓ ** der sachverhalt wird- *
C auch anhand des betreffenden haarteils- * erörtert↓ ** die
C antragsstellerin- * erläutert- * inwiefern das haarteil- * nach
C ihrer ansicht nicht in ordnung sei↓ ** der inhaber der
C antragsgegnerin- * legt dar- ** daß er seine leistung einwandfrei
C und ohne- * mängel erbracht habe↓ * zusätzlich weist er auf
C ablauf- * der nach b.g.b.- * bestehenden gewährleistungsfrist
C hin↓ ** dennoch erklärt sich der inhaber der antragsgegnerin
C bereit- * kostenfrei in seinem salon- * das haarteil- * nochmals
C anzupassen↑ * der antragsstellerin dabei die erforderlichen
C fachlichen erläuterungen zu geben- * und bei einer lö:sung- *
C der angelegenheit- * und- * so" bei einer lösung der angelegenheit
C behilflich zu sein↓ ** die antragsgegnerin geht auf dieses
C anerbieten ein und erklärt- * daß sie #voraussichtlich ende
K                                      TELEFONKLINGELN

C august# oder anfang september dieses jahres- * einen ge#nauen
K                                                        KLIN-

C überprüfungszeitpunkt# mit dem antragssteller- * vereinbaren
K GELN

A                 gut↓
B                                    #einverstanden↓# #*6*#
C #werden↓# * ja↑     so genehmigt↑
K KLINGELN                           KLINGELN         KLINGELN

C ja- * gut also wir lassen uns dadurch nich störn wir ham ja

C auch #nichts mehr (zu besprechen)# äh das schick ich ihnen dann
K      KLINGELN

A    mhm↓
C per post zu:- #* für heute ist# die sache erledigt ich glaub die
K               KLINGELN

C unterlagen die da sind das sind foto#kopien- *# >kann ich sicherlich
K                                     KLINGELN
```

Transkript: 21 **Seite 33**

A mhm↓
B mhm↓
C hier bei den akten behalten nich↑< ja- #***# ähm-
K KLINGELN

A ich meine äh:- * ich will #trotz alledem noch was sagen#
K KLINGELN

A es hat eigentlich jetzt- * mit dies/ mit dem- * genauen

A sachverhalt #äh- *# im weiteres im weiteren sinne noch was zu
K KLINGELN

A tun↑ äh ich hät#te im grunde gesacht daß ich mich# also- * ähm-
K KLINGELN

A * in ihrem salon- * erstens #mal von der kundendienst#seite her
K KLINGELN

A also- * <nich richtig behandelt #gefühlt hatte># und dann äh es
K KLINGELN

A waren- * vie"le punkte über die ich eigentlich gestolpert bin- *
A ganz abgesehn von von dem hier↑ * äh: es war zum beispiel als ich
A sie gefra:cht hab äh:- * oder ich bin zu ihnen gekommen un hab
A gesacht daß ich also ne neue frisur haben möchte- * daß ich mir
A das so und so vorgestellt hab und daß ich mir auch vorgestellt
A hab- * daß ich hinterher anschließend wenn das haarteil fertig is
A daß sie mir n flotten- * haa"rschnitt machen- ** äh: das war zum
A beispiel ein punkt äh den ich ihnen auch vorwerfen mu"ß- *
A sie ham mich also in dem glau"ben auch gela"ssen daß die haare- *
A äh: nachdem die geknü"pft worden sind- * da"nn eben auch
A geschnitten werden es is aber mit schneiden und so ü"berhaupt
A nichts passiert als=es haarteil fertig war sachten sie dann
A im salon- * nei"n das wird nich mehr geschnitten- * da stand ich
A zum beispiel auch se/- * da:" und und war- * das war ein
A punkt den sie mir ni"cht vorher gesacht hatten↑ * dann äh: bin
A ich noch über etwas anderes gestolpert herr plack und des mu"ß
A ich ei"nfach loswerden↓ * ich hatte: damals als sie mir den
A kostenvoranschlag gemacht ham und den preis von zweitausend
A mark genannt ham bin ich also furchtbar erschrocken↓ * denn

Transkript: 21 **Seite 34**

A das was ich hie"r jetz zum beispiel habe- * die haare die sind
A also wesentlich meiner meinung nach wesentlich natürlicher
A feiner und so weiter- * das hat- * fünfhundert ma:"rk gekostet↓
A * dann hab ich mir natürlich gedacht mensch wenn du jetz für
A zwei"tausend mark dir was machen läßt- * muß des ja
A wirklich was ganz do"lles sein↓ * und hab ihnen also in der
A beziehung auch unheimlich vertrau"t↓ * dann hab ich mir- **
A den zweiten kostenvo/ →und damals sachten sie mir zu mir-← *
A als ich den preis gehört hab von zweitausend mark und
A erschro"cken bin über den preis sachte ihre frau oder sie
A →das weiß ich nich mehr genau↑← * ja wenn sie en zwei"tes
A haarteil machen lassen dann- * wird es ja dann billicher
A denn dann is der ganze au"fwand mit vorher >und< montur machen- *
A und so weiter un mit haa"rprobe abnehmen is ja dann nich mehr↓ *
A so und ich hab mir dann weil ich also irgendwo schon dann mit
A der zeit das gefühl hatte also irgendwas läuft hier- *
A nich so: wie=s vielleicht sollte- * hab ich mir en zwei"ten
A kostenvoranschlag machen lassen in dem brief- * den sie mir
A geschrieben haben ham sie gemeint- * äh so unzufrieden könnt
A ich nich sei"n↑ * äh da ich mich ja nach=em zweiten haarteil
A erkundigt hätte →das hab ich aber deshalb gemacht herr plack-← *
A und da hab ich mir en kostenvoranschlag machen lassen- * für ein
A haa"rteil- * gleicher grö"ße- * dieses mal- * oh"ne wi"rbel↓ *
A also en laie kann des vielleicht sich auch vorstellen daß n
A haarteil ohne wi"rbel billicher sein mü"ßte↑ * wie en haarteil- *
A mi"t wirbel und den kostenvoranschlag hab ich hier lie"gen- *
A und der is teu"rer↑ * wie en haarteil mit wirbel <u>→also ich möchte</u>
B <u>gucken sie mal</u>
A <u>trotz alledem</u> ne erklärung <u>da dafür haben zum</u>
B <u>aufs datum</u> <u>gucken sie mal auf das</u>

Transkript: 21 **Seite 35**

```
A beispiel↓←
B datum        erstmal möchte ich jetzt- * dazu sagen↓ * daß sie

B keinerlei- * daß die handwerkskammer über mich keinerlei

B kontrollbefugnisse äh hat und ich werde hier nich- * herbestellt

A      nei:n↓     aber das (ham wir mit hier)-
B und-         und die handwerkskammer moment- *

A                                      ja↓
B ich möchte ihnen das genau so sagen↓     die handwerkskammer- *

B bestellt nicht einen selbständigen handwerksmeister hierher

B und rü:"cht ihn- * du böser bube das darfst du nich machen

A                                 >nein- <
B das is nich die aufgabe der handwerkskammer↑ ** äh das

B einmal↑ * zum zweiten↓ * ha"ben sie:- * eine haararbeit- * bei

B uns- * bestellt in vierundachtzig und ham sich ein

B kostenanschlach- * einen a"nderen kostenanschlach in

B →fümmenachtzig geben lassen← mehr möcht ich dazu gar nich

A            ja"↓ * sti"mmt↓      aus diesem grund↓ * hab ich
B sagen↓ *2*              #ja↓#
K                         KURZ

A ihnen gerade erläutert warum und weshalb↓
B                                            sie ham gesacht

B wieso das zweite teu"rer ist↓ * weil es id/ weil es ei"n jahr

B später is und wir natürlich ne neue preisliste haben↓ * und

B teurer wir ham jedes jahr eine neue↓ * wir können ihnen die von

B vierenachtzig vorlegen und die von fümenachtzig↓ * und von

B dreienachtzig und zweienachtzig natürlich au"ch↓
C                                             >ja worauf

A                                   nei"n↓ * mome"nt↓ * äh das
B           ich versteh das nich-
C soll das jetz hinauskommen↑<

A haarteil- * der zweite kostenanschlag is=n haarteil oh"ne- *

A scheitel der müßte also um einiches bi"lliger sein↓
B                                                 nein es

B is doch teurer wor/ geworden im nächsten jahr↓
C                                              die prei"se sind
```

Transkript: 21 **Seite 36**

B die preise steigen doch →furchtbar in eim handwerksbetrieb
C gestiegen↓

A um fünfhundert mark↑ *1,5*
B jedes jahr↓← *2*
C naja letztlich- * frau-

A <und ich will
C * klocke is=es natürlich so daß die preise- * preise einfach- *

A damit nur sagen> also ich fühlte mich nicht nur von von=m
C frei kalkulie"rt werden↓

A kundendienst her- >nich-<
C preise können ja individuell vereinbart

A ja↓ >gut↓* gut↓< also ich komm
C und kalkuliert werden↓ * und äh- es gibt

A zu dem vereinbarten termin↑
C also keine keine prei"s*verordnung oder so

A aber- irgendwas ja >gut↓< *2*
C etwas hierbei noch- ja:- * es bleibt

A ja es bleibt dabei↓
C dabei ne↑ und äh- * wir gehen davon aus

B selbstverständlich↑ *3*
C herr plack daß sie" das persönlich machen↓

C ich meine auch bei der terminvereinbarung- * sollte das mit

B ja das steht in der anmeldung für
C berücksichtigt werden >ne↑<

B mich in meiner spalte das is- * is auch klar die zusage is auch

A gut- *5*
B gegeben worden #und wird auch eingehalten↓# *2*
K STIMME WIRD TIEFER

A <äh ja darf ich sie trotz alledem fünf
C schön- * dann könn=wer-

A minuten noch mal alleine sprechen> es hat mit dem jetz

A nichts zu tun↓
C <ja↓>

Schlichtung

Band 1:

Streit schlichten

Gesprächsanalytische Untersuchungen zu institutionellen Formen konsensueller Konfliktregelung

Herausgegeben von Werner Nothdurft

VIII, 431 Seiten. Mit 4 Abbildungen und 4 Tabellen. 1995. Ganzleinen
ISBN 3-11-013508-6
(Schriften des Instituts für deutsche Sprache, Band 5.1)

Der Band enthält Ergebnisse aus einem mehrjährigen Forschungsprojekt, in dem zum ersten Mal im deutschen Sprachraum Schlichtungsgespräche aufgezeichnet und untersucht wurden. Für wichtige Institutionen des Streit Schlichtens (Schiedsmann, Arbeitsgericht, Handwerkskammer, Gebrauchtwagen-Schlichtung) wird gezeigt, welche Schlichtungsmuster sich in ihnen herausbilden, welche Strategien die Beteiligten verfolgen und welche Kommunikationsprobleme bestehen.

Band 2:

Werner Nothdurft

Konfliktstoff

Gesprächsanalyse der Konfliktbearbeitung in Schlichtungsgesprächen

VI, 195 Seiten. Mit 10 Abbildungen. 1996. Ganzleinen
ISBN 3-11-013623-6
(Schriften des Instituts für deutsche Sprache, Band 5.1)

Zum ersten Mal im deutschen Sprachraum wird das Streitgeschehen in Schlichtungsgesprächen kommunikationswissenschaftlich analysiert. Gezeigt wird, wie die Beteiligten in Schlichtungsgesprächen sprachlich mit dem Konflikt umgehen, welche Strategien sie verfolgen und welche Konfliktdynamik sich in den Gesprächen entwickelt.

Walter de Gruyter · Berlin · New York

Bei Fragen zur Produktsicherheit wenden Sie sich bitte an:
If you have any questions regarding product safety,
please contact:

Walter de Gruyter GmbH
Genthiner Straße 13
10785 Berlin
productsafety@degruyterbrill.com